복 있는 사람

오직 여호와의 율법을 즐거워하여 그 율법을 주야로 묵상하는 자로다.
저는 시냇가에 심은 나무가 시절을 좇아 과실을 맺으며 그 잎사귀가 마르지 아니함 같으니
그 행사가 다 형통하리로다. (시편 1:2-3)

삶이 힘겨워서인가, 욥이 부쩍 자주 소환되고 있다. 안온한 행복을 누리며 살다가 갑작스러운 운명의 타격으로 세상에서 가장 불행한 사람으로 전락한 사람 욥! 사람들이 욥에게 주목하는 것은 풍요의 노래가 울려 퍼지던 땅이 돌연 가라앉는 것 같은 충격 때문일 것이다. 전쟁과 테러, 자연재해와 인간으로부터 비롯된 재난이 끝도 없이 우리 삶을 위협한다. 인과응보의 논리가 무너진 지는 이미 오래다. 하나님은 어디 계신가? 하나님은 왜 침묵하시는가?

하나님을 변호하려는 이들은 많지만 그들이 제시한 정답은 우리 삶의 현실을 다 담아내지 못한다. 흔들림 없는 확신은 허위이거나 기만이거나 누군가에 대한 폭력이기 쉽다. 겟세마네 동산에서 예수는 살고 싶다는 뜻을 드러낸다. 그러나 결국은 자기 운명을 하나님께 의탁한다. 성서는 '바람'과 '의탁'을 한 호흡으로 처리하고 있지만, 사실 그 '사이'에는 깊은 심연이 가로놓여 있다. '사이'에 깃든 절망, 어둠, 원망, 비애를 소거한 채 예수의 순종이나 헌신을 이야기할 수 없다.

욥은 착하고 신실한 사람임에 틀림없다. 그러나 그 운명의 날을 겪은 후 모든 것이 달라졌다. 삶에 대한 낙관론도 무너졌고, 인간의 선함에 대한 확신도 흐려졌다. 확신에 찬 친구들의 말은 바람을 잡는 말이었을 뿐이다. 모든 것이 무너진 자리에서 그는 비로소 이전에는 경험하지 못한 절대적 신비 앞에 섰다. 파스칼은 "저 무한한 공간의 영원한 침묵이 나를 두렵게 한다"고 했지만, 욥에게 그 무한한 공간은 허공이 아니라 신비의 세계였다. 그 신비 앞에 설 때 사람은 비로소 겸허해진다. 세상은 여전히 부조리하지만 그 부조리함을 통해서 선을 이루시려는 하나님의 마음을 느끼는 순간, 삶의 비애는 줄어든다.

양명수 교수는 현학을 자랑하지 않는다. 탁월한 신학자이지만 그에게 중요한 것은 이론이 아니라 삶이다. 하나님 안에서의 삶 말이다. 그의 눈을 빌려 욥기를 읽는 동안, 우리 삶의 실상이 되짚어지고 삶의 비애감을 뭉근하게 느끼면서도 절망 속에 침잠하지 않는 것은 그 신비에 눈을 뜨기 때문일 것이다. 『욥이 말하다』는 우리 시대의 욥들이 직면한 문제에 대한 해답을 제시하지 않는다. 다만 삶을 더 큰 이야기에 비추어 바라보라고 권고한다.

김기석_청파교회 담임목사

성서가 하나님의 말씀이라는 공리에는 다음 두 가지 소명제가 들어 있다. 첫째, 성서는 하나님이 인간에게 파송하신 예언자들에 의해 발설되고 기록된 말씀이다. 둘째, 하나님의 귀에 들리고 경청되어 하나님의 응답을 촉발시키는 인간의 말도 하나님의 말씀이다. 전자의 의미로서 하나님의 말씀은 욥기 38-41장의 폭풍 강화에 집중적으로 나타난다. 하나님의 폭풍 강화는 욥에게 하나님의 광대무변한 정의와 섭리를 각인시키는 일흔 가지 질문 세례로 구성되어 있으며, 이는 욥의 무지를 깨우치려는 목적에 봉사한다.

욥은 창조 질서, 곧 천체와 동물의 세계에 관해 아는 것이 거의 없다. 그런데 욥은 자신의 신학적 패러다임에 감금된 채, 하나님의 정의를 농단하는 언어적 도발을 감행했다. 그리고 그의 친구들은 동일한 신학 틀로 욥을 정죄하여 회개시키려고 진력했다. 하나님은 이 모든 논쟁을 다 듣고 음미하고 평가하신 후 욥의 청원에 응답하신다. 폭풍 가운데서 나타나 욥의 눈에 포착되는 방식으로 자신의 속마음을 전달하신다. 그리고 욥의 말은 그 하나님의 말씀 앞에 욥의 침묵으로 전환된다.

입을 다문 욥, 그는 침묵 가운데 하나님의 측량할 수 없는 의를 수용하고 용서를 간청한다. 하나님은 욥을 강압적으로 복종케 하신 것이 아니라 설득하셨다. 왜 하나님은 인간의 까닭 없는 경배와 경외와 순종을 그토록 열망하실까? 이 책 『욥이 말하다』는 창조 질서에서 인간이 차지하는 위상에 주목한다. 인간만이 하나님의 동역자이므로, 인간만이 하나님의 고난의 신비에 참여하도록 초청받았다는 것이다.

『욥이 말하다』는 분량으로 보자면 아주 간결한 욥기 강해서이지만, 그 주제의 심원함을 중심으로 보자면 하나님의 세상 통치에 담긴 신비를 천착하는 신학적 성찰록이다. 구체적으로 세 가지 특징 때문에 목회자와 인문학도, 그리고 기독교 신앙의 신비를 탐구하기 원하는 모든 독자에게 일독을 추천한다. 첫째, 이 책은 고난받는 이들을 손쉽게 위로하려 하지 않고, 고난 자체에서 하나님의 우발적 섭리를 발견할 가능성을 제시한다. 둘째, 이 책은 고난을 미화하지는 않으나, 고난 드라마의 마지막에는 하나님에 대한 항변을 그치고 조용히 순복할 가능성을 붙인다. 셋째, 이 책은 인간의 고난을 줄거리로 전개되는 욥기에서, 인간을 찾으시고 인간에게 까닭 없이 경배받기를 원하시는 하나님께 몰두하도록 돕는다.

김회권, 숭실대학교 기독교학과 교수

욥이 말하다

욥이 말하다

2022년 3월 18일 초판 1쇄 인쇄
2022년 3월 25일 초판 1쇄 발행

지은이 양명수
펴낸이 박종현

(주) 복 있는 사람
주소 서울특별시 마포구 연남동 246-21(성미산로23길 26-6)
전화 02-723-7183, 7734(영업·마케팅) 팩스 02-723-7184
이메일 hismessage@naver.com
등록 1998년 1월 19일 제1-2280호

ISBN 979-11-91987-37-9 03230

ⓒ 양명수 2022

이 책의 저작권은 저자와 (주) 복 있는 사람이 소유합니다.
신저작권법에 의하여 한국 내에서 보호를 받는 저작물이므로 무단전재와 복제를 금합니다.

욥이 말하다

양명수

고난의 신비에
관하여

복 있는 사람

일러두기

- 이 책은 2003년에 출간된 『욥이 말하다』(분도출판사)의 개정판이다. 핵심 내용이 달라지지는 않았으나, 초판의 글을 새롭게 고치고 다듬었다.
- 본문의 성서 인용은 '새번역'을 따랐으며, '개역한글'을 따를 경우 별도로 표기했다.

개정판 서문

2002년 이화여자대학교 대학교회 청장년부의 성서 연구를 위해 욥기를 강의했고, 그것이 2003년에 책으로 출판되었다. 20년 가까운 세월이 흘러 개정판을 내게 되었다. 이 책의 초판은 분도출판사에서 나와 독자들에게 꽤 알려졌는데, 이제 개정판을 통해 성서가 주는 위로와 깨달음을 개신교인들에게 전하고자 한다.

20년 전과 문제의식은 변함이 없다. 그러나 그동안 우리 사회가 물질적으로 더 발달하면서 모순이 더욱 깊어지는 현실을 보고 개정판을 낼 필요를 느꼈다. 정직하고 반듯하게 살려고 애쓰는 사람들에게 때때로 밀려오는 울분. 세상의 탐심과 거리를 두고 신앙 양심에 따라 성실하게 사는 이들이 겪는 남다른 어려움. 이런 문제들을 의식하며 초판의 글을 다시 한번 차분하게 읽어 보면서 고쳤다. 책의 핵심 내용이 달라지지는 않았으나, 글의 흐름을 막는 불필요한 부분을 빼고 불분명한 내용에 손질을 가했다. 군데군데 문장도 고쳤다.

고난의 문제를 기독교 신앙의 관점에서 풀어 보려고 했다. 평신

도를 대상으로 했기에 악의 문제를 둘러싼 신학 논쟁을 본격적으로 다루지는 않았다. 그런데도 다시 보니 신학적 관점이 꽤 많이 들어 있다. 그렇다고 신학을 공부해야만 이해할 수 있는 어려운 내용은 아니다. 그리스도인이라면 누구나 한 번쯤 생각해 보았을 문제를 다룬 글, 또는 신앙이 인도하는 사색에 가까운 글이라고 보면 될 것 같다.

처음 이 책을 쓸 때 성서학자들의 욥기 해석을 참고하지는 못했다. 그런데 최근 미국 구약학회 회장 취임식에서 발표된 논문 (Michael V. Fox, "The Meanings of the Book of Job", *SBL* 137, no. 1, 2018)을 본 후 이 책의 내용이 구약학의 관점에서도 지지된다는 점을 알 수 있었다. 폭스 교수는 욥기를 바로 이해하기 위해 세 가지의 새로운 관점이 필요하다고 주장했다. 첫째, 하나님에게도 정의는 큰 관심사다. 둘째, 세상에서 꼭 의인이 잘 살고 악인이 벌을 받는 것은 아니지만, 그럼에도 하나님은 인간의 충성스러운 신앙을 요구한다. 셋째, 하나님도 자신의 역사를 이루시기 위해 인간의 도움을 필요로 한다.

독자들은 위에 언급한 세 가지 신학적 관점이 이 책에서도 중요하게 다루어지고 있음을 발견할 것이다. 특히 세 번째 관점에 반영된 명제는 매우 대담한 주장인데, 이 책에서는 '인간은 하나님의 희망'이라는 명제와 관련해서 전개된다. 이 책이 성서와 기독교 신앙을 이해하는 데 도움이 된다면 저자로서는 더 바랄 것이 없다.

2022년 봄을 맞이하며
원효봉과 의상봉이 가까이 보이는 한뫼유거에서
양명수

초판 서문

　살면서 고난이 없다면 얼마나 좋겠는가. 그러나 어떤 모습으로든 고난이 없는 사람은 없는 것 같다. 살면서 당한 어려움이나 어떤 고통은 그 불행이 사라지고 난 후에도 긴 궤적을 남기고 마음속에 그늘을 만드는 것 같다. 그래서 우리는 고난이 없기를 기도하며 산다. 고난은 언제나 '뜻밖의' 일이지 않은가. 내 뜻으로 되는 문제가 아니므로 우리는 기도할 수밖에 없다.

　그러나 고난의 신비가 있다. 고난의 상처가 만든 그늘은 가벼움을 떨쳐 버리게 하는 것 같다. 깊은 어려움을 당한 사람은 무게 중심이 밑에 있어서 쉽게 흔들리지 않는다. 밑바닥 체험은 사람을 땅으로 돌아가게 하고, 그래서 하나님을 깊이 만나게 하는 모양이다. 땅에서 하나님을 만난다. 어쩌면 오직 땅바닥에서만 하나님을 만날 수 있는지도 모르겠다. 피하고만 싶은 것 속에서 문득 나를 만나고 하나님을 대면할지도 모른다는 것이 고난의 신비가 아닐까?

　그러나 고난은 사람을 파멸에 이르게 할 수 있다. 그래서 고난은 결코 선이 아니요, 없을수록 좋은 것이다. 고난을 통해 믿음이 강해진다고 쉽게 말할 수 없다. 생각만 해도 끔찍한 불행들. 욥은 그런 불행을 당한 후, 모든 신념과 신앙이 송두리째 흔들리는 소용돌이 속에 빠져 들어갔다. 친구들은 이런저런 이야기로 하나님을 변호하려 했지만, 욥은 그들의 말을 거절했다. 흔히 욥기를 믿음의 책이라고 하지만, 전체 42장 중 37장까지가 믿음 좋은 친구들에 대한 욥의 저항 이야기다. 그래서 책 제목을 '욥이 말하다'라고 붙였다. 하나님의 말씀을 듣는 욥이 아니라, 알 수 없는 불행을 그냥 받아들일 수 없어 고개를 쳐들고 하늘을 향해 울부짖어 말하는 욥이다.

불행한 사람의 울부짖음은 세상으로 하여금 흠칫 놀라 자기를 돌아보게 한다. 적어도 욥기는 욥의 믿음을 보여주기보다는, 불행이 몰고 오는 혼란 속으로 우리를 인도한다. 고난은 정의에 대한 물음을 몰고 온다. 고난이 일으키는 정의의 문제는 우주의 기초를 뒤흔든다. 하나님에 대한 물음과 도전으로 몰고 간다. 혹시 거기서 찬양이 잉태될 수도 있다. 그러나 한참 후다. 한참이 지나고서야 찬양은 저 끝에서 다가온다. 정직한 물음의 지평 저 끝에서 찬양의 소리가 조금씩 큰 소리로 다가온다. 정의의 물음 끝에 오는 신비와 찬양은 위대하다. 그러나 정의를 모르는 신비와 찬양을 말하지 말자.

지난 1년 동안 대학교회 신자들과 욥기를 공부하면서 많은 영감을 얻은 것은, 아마 내 속에 있던 무슨 고통의 흔적이 감동을 불러일으켰기 때문이리라. 청년 시절, 아마 내 안에 무슨 생각이 있었던 것 같고, 그런 것들이 당시 정치 상황과 이리저리 얽혀 이른바 '순탄치 않은 삶'을 만들어 내기도 했던 것 같다. 끝까지 긴장을 잃지 않고 욥기를 읽을 수 있었던 것도 그런 자국들 때문이 아닌가 싶다.

  이 책은 주석은 아니다. 그저 욥기를 가지고 인생의 문제를 한 번 생각해 본 것이다. 생각하다 보면 신학적인 문제를 다루지 않을 수 없지만, 깊이 들어가지 않고 한 발 정도 들여놓았다. 아마 묵상에 가까운 글이 되었으리라고 본다. 본문을 읽으면서 성서가 나를 끌고 가는 것을 느꼈다. 모든 것이 은총이다.

2003년 여름
양명수

차례

개정판 서문 7 | 초판 서문 9

0. **욥기에 들어가면서** 16
   욥기는 믿음의 책인가? 16 | 죄와 벌의 인과관계 20
   고난의 신비 21 | 의인의 고난 23

1. **불행이 닥치다** · 1-2장 27
   어찌 까닭 없이 하나님을 경외하겠습니까? 28 | 사탄 32 | 욥의 믿음 35

2. **말이 시작되다** · 3장 39
   욥의 친구들 39 | 생일을 저주하다 41 | 삶의 허무 속에서 죽음을 찬양하다 47

3. **죄 없는 사람이 망한 일이 있더냐?** · 4-5장 52
   위로하던 자에서 위로받는 자로 52 | 죄 없는 사람이 망한 일이 있더냐? 55
   하나님께 의지하라 61

4. **내 잘못이 무엇인지 말해 보아라** · 6-7장 66
   친구가 필요한데 66 | 내 잘못이 무엇인지 말해 보아라 70 | 하나님께 묻다 73

5. **어찌 악인의 죄에 빛을 비추시나이까?** · 8-10장 78
   전능하신 이가 어찌 공의를 굽게 하시겠는가? 78
   내가 나를 돌아보지 않는구나 84 | 어찌하여 악인이 잘됩니까? 87

6. **하나님까지 손에 넣은 자들이여** · 11-14장 91
   벌이 죄보다 가볍다 91 | 하나님까지 손에 넣은 자들이여 93 | 지혜 97

7. 기도하기를 거부한 자여 • 15-17장 102
   기도하기를 거부한 자여 102 | 정의 108

8. 나는 하나님을 뵈올 것이다 • 18-19장 111
   우주를 뒤엎으려는 자의 어리석음이여 111 | 하나님이 나를 113
   나는 하나님을 뵈올 것이다 116

9. 어찌하여 악인이 잘 사는가? • 20-21장 121
   악한 자는 재물을 모두 토해 내고 말리라 121
   누가 교만한 자인가? 125 | 악한 자의 번영 128

10. 사람이 하나님께 도움이 되겠는가? • 22-24장 130
    사람을 필요로 하지 않는 하나님? 130 | 하나님의 부재 137

11. 그 큰 능력을 누가 측량할 수 있으랴 • 25-26장 141
    하나님의 주권 141 | 땅덩이를 공간에 매달아 놓으시고 146

12. 세 친구에 대한 욥의 대답 • 27장 151
    나의 의를 빼앗아 가신 주님 151 | 나를 대적하는 자 154
    악인의 멸망 158

13. 지혜를 찬양하다 • 28장 160
    지혜는 사람이 소유할 수 없는 것 160 | 지혜는 하나님의 것 163

14. 행복했던 시절을 돌아보다 • 29장 167
　　복된 삶 168 | 욥의 의로운 행적 172 | 말의 권위 175

15. 흔들리는 욥 • 30장 178
　　냉혹한 세상인심 178 | 흔들리는 욥 183

16. 언제 내 걸음이 내 길에서 떠났던가 • 31장 188
　　자기변호 188 | 여러 가지 죄목 192

17. 하나님보다 의롭다고 하는 자여 • 32-33장 199
　　신앙 언어와 논리 언어 199 | 하나님은 말씀하신다 204

18. 하나님이 침묵하신들 • 34-35장 209
　　전능하시므로 의로우시다 209 | 하나님께 무슨 상관이냐? 214

19. 들어라, 들어라 • 36-37장 218
　　엘리후, 하나님을 위해 말하다 218 | 들어라, 들어라 222

20. 하나님이 말씀하시다 • 38장 227
　　하나님이 말씀하시다 227 | 네가 아느냐? 232

21. 정의에서 신비로 • 38-39장 235
   자연을 보라 235 | 생명을 보라 241

22. 네가 내 공의를 부인하려느냐? • 40-41장 244
   하나님을 탓하는 자는 대답할지니라 244
   네가 내 공의를 부인하려느냐? 249

23. 이제 눈으로 주님을 뵙습니다 • 42장 1-6절 254

24. 처음보다 더 복을 주시니 • 42장 7-17절 269
   누가 더 옳게 말했는가 269 | 의인의 기도 272
   처음보다 더 복을 주시니 275

25. 욥기를 나가면서 278

0.

욥기에 들어가면서

    욥기는 고난을 당한 한 인간의 신앙 전기다. 사람이 살아가면서 당하는 고난의 문제는 악의 문제와 맞물려 여러 가지 의문을 제기한다. 욥기에는 그런 문제들이 거의 모두 다루어지고 있다. 때로는 논쟁을 통해, 때로는 고백을 통해, 때로는 물음을 통해, 그리고 때로는 찬양을 통해.
    이 책은 우리에게 다음과 같은 주제들을 생각하도록 이끌고 있다.

욥기는 믿음의 책인가? ─ 무신(無神)의 위기

    욥은 끝까지 믿음의 사람이었나? 만일 믿음이라는 것이 아무런 문제 제기 없이 주어진 신에 관한 담론을 받아들이라는 것이라면, 욥은 결코 믿음의 사람이 아니었다. 욥은 친구들의 담론, 곧 전통 신학을 받아들이지 않았다. 거기서 고백되는 신을 거부했다. 말하자면 그는 인간의 고통 한가운데서 새로운 하나님을 찾고 있었다. 자신의 고통을 설명해 줄 분을 찾고 있었다.

친구들은 이렇게 말한다. 하나님은 전지전능하기 때문에 세상 만사가 다 하나님이 하시는 일이며, 그분은 전지전능하기 때문에 그분이 하시는 일은 옳다. 따라서 욥의 고난도 하나님이 주신 것이며, 그분이 주신 것이기 때문에 정당하다. 그러므로 욥이 할 일은 자신의 잘못을 돌이키고 고난을 수용하며 고난 속에서도 하나님을 찬양하는 것이다.

얼마나 훌륭한 믿음인가. 친구들의 논리는 하나님에 대한 전적인 신뢰에서 나온 것 같다. 그러나 욥은 그런 믿음을 거부했다. 그렇게 받아들이고 넘어가기에는 하나님은 더 크신 분이다. 전통 신학의 논리대로라면 하나님은 심판자에 불과하다. 자신의 의를 위해 사람을 희생시키는 자에 불과하다. 사람이 죄짓기를 기다렸다가 잽싸게 무서운 벌을 내리는 자에 지나지 않는다. 죄짓지 않는 사람이 어디 있는가. 그렇다면 사람은 자신이 지은 죄의 결과로 하나님에 의해 꼼짝없이 불행을 당해야만 하지 않는가. 무슨 일을 당하든 그것은 자기 죄의 결과로 하나님이 내리신 것이 되고 말지 않는가. 실제로 욥은 하나님이 그런 하나님인지 묻는다. 욥이 그런 식으로 하나님을 그리는 장면이 나온다. "그러나 지금 생각해 보니, 주님께서는 늘 나를 해치실 생각을 몰래 품고 계셨습니다. 주님께서는, 내가 죄를 짓나 안 짓나 지켜보고 계셨으며, 내가 죄를 짓기라도 하면 용서하지 않으실 작정을 하고 계셨습니다"(10:13-14). 그것은 친구들의 논리를 따라 설명되는 하나님이다. 정말 그런 하나님인지 욥이 묻는 것이다. 욥이 볼 때에 하나님은 적어도 그렇게 설명되는 분은 아닌 것 같았다. 하나님을 그렇게 말할 수 없었다. 그런 하나님이라면 욥은 믿을 수 없었다. 그런 하나님을 어떻게 믿고 살겠는가.

그래서 욥은 하나님께 따졌다. 하나님에 대한 저항이었다. 하나님을 의심했다. 폭풍이 몰아치는 가운데 하나님이 욥에게 대답하셨다. "네가 누구이기에 무지하고 헛된 말로 내 지혜를 의심하느냐?"(38:2) 이 구절로 미루어 볼 때 욥은 무슨 일을 저질렀다. 단순히 믿음 좋은 사람이 아니다. 그는 뭔가를 떠들어 댔고 하나님을 의심했다. 그리고 무엇보다도 그는 전통 신앙을 그냥 받아들이지 않고 하나님께 근본적인 큰 질문을 던진 사람이다. 3장에서 37장에 걸쳐 욥과 친구들의 논쟁이 끝난 후, 38장은 이렇게 기록하고 있다. "그때에 주님께서 욥에게 폭풍이 몰아치는 가운데서 대답하셨다"(38:1). 폭풍우 속에서 들린 하나님의 말씀은 욥의 물음에 대한 응답이다. 하나님의 계시는 물음에 대한 응답이다. 욥은 물었기 때문에 하나님의 응답을 들을 수 있었다.

하나님이 또 이렇게 말씀하신다. "전능한 하나님과 다투는 욥아, 네가 나를 꾸짖을 셈이냐? 네가 나를 비난하니, 어디, 나에게 대답해 보아라"(40:2). 이 구절로 미루어 볼 때 욥은 하나님을 비난했다. 친구들과 대결하며 쏟아 냈던 욥의 탄원과 부르짖음과 절규는 범상치 않은 말이었다. 그저 하나님을 잘 믿는 그런 신뢰에 찬 소리가 아니었다. 하나님과 대결하는 소리였다. 그런 점에서 욥기는 단순히 믿음의 책이라고 할 수 없다. 새로운 믿음의 책, 하나님을 새로이 발견한 책이라고 할 수는 있다. 하나님을 새로이 발견한 것은 어떤 면에서 새로운 하나님을 발견한 것이다. 그렇기에 욥의 신앙은 무신론의 위험을 내포하고 있다. 하나님에 대한 저항 없이 어떻게 살아 있는 믿음을 찾을 것인가. 삶은 말로 다 설명되지 않는다. 그런 만큼 삶을 살리시는 하나님도 말로 다 설명되지 않는다. 그러므로 삶의 현장 한가운데서 하나님을 믿는다는 것은, 기존 교리로 설명된 하나님에 대해 의문을 표시하고 저항하는 일이다. 살아 계신 하나님은 늘 새로운 하나님이다. 하나님은 변함없이 사람을 돌보시는 하나님이기에 새롭게 다가오시는 하나님이다.

그것은 늘 새로운 신학을 정립하는 문제다. 하나님에 대해 새로운 언어로 새롭게 말할 수 있어야 한다. 사실 욥기의 문제는 하나님에 대해 어떻게 말할 것인가의 문제다. 42장에는 하나님이 엘리바스에게 말씀하시는 대목이 있다. "내가 너와 네 두 친구에게 분노한 것은, 너희가 나를 두고 말을 할 때에, 내 종 욥처럼 옳게 말하지 못하였기 때문이다"(42:7). 우리가 믿는 하나님은 사람의 말로 된 하나님이다. 하나님은 말로 다 될 수 없기 때문에 시대에 따라 새롭게 말하는 것이 필요하다. 욥이 볼 때 죄와 벌의 짧은 인과관계 속에서 하나님을 말하는 것은 하나님을 인간의 언어에 가두는 것이다. 그때에는 그런 신학에 저항하는 것이 진정한 하나님을 찾는 길이다. 친구들과 달리 욥은 하나님이 어떤 분이라고 서술하는 신학 없이 다만 친구들의 신학에 저항했다. 그러나 그렇게 저항하는 말이 하나님을 찾는 길이다. 고난에 처한 사람을 살리지 못하는 신학에 대한 저항의 언어만으로도 이미 새로운 신학이다.

죄와 벌의 인과관계

사람이 당하는 어려움이나 고통은 수없이 많다. 과거에 인류는 모든 고난을 염두에 두고 그런 화를 피하는 방법을 생각하지 않을 수 없었다. 종교적 사고방식 속에서 살았던 그들에게 화는 언제나 부정(不淨)을 탄 데서 생기는 벌이었다. 다시 말해 사람이 저지른 죄에 대한 벌이 고난이었다. 그래서 부정 타지 않으려 애쓰고, 여러 가지 금기 사항을 만들어 조심조심 살았다. 그러나 대다수의 현대인은 직접적인 인과관계 속에서 고난의 문제를 해결해 버린다. 고통을 죄의 결과로 보지 않고 우연히 발생한 불행으로 본다. 병이 든 것은 과로나 바이러스 때문이고, 길 가다가 넘어져 다쳤다면 자신의 부주의 탓으로 돌리고 끝난다. 더 깊이 들어가 자신의 죄를 묻는 차원까지 가지 않는다. 그러나 현대인도 자신이 약해지거나 감당하기 어려운 일을 당할 때, 뜻밖의 재앙을 당할 때 어느새 종교적 심성으로 돌아간다. 예를 들어, 아픈 자식을 둔 부모는 다른 부모에 비해서 훨씬 종교적이 될 가능성이 많다. 종교적이 된다는 것은 어떤 전능한 존재에 도움을 구한다는 뜻도 되지만, 여기서는 고통을 계기로 자신의 삶을 돌아본다는 뜻이다. 고난은 사람에게 돌아봄과 회개의 정신을 가져다준다. 고난 속에서 자신을 '돌아보는' 사람은 남에게 모진 짓을 하지 못한다. 고난은 남을 '돌보는' 심성을 낳는다.

그렇게 볼 때 삶의 고난은 현대인으로 하여금 하나님께 돌아가도록 해주는 다리 역할을 하는지도 모르겠다. 과학적 사고방식에서 생긴 직접적인 인과관계를 넘고, 과학 이전 시대의 종교적인 짧은 인과응보 관계도 넘어, 길고 깊은 인과관계에 들어간다. 그것이 성서가 풀어내는 고난의 문제다. 과학이 무시한 죄와 벌의 인과관계가 다시 돌아온다. 그러나, 하나님 앞에서 다시 깨닫게 된 죄와 벌의 인과관계는 단순히 부정 탄 것을 정하게 하는 의식이 아니다. 욥을 위로하러 온 친구들은 하나같이 죄와 벌의 인과관계를 쉽게 설정했다. 그러나 욥은 자신의 불행을 죄의 결과로 쉽게 규정하는 친구들의 신학을 거부했다. 이처럼 욥기는 죄와 벌의 문제에 대해 새로운 차원을 여는 책이다. 우리는 욥이 그런 길고 깊은 인과관계에 들어갔다고 본다. 38장에 나오는 하나님의 말씀이 욥의 고난에 대해 아무런 설명을 하지 않고 있음에도, 42장에서 욥은 삶과 하나님에 대한 새로운 깨달음으로 하나님에 대한 저항을 멈추고 신앙을 회복한다. 이 태도 변화에는 고난과 인간의 죄 사이에 어떤 인과관계를 인정한 집단적 지혜의 차원이 들어 있을지 모른다. 한 사람의 고난을 어떤 언어로도 쉽게 말할 수 없지만, 우리는 욥기가 전하는 신앙의 지혜를 조심스럽게 살펴보고자 한다.

고난의 신비

고난은 신비다. 고난의 신비가 있다. 고난은 매우 파괴적이지만, 사람으로 하여금 근원에서 하나님을 만나게 하는 역할도 한다. 하나님밖에는 의지할 데가 없을 때 사람은 하나님과 가장 깊은 관계에 들어가게 되기 때문이다. 욥은 알거지가 되고 알몸만 남게 되어 생명의 진수를 본다. 그렇다고 고난을, 하나님께로 인도하는 선이라고 할 수는 없다. 욥기의 등장인물 중 엘리후는 마치 고난이 선인 듯 말한다. 모든 고난은 하나님이 주신 것이라는 전제에서 그렇게 말하는 것이다. 그러나 그것은 고난당하는 사람의 처지에 서지 않고 하는 말이다. 고난당하는 사람 쪽에서 이해한 신학이 옳다. 한 사람이 당하는 고난이 어떤 큰 흐름에 이바지한다고 해도 고난은 역시 악이다.

고난은 사람을 파괴하기 때문이다. 고난 속에서 사람은 자신의 인격을 해치고 삶을 원망하며 세상에 대해 냉소적이 된다. 지쳐서 스스로 자학하는 지경에 빠지기도 한다. 내면에 거친 공격성이 생겨서 남에게 상당히 적대적인 성격을 갖기도 하며, 살아남기 위해 비겁하게 되기도 한다. 고난은 믿음을 뒤흔들기도 한다. 하나님에 대한 신앙에서 떠나게 하기도 한다. 그래서 우리는 고난이 얼마나 파괴적인지 잘 안다. 고난은 악이다. 없을수록 좋다. 고난이 삶을 깊이 있게 한다고 해서 고난을 찬양할 수는 없다. 하나님은 우리가 고난당하는 것을 원치 않으신다. 이것은 욥기에서 우리가 논의해야 할 중요한 관점 가운데 하나다. 그래서 고난은 신비다. 고난의 신비는, 고난이라는 불행이 선이라는 데 있지 않고, 고난이 하나님이 주신 것이라는 데 있지도 않으며, 파괴적인 것 한가운데서 가장 건설적인 생명의 본질을 만날 수도 있다는 데 있다. 사람이 겪는 고난은 사람을 고통스럽게 하면서 동시에 하나님도 고통스럽게 한다. 그런 점에서 고난은 선일 수 없다. 다만 고난 속에서 사람은 삶과 하나님에 대해 더 잘 알 수는 있다. 욥기는 이 고난의 신비를 잘 보여준다. 이루 말할 수 없는 고난을 통해서 욥은 하나님이 어떤 분인지 알게 되었다. "주님이 어떤 분이시라는 것을, 지금까지는 제가 귀로만 들었습니다. 그러나 이제는 제가 제 눈으로 주님을 뵙습니다"(42:5).

의인의 고난

욥기 서문은 욥을 "흠이 없고 정직하였으며, 하나님을 경외하며 악을 멀리하는 사람이었다"(1:1)고 묘사한다. 한마디로 의인이라는 말이다. 그 의인에게 느닷없이 불행이 밀어닥쳤다. 엘리바스와 빌닷과 소발은 욥이 당한 고난을 죄의 결과로 보았다. 욥은 의인이 아니기 때문에 불행을 당했다는 지적이다. 그러나 욥은 친구들의 논리를 거부했다. 욥과 친구들의 신학 논쟁의 핵심은 거기에 있다.

욥이 자신의 죄를 전혀 인정하지 않았다고는 볼 수 없다. 다만 '그런 불행을 당할 만한 죄를 지었는가'라는 물음으로 보아야 한다. '왜 다른 사람들은 멀쩡한데 내게 이 고난이 닥치는가?' 불공평성은 의로우신 하나님이라는 개념을 훼손한다. 그것은 하나님에 대한 의문이다. 하나님은 도대체 무엇을 하고 계신가? 그리하여 인간의 불행은 신정론(神正論) 문제와 연결된다. 하나님이 선하시고 전능하시다면 왜 의인들이 고난을 당하는가? 신정론의 물음은 늘 무신론의 위기를 안고 있다. 자신의 불행을 받아들일 수 없을 때 사람은 신앙을 떠나기도 한다. 불행을 받아들이지 않는다는 것은 그 불행이 부당함을 뜻한다. 부당한 일들이 벌어질 때, 하나님을 의지하던 신앙인도 하나님의 존재를 의심하게 된다.

다른 사람들과 비교했을 때 나의 고난이 부당하지만, 하나님 앞에 고난의 부당함을 더 이상 이야기하지 않기로 한 것이 욥기의 결론 부분이다. 앞서 말한 대로 욥이 자신의 고난과 죄 사이에 어떤 인과관계를 설정했을지 모른다. 그러나 문제는 여전히 존재한다. 욥이 자신을 포함한 인간의 뿌리 깊은 죄를 보고 그래서 하나님 앞에서 입을 다물기로 했다고 하더라도, 여전히 문제는 남는다. 욥보다 의롭지 못한 사람들은 잘 살고 있지 않는가? 불공평함이 여전히 존재하지 않는가?

의인이 당하는 고난의 문제다. 우리는 그 문제에 대한 답을 42장 8-9절에서 찾아보고자 한다. "내 종 욥이 너희를 용서하여 달라고 빌면, 내가 그의 기도를 들어줄 것이다." 의인의 고난은 세상 사람들을 대속(代贖)하는 일이다. 하나님이 만인의 죄를 용서하시는 일에는 의인의 대속 행위가 있다. 그것은 세상 사람들이 받아야 할 벌을 대신 받는 것이다. 세상의 죄에 대한 벌인 고난을 의인이 대신 짊어진 덕분에 세상은 평화롭게 돌아가고 오늘도 일상이 이어진다. 그래서 욥기는 그리스도의 고난을 예견하는 책이다.

이 문제는 '세상에서 벌어지고 있는 의인의 고난을 어떻게 받아들일 것인가' 하는 각도에서 이해되어야지, 누군가는 꼭 벌주는 하나님의 집요한 심판의 각도에서 이해되어서는 안 된다. 다시 말해 하나님이 세상을 용서하시기 위해서는 희생물이 꼭 필요하다는 식으로 생각해서는 안 된다. 사실 이 문제가 완전히 풀리는 것은 하나님의 고난에서다. 어느 의인이 희생물이 되지 않고, 하나님 자신이 십자가에서 인류를 위해 고난당하신다. 하나님의 고난에서, 반드시 죄의 대가를 물어 벌을 세우는 하나님 이미지는 사라진다. 기독교는 십자가에 달린 그분을 하나님으로 고백하면서, 용서를 위해 희생물을 요구하시는 하나님의 모습을 약화시키고, 오히려 자신이 고난당하면서까지 인간과 인간 세상을 용서하고 받아들이시는 하나님의 모습을 찾았다.

현실에서 의인이 꼭 잘되는 것은 아니다. 오히려 의인에게는 고난이 많다. 그것을 어떻게 이해할 것인가? 의인의 고난을 세상에서 일어나는 당연한 현실로 받아들이고 끝내 버리면 사람은 의를 비웃게 된다. 그러나 사람에게는 의인이 잘되기를 바라는 마음도 역시 있다고 보아야 한다. 의의 최후 승리에 대한 희망이다. 인과응보라는 뿌리 깊은 관념도 그 문제와 관련이 있을 것이다. 그러나 우리가 사는 짧은 인생을 통해 볼 때 현실에서 인과응보는 실현되지 않는 경우가 많다. 그리고 불행한 사람이 오히려 손가락질을 받는 경우도 많다. 의인도 잘되어야 의인이지, 불행하여 힘을 잃고 말면 어떤 알지 못할 죄를 지은 죄인으로 의심하는 것이 세상 물정이다. 그럴 때 경박한 인과응보 논리를 넘어서서 의로움의 가치를 드높이는 생각이 의인의 대속 행위라는 개념이다. 의인의 고난을 대속으로 이해하는 것이다. 세상이 받아야 할 벌을 의인이 대신 받는다고 보는 것이다. 고난받는 의인 덕분에 나머지 사람들이 산다. 무고한 자들의 불행도 마찬가지다. 불행을 당한다고 해서 그것이 꼭 죄의 결과는 아니라는 것, 오히려 의롭게 살려고 할 때 어려움이 많고, 그런 이들 덕분에 하나님이 아직 세상을 심판하지 않으신다고 하는 생각은 인간의 정신세계를 깊게 만든다.

그러나 문제는 여전히 존재한다. 고난당하는 의인은 아직도 묻는다. 왜 하필 내가 불행을 당해야 합니까? 욥은 어떻게 자신의 고난을 수용하고 받아들이는가?

　위에서 우리는 욥기를 이해하고 우리 삶을 이해할 몇 가지 큰 관점을 이야기했다. 그러나 성서는 우리에게 더욱 큰 상상력을 허용한다. 본문을 공부하면서 우리는 위에서 제기한 문제들 말고도 삶의 신비와 관련해서 제기되는 여러 가지 문제를 생각해 보게 될 것이다.

1.

불행이 닥치다
욥기 1-2장

    욥기는 크게 세 부분으로 이루어진다.

    먼저 서론 부분(1-2장)이 있다. 여기서는 욥을 소개하고 그가 갑작스레 당하는 고난이라는 무대를 펼친다. 그다음에 욥과 그의 친구들의 논쟁 부분이 있다. 친구 셋이 차례로 욥에게 말을 던지고 욥이 그에 대해 반박하는 형식이 세 번 반복된다. 시 형식을 띤 논쟁 부분에서 처음 말문을 여는 것은 욥이다. 욥의 탄식(3장)으로 거대한 신학적 논쟁이 시작된 후, 앞에서 말한 대로 친구들이 번갈아 발언하고 한 친구의 발언이 끝날 때마다 욥이 반박한다. 욥과 세 친구의 논쟁이 끝나자 갑자기 엘리후라는 젊은이가 등장하여 긴 연설을 늘어놓는다(32-37장). 그리고 세 번째 부분은, 하나님이 폭풍우 속에서 등장하여 발언하시는 장면이다(38-41장). 앞서 제기된 욥의 신학적 질문과 큰 관련이 없는 듯 보이는데, 본문에는 욥의 물음에 대한 대답으로 되어 있다(38:1). 이 부분은 하나님은 하나님이시며, 모든 논의와 논쟁 너머에 계신 분임을 보여준다. 그리고 마지막으로 결론

부분이다. 여기서 하나님은 욥 편임을 분명히 하신다.

서론에서는 욥이라는 사람을 놓고 하나님과 사탄 사이에 논란이 벌어지며, 하나님이 욥을 사탄의 손에 맡기심으로 마침내 욥에게 큰 불행이 닥친다. 그러나 욥은 여전히 신중한 태도를 버리지 않고 "말로 죄를 짓지 않았다"(2:10).

어찌 까닭 없이 하나님을 경외하겠습니까?

불행이 닥쳐도 하나님을 경외할 수 있는가? 아무런 조건 없이 하나님을 믿을 수 있는가? 이 문제는 사탄이 의인 욥을 걸려 넘어지게 하기 위한 강력한 시험대였다. 사탄은 의인이 넘어지는 것을 보고 싶어 한다. 하나님을 멀리하도록 유혹한다. 그 유혹의 지렛대가 불행이다. 사람은 거듭되는 불행 속에서도 경건한 신앙을 가질 수 있는가? 대가 없는 신앙이란 가능한가? 잘되고 복 받기 위해 믿는 것 아닌가? 대가 없는 신앙이란 무엇을 의미하는가?

욥기 서론에서는 사탄의 입을 통해 근본적인 문제를 제기하고 있다. 이 문제는 욥기 전체를 관통하는 물음이기도 하다.

욥이, 아무것도 바라는 것이 없이 하나님을 경외하겠습니까?
주님께서, 그와 그의 집과 그가 가진 모든 것을 울타리로 감싸 주시고, 그가 하는 일이면 무엇에나 복을 주셔서, 그의 소유를 온 땅에 넘치게 하지 않으셨습니까?
이제라도 주님께서 손을 드셔서, 그가 가진 모든 것을 치시면, 그는 주님 앞에서 주님을 저주할 것입니다(1:9-11).

부자이기 때문에 의인일 수 있다. 사탄의 파괴 공작은 거기서 시작된다. 부를 떼어 놓아도 욥이 계속 믿음을 지키고 의인으로 남아 있겠느냐는 이야기다. 그것은 까닭 없는 신앙, 또는 대가 없는 신앙이라고 할 수 있을 것이다.

욥은 흠잡을 데 없는 의인이었다. 욥기는 의인 욥을 소개하면서 시작된다. "그는 흠이 없고 정직하였으며, 하나님을 경외하며 악을 멀리하는 사람이었다"(1:1). 첫마디에 욥을 소개하면서 의인이라는 말을 하는 것으로 보아, 욥의 정체성은 의인이라는 데 있다고 보아야 한다. 모든 의인의 대표자라 할 수 있다. 그러므로 욥기에서 벌어지는 욥의 고난은 그 자신의 고난일 뿐 아니라 모든 의인의 고난이다. 의인이 고난을 당할 때 어떻게 보아야 하느냐는 문제가 된다.

한편 우리는 욥을 그처럼 의인으로 설정한 구도에서 단지 의인의 고난이라는 문제만 보는 것은 아니다. 우리가 의인이 아니더라도 까닭 없이 갑자기 밀어닥친 고난이 있을 수 있다. 인간이 당하는 불행 중에도 납득할 수 없는 불행, 받아들이기 어려운 기막힌 불행을 그리기 위해 욥을 흠 없는 사람으로 설정했다고 볼 수 있다. 그러므로 욥기는 모든 인간에게 해당되는 우리의 이야기다. 욥기는 자타가 공인하는 의인의 고난의 의미를 찾는 책이기도 하고, 어떻게 보면 모든 인생이 피할 수 없는 고난을 안고 사는데, 그러한 뭇 인생의 고난의 의미가 무엇인지 묻는 책이기도 하다. 사실 감당하기 어려운 고난이 닥칠 때가 많지 않은가. 죄의 대가라고 쉽게 말할 수 없는 어려움들이 우리 삶을 따라다니지 않는가! 그 가운데서 하나님을 믿는 것이 무엇을 의미하는지 욥기는 추적하고 있다. 다시 말해 욥기는 의인의 이야기일 뿐 아니라 우리 모두의 이야기다.

욥은 완벽한 의인으로 그려진다. "흠이 없고 정직했다"는 것은 모든 사람에게 인정받는 의인의 모습일 것이다. 그러나 욥은 사람뿐 아니라 하나님께도 인정받는 의인이었다. 1장 1절의 욥에 대한 묘사는 글자 하나 틀리지 않고 8절에서 되풀이된다. 하나님이 욥을 인정하고 계신다.

그러나 그는 부자였다. 사탄이 파고드는 틈이 바로 거기에 있다. 욥기는 먼저 욥이 의인이라는 소개로 시작하고(1:1), 이어서 그의 막대한 부를 묘사한다(1:2-3). 부자와 의인이 한 사람 안에서 같이 갈 수 있는가? 그러나 구약성서 시대에는 부를 의인에게 주어지는 복으로 여겼다. 오늘날에도 그런 생각을 할 수 있다.

그러나 욥기는 바로 그 문제에 도전한다. 이 책은 욥이 의인이요 큰 부자임에도 매우 신중하게 행동하고 혹시 모를 자식들의 죄를 위해서도 번제를 드렸다고 기록한다. 자식들을 위해 일일이 제사를 드렸다는 것은 그의 신심이 얼마나 굉장했는지를 보여준다. 말하자면 욥의 부가 그의 경건함을 해치지는 못했다는 것이다.

사탄의 문제 제기는 정당하다. 그가 부자이기 때문에 의인일 수 있다는 것이다. 넉넉하니까 여유가 생겨서 남에게 예의 바르고 종교적인 경건도 지킬 수 있는 것 아니겠는가. 자식들을 위해 제사를 드리고, 하나님을 경외하는 것이 뭐 그리 대단한 일인가. 자기 재산을 지키기 위해서 노심초사 하나님께 빌고 조심스레 사는 것 아닌가.

그리 애지중지하던 재산이 없어져도 하나님을 섬기고 지금까지 보여준 신앙의 열심과 하나님에 대한 신뢰를 지킬 것인가. 욥은 지금 모든 것을 다 가진 상태에서 의인으로 평가되고 있다. 그러나 그가 정말 무엇을 의지하며 사는 사람인지는 그 가진 것들이 사라진 다음에야 드러나는 것 아닌가.

소유물의 문제다. 소유가 신일 수도 있다. 욥이 믿던 것은 재산이었을 수도 있다. 하나님은 재산을 불리고 지키는 데 사용된 수단일 수도 있다. 돈이냐 하나님이냐? 사탄은 욥을 그 갈림길에 세워야 한다고 주장한다. 어떻게 보면 예수의 말씀과도 같다. 재물과 하나님을 동시에 섬길 수 없다고 신약성서는 말한다. "아무도 두 주인을 섬기지 못한다. 한쪽을 미워하고 다른 쪽을 사랑하거나, 한쪽을 중히 여기고 다른 쪽을 업신여길 것이다. 너희는 하나님과 재물을 아울러 섬길 수 없다"(마 6:24). 다만 신약성서는 둘 중에서 하나님을 택하라고 권하는 반면, 사탄 그 갈림길에서 사람은 반드시 재물을 택할 것이라 한다. 신약성서에는 사람에 대한 희망이 있지만, 사탄은 사람에 대한 하나님의 희망을 좌절시키려 한다. 재물의 복이 없다면 사람은 하나님을 저주할 것이다. 과연 그런가? 사탄이 제기한 문제는 하나님 앞에 선 모든 인간에게 해당되는 물음이다.

무조건적인 믿음. 어떤 경우에도 하나님은 하나님이시라는 고백. 사람에게 그런 믿음이 가능한가? 도대체 그 믿음이 의미하는 것은 무엇인가?

사탄

　상황은 급박하게 전개된다. 욥에게 불행이 밀어닥치기 시작한다. 사람은 누구나 불행에 대한 두려움을 가지고 있다. 자식을 키우는 부모는 혹시 내 아이에게 무슨 일이 닥치지 않을까 매우 조심스러운 마음을 가지게 된다. 행복을 느끼는 이들은 모두 그 행복이 달아나지 않을까 염려하는 마음도 동시에 갖게 되는 것 같다. 가끔은 최악의 시나리오도 떠올리면서 두려움에 떤다. 그런데 욥에게 바로 그런 일이 밀어닥쳤다. 어느 날 갑자기. "마침내 그렇게도 두려워하던 일이 밀어닥치고, 그렇게도 무서워하던 일이 다가오고야 말았다"(3:25).

　소와 양 떼와 종들이 죽임당하고 낙타 떼를 빼앗겼다. 큰아들 집에서 잔치를 벌이던 기둥 같은 자식들도 모두 죽었다. 욥의 "소유"가 모두 사라져 버렸다. 욥기 저자는 재앙의 직접적 원인으로 각각 스바 사람들의 침략(1:15), 하나님의 불(1:16), 갈대아 사람들의 침략(1:17), 강풍(1:19)을 그리고 있다. 주변에 있던 다른 부족들의 침략과 자연재해의 결과다. 어찌 보면 있을 수 있는 일이다. 있을 수도 있는 일이지만, 이제 그 일이 현실로 닥친 것이다. 불행은 늘 있을 수 있다. 그래서 사람은 불행을 두려워한다. 그러나 모든 불행은 당하는 자에게는 갑작스러운 일이다. '뜻밖의 일'이다. 가능성과 현실은 하늘과 땅의 차이만큼이나 거리가 멀다. 있을 수 있는 일이라도 실제로 내게 닥치면 하늘이 무너지고 땅이 꺼지는 일이 된다. 그것은 인간의 '뜻 밖에서' 일어난 일이기 때문이다. 반가운 사람을 우연히 만나는 것도 뜻밖의 일이지만, 마음속 깊이 있던 뜻 안에서 생기는 일이다. 바람이 있었던 것이다. 불행이야말로 뜻밖의 일의 원조다.

사실 그런 불행은 욥에게 뜻밖의 일이었을 뿐 아니라 하나님께도 뜻밖의 일이었다. 하나님은 사람에게 희망을 가지고 있기 때문에 뜻밖의 일도 당하신다. 욥기 저자는 불행의 근원지를 하나님에게 돌리지 않고 사탄에게 돌리고 있다. 하나님은 욥의 불행을 바라지 않으셨다. 물론 본문에는 욥의 불행을 하나님이 허락하시는 것으로 되어 있다. 그러므로 하나님의 뜻 안에서 이루어진다고 볼 수 있다. 그런 점에서 하나님의 뜻 밖에서 이루어지는 일은 없다고 할 수 있으리라. 그러나 하나님은 욥이 불행을 당하는 것을 원치 않으신다. 그것은 욥이 의인이었기 때문이 아니다. 하나님은 사람이 불행당하는 것을 원치 않으신다. 잘 살라고 세상을 만들고 사람을 만드신 것이며, 그 마음은 변함이 없으시다. 그런 의미에서 변치 않으시는 하나님이다. 그렇기 때문에 원래 인간의 불행은 하나님께도 뜻밖의 일이다. 뜻밖의 일을 하나님은 뜻 안의 일로 만드신다.

이 상황을 하나님과 사탄의 내기에 의해 이루어지는 것으로 생각할 까닭은 없다. 갑작스러운 불행은 파괴적이기 때문에 사탄적이다. 하나님이 욥을 사탄의 손에 맡긴 것이라는 이 책의 문학적 구성을 사실로 볼 이유는 없다. 하나님이 욥의 믿음을 시험하기 위해 고난을 주셨다고 생각하면 안 된다. 만일 고난이 하나님의 시험이라고 믿으면 모든 고난을 맥없이 또는 비판 의식 없이 수용하고 받아들이게 된다. 부조리한 고난에 저항할 수 없게 된다.

고난은 사탄 책임이 아니라 사람 책임이다. 그래서 우리는 세상의 불행 앞에서 사람의 마음을 개선하고 제도를 개선할 책임이 있다.

　물론 고난은 믿음을 시험하는 마당이 될 수 있다. 고난 속에서 사람은 자신이 무엇을 믿고 사는지 분명히 알게 되고 정화되는 길이 열리기 때문이다. 그런 점에서 고난은 믿음의 시험대가 될 수는 있다. 그러나 기본적으로 고난이란 사람이 부른 것이다. 꼭 고난받는 당사자의 죄가 아니더라도, 세상 사람들의 죄가 불행을 초래한 것이다. 고난이나 불행이라는 악은 원칙적으로 사람들의 악한 마음과 악한 행위에서 비롯된 것이다. 하나님이 사람을 불행에 밀어 넣으면서까지 믿음을 시험하신다고 할 수는 없을 것이다. 불행을 당해야 믿음이 튼튼해지도록 하나님이 의도하신 것은 아니다. 불행은 운명이 아니라는 말이다. 야고보서는 이렇게 말하고 있다.

> 시험을 견디어 내는 사람은 복이 있습니다.
> 그 사람은 그의 참됨이 입증되어서,
> 생명의 면류관을 받을 것이기 때문입니다.
> 그것은 하나님을 사랑하는 사람들에게 약속된 것입니다.
> 시험을 당할 때에, 아무도 "내가 하나님께 시험을 당하고 있다" 하고 말하지 마십시오.
> 하나님께서는 악에게 시험을 받지도 않으시고,
> 또 시험하지도 않으십니다.
> 사람이 시험을 당하는 것은 각각 자기의 욕심에 이끌려서,
> 꾐에 빠지기 때문입니다.
> 욕심이 잉태하면 죄를 낳고, 죄가 자라면 죽음을 낳습니다(1:12-15).

때때로 하나님이 주시는 시험이라고 여기는 것이 고난을 극복하는 데 도움이 되는 경우가 있다. 그러나 원래 시험은 없는 것이 더 좋고, 시험을 당하는 지경까지 가게 된 것은 세상의 죄 때문이다. 불행의 원초적 원인은 사람에게 있는 것이다. 물론 불행을 당한 그 사람 때문은 아니더라도 말이다. 그러므로 불행은 원래 하나님의 뜻 밖의 일이다. 그러나 하나님은 인간의 불행을 그분의 뜻 안의 일로 만드실 수 있다. 나쁜 일도 들어서 선하게 쓰시는 하나님이기 때문이다. 그러나 모든 불행은 원래 하나님의 뜻 밖의 일이기 때문에 하나님의 마음을 아프게 한다.

욥의 믿음

하나님이 이기셨다. 욥은 사람에 대한 하나님의 희망을 저버리지 않았다. 적어도 1-2장에서 보여준 욥의 모습은 그렇다. 3장 이하에서 드러나는 욥의 탄식과 한탄은 그가 정말 믿음의 사람인지 의심하게 만든다. 그러나 거기에는 좀 더 복잡한 문제가 있다. 여하튼 1-2장에서 욥은 자기 분열의 모습을 보이지 않고 의연한 신앙인의 자세를 유지하고 있다. 온갖 불행이 몰아닥친 후 욥은 말한다.

> 모태에서 빈손으로 태어났으니,
> 죽을 때에도 빈손으로 돌아갈 것입니다.
> 주신 분도 주님이시요, 가져가신 분도 주님이시니,
> 주님의 이름을 찬양할 뿐입니다(1:21).

사람은 어려움을 당하면 죄짓기 쉽다. 원망과 불신의 죄다. 도대체 하나님을 믿는다는 것은 무엇인가? 그러나 성서는 말한다. "이렇게 욥은, 이 모든 어려움을 당하고서도 죄를 짓지 않았으며, 어리석게 하나님을 원망하지도 않았다"(1:22). 뒤이어 욥 자신의 몸에까지 불행이 밀어닥쳤을 때 그는 여전히 이렇게 말한다.

> 우리가 누리는 복도 하나님께로부터 받았는데,
> 어찌 재앙이라고 해서 못 받는다 하겠소?(2:10)

그리고 성서는 다시 욥을 평가한다. "욥은 이 모든 어려움을 당하고서도, 말로 죄를 짓지 않았다"(2:10). 어떻게 말하느냐가 중요하다. 그런데 욥은 말로 죄를 짓지 않았다는 것이다. 사탄은 욥이 하나님을 저주할 것이라고 했다(1:11; 2:5). 욥의 아내는 차라리 하나님을 저주하고 죽으라고 했다(1:9). 그러나 욥은 말로 죄를 짓지 않았고, 하나님을 원망하지도 않았다는 것이 욥기 저자의 평가다.

현대의 신앙인에게는 하나님을 저주하고 말고가 문제가 아니라, 신이 있느냐 없느냐가 문제일 것이다. 불행이 거듭 닥쳐서 더 기대할 것이 없을 때 현대인은 하나님의 존재 자체를 의심할 수 있다. 사람이 잘되기를 바라는 선한 신이냐 불행을 몰고 오는 악한 신이냐의 문제가 아니라, 아예 신이 있느냐 없느냐의 문제에 심각하게 부딪칠 것이다.

욥은 그 순간에도 하나님의 존재를 인정하고 하나님을 찬양했다. 복이 달아나고 최악의 상황에 처했는데도, 그는 화려한 복락 속에서 섬기던 그 하나님을 그대로 찬양하는 모습을 보여준다. 사탄이 진 것이다. 말하자면 욥은 복 받으려고 하나님을 섬긴 것이 아니라, 하나님은 하나님이시기 때문에 섬긴 것이다.

신앙의 여정에는 복의 약속을 제외할 수 없다. 잘되고 편안하게 살기 위해 신앙생활을 한다. 그러나 진리는 진리이기에 숭배하고 찬양하고 섬기는 것일 뿐, 그 진리가 내게 주는 혜택과 진리 숭배는 무관하다. 옳은 것은 옳기 때문에 옳은 것이다. 옳은 것이 결국 좋은 결과를 가져오기 때문에 옳은 것은 아니다. 하나님은 하나님이시기 때문에 믿는다. 우리에게 주어진 좋은 것들은 모두 하나님이 베푸신 복이지만, 그것이 사라진다고 해서 하나님이 하나님 아닌 것은 아니다.

욥은 공수래공수거의 원칙으로 돌아갔다. 모든 소유를 잃었을 때, 그는 자신이 처음부터 그런 소유를 가진 사람이 아니었음을 기억했다. 우리는 흔히 내가 지금 가진 것을 당연히 가져야 하는 것으로 생각하곤 한다. 마치 나는 처음부터 그런 것을 가질 자격이 있는 사람인 것처럼 생각한다. 그래서 자기가 가진 것에 대한 감사를 잊어버린다. 그러나 욥은 모든 것이 없어지고 난 후에 깨닫는다. 자신은 원래 빈손으로 왔던 사람이라고. 그동안 누린 것들이 당연한 게 아니라 선물이었다고. 그래서 그는 여전히 하나님을 찬양한다. 빈손이 되었을 때, 더 이상 의지할 소유물이 없게 되었을 때, 그는 하나님에 대한 의지와 찬양이 더욱 순수하게 나오는 것을 발견한다. 그리하여 욥기 저자는 위기 상황을 통해 욥이 결국 하나님을 자기 소유의 수단으로 삼지 않고 목적으로 삼는 사람임을 보여주고 있다. 몸이 만신창이가 되어도 욥은 그동안 온전한 몸을 주신 하나님께 감

사하며 재앙을 받아들인다. "어찌 재앙이라고 해서 못 받는다 하겠소?"(2:10)

그렇게 해서 욥은 자기의 온전함을 지킨다(2:3). 신실함을 지킨다(2:9). 욥은 하나님이 보시기에 믿음직한 사람이다. 사람은 하나님을 믿지만, 하나님도 믿음직한 사람이 필요하시다. 하나님이 사람을 믿고 계시기 때문에 역사는 지속되는 것이다. 욥의 믿음직함은 오늘날 우리 모두에게 요청되는 것이다.

그러나 정말 사탄이 지고 끝났는가? 욥은 굳건히 온전함을 지키는가? 문제는 단순치 않다. 세월이 문제다. 불행을 당한 직후보다, 시간이 흐르면서 슬픔과 애통함은 더욱 커진다. 세인들의 시선이 불행한 사람을 가만히 놔두지 않는다. 그 시간을 어떻게 견딜 것인가.

2.

말이 시작되다
욥기 3장

　드디어 욥이 말문을 열었다. 그런데 말이라기보다는 울부짖음이었다. 하나님을 저주하는 대신 자기 자신을 저주했다. 욥의 존재는 깊은 나락으로 떨어진 것이다. 문제는 이제부터다.

욥의 친구들

　욥이 말문을 연 것은 친구들이 찾아왔기 때문이다. 소식을 들은 친구들이 욥을 위로하러 왔지만, 너무나 기가 막힌 상황에 말문이 막혔다. 위로할 말을 찾지 못했다. 그들은 "밤낮 이레 동안을 욥과 함께 땅바닥에 앉아 있으면서도, 욥이 겪는 고통이 너무도 처참하여, 입을 열어 한마디 말도 할 수 없었다"(2:13). 그만하면 괜찮은 친구들이다. 소식을 듣고 위로하겠다고 찾아온 것도 그렇고, 이레 동안 처참한 욥과 함께 머물렀다는 것도 그렇다. 그리고 한마디 말도 하지 못했다는 것도 그렇다. 무슨 말을 하겠는가. 그리 보면, 욥의 친구들은 매우 동정심이 많을 뿐 아니라 신중한 이들이었다.

그들은 함부로 남을 정죄하는 교만한 사람들도 아니고, 쉽게 말을 하는 경솔한 사람들도 아니었다. 욥기 저자는, 서론에서 친구들이 그 신앙으로 보나 속마음으로 보나 성실하고 따뜻한 사람들이었음을 보여준다. 속마음이 깊지 않았다면 이레 동안이나 말도 못 꺼내고 있을 수는 없다. 그러므로 친구들은 욥이 화려한 조명을 받도록 하기 위해 등장하는 조연이 아니다. 인생의 문제는 그렇게 만만치 않다. 어떤 하나만이 뚜렷하게 진리로 등장하지는 않는다. 욥과 친구들은 모두 주연이다. 삶의 문제를 푸는 거대한 두 기둥이다. 삶의 고난을 놓고 욥처럼 풀 수도 있고, 엘리바스를 비롯한 친구들처럼 풀 수도 있다. 아니, 사실 욥은 고난의 문제를 풀지 못했다. 욥의 말은 전부 질문일 뿐 답이 아니다. 친구들은 그 비밀을 풀어서 욥에게 알려 주었다.

성실한 사람은 욥의 친구들처럼 답을 가지고 산다. 그것은 진리가 우리와 함께하는 하나의 방식이다. 진리를 성실하게 소유한 이들은 역사의 주역이다. 친구들은 인간사를 깊이 있게 살아가는 주연이다. 역사를 떠받치는 기둥이다. 그러나 욥은 진리를 소유하지 못했다.

그러나 물어보자. 진리를 '소유'할 수 있는가? 욥 역시 진리를 소유한 성실하고 점잖은 사람이요, 의인으로서 인간사의 기둥 역할을 했다. 그러나 깊은 고난 속에서 그는 헝클어졌다. 욥은 친구들처럼 성실하게 진리를 소유하고 살아간 사람이었다. 그러나 고난이 닥치자 그는 진리에 대해 묻는 사람이 되었다. 그는 묻고 또 묻는다. 고난 속에서 절규한다. 그는 진리를 예배하는 것이 아니라, 다만 묻고 절규할 뿐이다. 고난이 그를 그렇게 끌고 갔다. 고난 속에서는 답이 없고 물음만 있다. 그처럼 고난 속에서 절규하는 이들, 그들도 역사의 기둥이다. 그들의 절규는, 아무 일 없는 듯이 흘러가는 역사를 깊이 파고 들어가, 점잖게 답을 소유한 사람들을 뒤흔든다. 소유된 정답에 도전한다. 새로운 진리를 요구한다. 고난은 새 하늘과 새 땅을 요구한다. 그 요구와 절규 앞에서 세상은 흠칫 놀라 자기를 돌아본다. 그리하여 새로운 진리의 여명이 튼다. 신학자 구스타보 구티에레즈(Gustavo Gutiérrez)는 저항이 기도의 성격을 지닌다고 말한다. 그렇다. 저항과 절규는 하나님께 상달되고, 하나님은 그 절규를 들으신다. 그들의 절규를 들어주신다. 그리하여 세상을 바꾸신다. 그런 점에서, 고난당하는 이들은 새 세상의 주역이다. 이제 절규하는 욥은 세상으로 하여금 새 하나님을 보게 할 것이고 새 세상을 열 것이다.

욥과 친구들. 그들은 인생이라는 무대를 끌고 가는 두 주역이요, 인류 역사를 끌고 가는 두 주인공이다. 욥과 그 친구들은 한 사람의 두 모습이요, 진리가 우리와 함께하는 두 방식이다.

생일을 저주하다

이제 말이 시작된다. 뭐라고 말할 것인가. 말문을 연 사람은 욥이다. 욥의 울부짖음으로 말이 시작되었다(3:1). 말이란 무엇인가. 원통한 일을 당한 사람은 '할 말'이 많다. 말은 할 말을 하는 것이요, 할 말은 억압에서 생겨난다. 억압이 없고 사랑과 평화만 있는 곳에서는 말이 필요 없다. 억울한 자, 원통한 일을 당한 자, 욥이 말문을 연다.

억울한 일에서 생긴 무의미를 극복해 보려는 것이 말이다. 그러므로 욥의 말이 거의 울부짖음이었다 하더라도, 아직 말을 하고 있는 한 욥은 희망을 찾고 있는 것이다.

욥은 하나님을 저주하는 대신 자기 생일을 저주했다. 생일을 저주하는 것은 자신의 존재를 부인하는 것이다. 쉼 없이 밀어닥친 패배와 좌절 앞에서 그는 자기 자신이 부담스러워졌다. 영광의 몸이 이제 부담스런 몸이 되었다. 자기 자신을 버티기 힘들고 자존감을 유지하기도 힘들다. 그러나 자기 생일을 저주하는 것에는 두 가지 복선이 깔려 있다. 부정 뒤에 두 가지 긍정이 있다.

첫째, 자기 생일을 저주하는 것은 지금까지의 삶을 모두 부인하는 것과는 다르다. 욥은 자기 자신을 파멸로 몰고 가는 무책임한 사람은 아니었다. 자신의 삶이 모두 죄인의 삶이었다고 고백함으로써 자기에 대한 예의를 잃어버리는 자, 욥은 그런 사람이 아니었다. 그는 어떤 시간과 공간에서 태어났다. 그리고 자라나고, 이런저런 사업을 일으키고, 이런저런 사람들과 어울리며 살아왔다. 나름대로 정직하게 살며 자부심도 느끼고 주변 사람들로부터 의인 소리도 들었다. 욥은 그 모든 과거의 삶을 저주하지는 않는다. "내가 죄를 많이 졌으니 벌을 받아 마땅하구나, 어찌하여 나는 그토록 못난 삶을 살았던가." 욥은 고난 앞에서 그처럼 자신의 삶을 부인하는 무책임한 사람은 아니었다. 성실하게 살아온 삶을 송두리째 부인하는 것은 얼마나 자기에게 무책임하고, 또 주변 사람들에 대해 무책임한가.

욥은 자신이 살아온 과정을 부정하지 않고, 지금 자기 생일을 저주한다. 생일을 저주함으로써 욥은 세상에 태어난 것을 후회하고, 자기 존재의 흔적을 지워 없애고 싶은 심정을 표현하고 있다. 그러나 적어도 자신이 살아온 모든 것을 부정하는 어리석음을 범하지는 않는다. 어쩌면 앞으로 긴 고통의 세월 속에서 자신의 삶을 되씹으면서 지나온 모든 일이 후회되고 모든 것이 잘못된 것이라는 생각을 할지도 모른다. 친구들이 말하는 것처럼, 자신은 몹쓸 죄인이요 지금 당하는 고난을 당해 싸다고 인정할지도 모른다. 그것은 어쩌면 죽음보다 더 큰 두려움일지도 모른다. 시험은 아직 끝나지 않았다.

둘째, 욥은 자기 생일을 저주했지만 하나님을 저주하지는 않았다. 하나님을 저주하지 않는다는 것은, 인생에 대한 원초적 긍정의 끈을 아직 놓지 않았음을 뜻한다. 어떤 희망을 아직 지니고 있다. 욥은 하나님께 묻고 저항하지만, 저항하는 자가 가진 희망이 있지 않은가? 뒤에 가리어져 잘 보이지 않지만, 희망 없는 저항이 있는가? 우리는 욥이 자기 생일을 저주하는 시구(詩句)에서 어떤 긍정을 본다. 이 시는 매우 아름다운 글귀로 되어 있다. 그 아름다움으로 비정하고 철저한 부정을 이룩하고 있지만, 그 뒤에 얇은 막처럼 깔려 있는 긍정을 본다. 욥이 말한다. "내가 태어나던 날이 차라리 사라져 버렸더라면, '남자 아이를 배었다'고 좋아하던 그 밤도 망해 버렸더라면"(3:3). 자기 생일을 저주하는 이 구절을 뒤집어 보면 이런 말이다. '어떤 날이 사라지지 않고 내가 태어나도록 준비되어 있어서 나는 태어났으며, 그날 밤은 흥했고 내가 태어났다고 얼마나 좋아들 했던가.' 그처럼 흥했던 날을 저주하고 있지만, 그 저주에는 자기 삶의 근거가 긍정되고 복되었음이 전제되어 있다. 하나님을 저주하지 않는다는 것은 그 원초적 긍정을 버리지 않고 있음을 뜻한다. 그리하여 욥의 시구(3:3-10)를 이렇게 바꾸어 볼 수 있다.

  내가 태어나던 날이
  차라리 사라져 버렸더라면,
  '남자 아이를 배었다'고 좋아하던
  그 밤도 망해 버렸더라면,
   어떤 날이 준비되어 있어
   나는 그날에 모습을 드러냈고,
   모두들 나의 탄생을 좋아하던
   그 밤은 얼마나 흥한 밤이었나.

  그날이 어둠에 덮여서,
  높은 곳에 계신 하나님께서도
  그날을 기억하지 못하셨더라면,
  아예 그날이 밝지도 않았더라면,
   높은 곳에 계신 하나님께서
   내가 태어나는 날을 기억하시고
   어둠에서 밝혀
   환히 드러내셨네.

  어둠과 사망의 그늘이
  그날을 제 것이라 하여,
  검은 구름이 그날을 덮었더라면,

낮을 어둠으로 덮어서,
그날을 공포 속에 몰아넣었더라면,
   그날은 어둠과 사망이
   넘보지 못하고
   검은 구름도 비껴가며,
   밝은 태양이 내 어린 목숨을 비추고
   생명의 도약이 있을 뿐 공포라곤 없었네.

그 밤도 흑암에 사로잡혔더라면,
그 밤이 아예
날수와 달수에도 들지 않았더라면,
   그 밤은 어둠의 권세를 떨치고
   만물을 받아들이는 안식처로
   자기 자리를 잡았네.

아, 그 밤이
아무도 잉태하지 못하는
밤이었더라면,
아무도 기쁨의 소리를 낼 수 없는
밤이었더라면,
   그 밤에 나는
   만물의 기운을 받아
   모태에 잉태되고,

생명이 생기는 기쁨이

　　그 밤을 수놓았네.

주문을 외워서 바다를 저주하는 자들이,

리워야단도 길들일 수 있는

마력을 가진 자들이,

그날을 저주하였더라면,

　　저 깊은 바다를 통째로

　　저주할 수 있는 자도,

　　바다 속 괴물을 다스리는 자의 괴력도

　　그날을 건드리지 못했네.

그 밤에는 새벽별들도 빛을 잃어서,

날이 밝기를 기다려도 밝지를 않고,

동트는 것도 볼 수 없었더라면, 좋았을 것을!

　　그처럼 보호받던 날

　　샛별은 빛나고,

　　동이 트고 황금빛 햇살 속에

　　날은 환하게 밝았네.

어머니의 태가 열리지 않아,

내가 태어나지 않았어야 하는 건데.

그래서 이 고난을 겪지 않아야 하는 건데!

준비된 그날에
무사히 어머니의 태가 열리고
나는 세상에 생겨났네. 축복 속에서.

삶의 허무 속에서 죽음을 찬양하다

3장 3-10절이 태어나지 않았기를 바라는 울부짖음이라면, 11-19절은 태어난 다음 바로 죽었기를 바라는 탄식의 소리다. 태어나지 않았더라면 죽음도 모른다. 그러나 태어난 다음에 삶을 피하는 방법은 죽음이다. 차라리 태어나자마자 죽었더라면 고단한 삶의 여정을 겪지 않아도 되었을 것을. 살려고 할 때 가장 두려운 것은 죽음이지만, 살고 싶지 않을 때 가장 두려운 것은 삶이다. 욥 이야기에는 죽음의 평등함이 서려 있다. 욥은 몸의 고통 때문에 죽기를 바라는 것이 아니다. 삶의 번잡함과 번민이 싫어졌기 때문이다. 욥은 극도의 고통 속에서 인생에 대해 번민했다. 그는 단순히 육체적 고통이 아니라 삶의 모순과 고뇌를 겪은 자다. 죽음은 그런 삶의 모순이 사라지는 안식처로 찬미되고 있다.

지금은 폐허가 된 성읍이지만,
한때 그 성읍을 세우던
세상의 왕들과 고관들과 함께
잠들어 있을 텐데.
금과 은으로 집을 가득 채운

그 통치자들과 함께 잠들어 있을 텐데(3:14-15).

이 구절에서는 융성했던 성읍이 이제는 폐허가 되어 버린 허망함을 느낄 수 있다. 추상같은 호령으로 백성을 동원하여 거대한 성을 세웠던 그 고관들은 모두 어디 갔는가. 금과 은이 가득한 궁정에서 영화를 누렸던 황제들은 어디 갔는가. 그들은 모두 죽어 무덤 속에 있다. 모두 죽어 잠들어 있다. 욥은 인생무상을 느끼고, 자신도 그 허망함에 다가가 있음을 느낀다. 죽음의 자리에서는 모두 무로 돌아가 평등해진다. 세상의 고관들이나 왕들이나 욥이나 모두 똑같다. 모두가 똑같아지는 그곳. 이제 욥은 차라리 멸시받는 인생보다는 그 죽음의 평등한 안식을 원한다. 누군가는 말했다. 가장 평등한 것은 역시 죽음이라고. 부자나 빈자나, 권세자나 약한 자나 모두 죽는다는 것. 세상에서 가장 공평한 것은 그 죽음이라고. 공평한 죽음이 없다면 자기는 억울해서 못 죽을 것이라고.

그곳은 악한 사람들도 더 이상 소란을 피우지 못하고,
삶에 지친 사람들도 쉴 수 있는 곳인데.
그곳은 갇힌 사람들도 함께 평화를 누리고,
노예를 부리는 감독관의 소리도
들리지 않는 곳인데(3:17-18).

악한 자들이 소란을 피우며 사람들 마음을 불편하게 하고도 의기양양하게 살아가는 곳이 이 세상이지만, 죽음의 세계에는 그들도 잠잠할 뿐이다. 혹독한 노동 현장도 없고 신분 차별도 없어 누구도 세도를 부리지 못하고, 보기 싫은 꼴을 더 이상 안 봐도 되는, 모두가 평등해지는 곳. 그것은 죽음이 가져오는 평등이다. 이 세상에서 더 이상 낙을 발견하지 못하고 이제 사람들에게 무시당할 처지에 있는 욥으로서는 죽음이 차라리 낫다. 어떻게 보면, 자기 존재가 짐이 된 사람은 모든 희망을 버린 자다. 물론 하나님을 저주하지 않는 자가 지니는 희망이 있지만, 그것은 너무나 엷어서 욥의 의식 속에는 거의 절망만 있을 뿐이다.

그런데, 모든 희망을 버렸을 뿐 아니라 모든 욕망도 버렸다. 다시 말해 그는 인생에 대해 회의를 느끼고 깊은 허무를 느낀다. 그는 "고난당하는 자"요, "쓰디쓴 인생을 살아가는 자"(3:20, 개역한글: "인고한 자", "마음이 번뇌한 자")요, 어떻게 해야 좋을지 모르는 "길 잃은 사람"(3:23, 개역한글: "길이 아득한 사람")이다. 그리고 이는 고난당하는 욥에게만 해당되는 것이 아니라, 멀쩡하게 살아가는 모든 사람에게 해당된다. 욥은 모든 인생이 번뇌하는 자요, 인고하는 자요, 길이 아득한 자라는 것을 안다. 영화와 번영 속에서 복된 것으로만 보였던 인생이 이제 고뇌와 번민의 연속으로 보인다. 인생의 허무를 느낀 것이다. 자기 문제에서 출발한 욥의 울부짖음은 인생 자체에 대한 회의로 발전한다.

희망이 사라지면서 욕망도 같이 사라졌다. 보물을 찾아서 다시 한번 멋지게 살아 봐? 이제 그런 것도 귀찮다(3:21). 고통 속에서 욕심도 사라져 버렸다. 욕심이 사라지면 고요한 정적 속에서 삶을 음미할 수도 있지 않은가. 그러나 욥이 처한 상황은 고요한 정적은 아니다. 그런데 그 걱정의 소용돌이 속에서 울부짖음과 함께 뒤섞여 무욕(無慾)이 탄생한다. 그것은 분명 욥의 남은 삶을 살찌우는 무슨 역할을 할 것이다. 그리고 인생의 허망함에 대한 깨달음은 다른 인생들에 대한 연민으로 갈 가능성을 품고 있다. 아직은 아니지만 말이다.

그런 점에서 욥의 탄식은 자학하고도 다르다. 자학은 과도한 죄의식에서 나온다. 그리고 과도한 죄의식은 어떤 욕망과 욕심이 살아 있을 때 생긴다. 그러나 이제 욥은 인생의 모든 미련을 버린 사람이다. 가진 게 많으면 더 가지려고 했겠지만, 가진 것이 전부 사라진 지금 욥은 모든 욕심을 버렸다. 소유물과 함께 소유욕도 사라졌다. 고난에서 생긴 허망함에서 얻은 덤이다. 그는 자기 생일을 저주했지만 자신을 학대한 것은 아니며, 자신의 지난 삶을 어리석게 탓하지도 않는다.

그런데도 욥에게는 아직 두려움이 있다. "두려움만 끝없이 밀려온다!"(3:26) 가진 것이 없고, 욕망도 없고, 죽음을 각오하며 죽음만 기다리는 자에게 두려울 것이 무언가. 하나님을 저주하지 않은 자가 지니는 희망 때문에 생긴 두려움이다. 몰골이 흉해진 고난 속에서도 자존감을 가진 자가 지니는 두려움이다. 자기를 지킬 수 있을 것인가. 그는 세월을 견뎌야 한다. 그러나 어떻게 견딜 것인가? 세월은 그가 하나님을 저주하게 할지도 모른다. 이미 그는 하나님께 묻고 있다. "어찌하여……길 잃은 사람을 붙잡아 놓으시고, 사방으로 그 길을 막으시는가?"(3:23) 그런 하나님이라면 욥이 경배할 하나님이 아니라 싸워 이겨야 할 하나님이다. 욥은 지금 달라진 하나님 이미지를 본다. 하나님에 대한 의심은, 지나온 자신의 삶을 전부 부정해야 하는 지경으로 몰고 갈지도 모른다. 모든 자존감이 무너지고 자기 생일을 저주할 뿐 아니라 자기 삶까지 저주해야 할지도 모른다. 모든 신념이 흔들리고 영적으로 완전히 파괴되어 더욱 추한 꼴을 보일지도 모른다. 시험은 아직도 남았다. 얼마나 두려운 일인가. 차라리 죽음이 낫다. 죽음보다 더 두려운 것은, 자신이 파괴되는 것 아닌가.

3.

죄 없는 사람이 망한 일이 있더냐?
엘리바스의 첫 번째 발언 · 욥기 4-5장

 가장 나이 많은 엘리바스가 입을 열었다. 욥을 위로하러 온 그는 결국 하나님의 이름으로 욥에게 충고한다. 친구로서는, 욥의 울부짖음을 이해할 수 있었을 것이다. 그러나 경건한 자 엘리바스의 생각으로는, 사람은 어떤 지경에서도 하나님의 뜻을 구해야 한다. 모든 재앙은 죄에서 비롯되는 것. 따라서 환난을 당한 사람은 자신의 죄를 돌이키고 하나님께 도움을 구해야 한다는 것이 엘리바스의 충고다. 너무나 옳은 소리이지만, 위로의 말은 아니지 않은가.

위로하던 자에서 위로받는 자로

 많은 사람을 가르치고 약한 이들에게 희망을 주며 재앙을 당한 이들을 위로하던 사람이, 그 자신이 재앙을 당하고 약한 사람이 되면 어떻게 될까?
 위로가 무엇을 베푸는 것이라면, 위로하는 자가 자칫 우월한 지위에 서게 된다. 그처럼 우월한 지위에서 남을 돌보고 자선을 하던 사람이, 남의 위로를 받아야 하는 상황에 처한다면 견디기 어려울 것이다. 남의 도움을 받는다는 것 자체가 자존감을 상하게 하는 일이지 않은가. 도움을 잘 받는 것도 쉽지 않은 일이다. 말하자면 감사하면서도 자존감을 해치지 않고, 자존감을 유지하면서도 뻔뻔해지지 않아야 될 것이다.

그러나 그렇게 되는 데는 도움을 주는 사람의 태도도 중요할 것이다. 남을 돕는 일이 기쁨에서 우러나오는 것이 되고, 자신이 자선을 한다기보다 마땅히 할 일을 한다는 생각을 하면 도움받는 사람의 자존감을 해치지 않을 것이다. 그러려면 자신이 하나님에게서 무상으로 받은 것이 많은 자요, 은총을 입은 자라는 생각을 해야 할 것이다. 하나님에게서 거저 받았으니 하나님께 감사의 표시를 해야 하는데, 그 방법은 어려움에 처한 이들을 돕는 것이다. 지극히 작은 자하나를 돕는 것이 하나님을 대접하는 것이라고 했으니 말이다. 그때 남을 돕는 것은 나와 그 사람의 문제가 아니라, 나와 하나님 사이의 문제다. 그 사람에게 빚진 것이 없지만, 그를 돕는 것은 내가 마땅히할 일이 된다. 은혜를 아는 자의 기쁨이 있다. 우리가 성장하면서 도움을 받았던 분들께 감사를 표하는 일은 얼마나 기쁜 일인가. 예를 들어, 장성하여 옛 스승을 찾아뵙고 식사라도 대접할 때 얼마나 마음이 뿌듯한가. 내가 직접 빚진 것이 없는 사람을 돕는 일도 그런 구도에서 일어날 수 있다. 그때에 돕는 자와 도움을 받는 자는 대등한 관계에 서고, 도움을 받는 자의 자존감은 유지된다. 그렇게 남을 돕던 사람은 자신이 도움받아야 할 처지에 있을 때 훨씬 덜 비참해질 것이다.

욥은 도움을 주던 자에서 이제 도움을 받아야 하는 자가 되었다. 위로를 받아야 하는 자가 되었다. 이 상황을 어떻게 견딜 것인가. 엘리바스의 지적은 날카롭다.

너는 짜증스러워하고(개역한글: 답답하여 하고),
이 일이 정작 네게 닥치니까 낙담하는구나!(4:5)

쓰러지는 이들을 일으키고, 힘없는 이들의 손을 붙들어 주면서 하던 말이 있을 것이다. 그들을 위로하며 희망을 주기 위해 하던 말이 있을 것이다. 그 말을 이제 자신에게 적용하면 되지 않는가. 왜 낙담하고 답답해하며 죽고 싶다는 말을 하는가? 재앙을 당한 이들이 죽고 싶다고 할 때, 하나님의 사랑을 말하며 희망을 주지 않았는가. 그런데 왜 지금 자신이 당하는 고난 앞에서는 완전히 길 잃은 사람이 되어 죽은 자들을 부러워하고만 있는가? 그것이 엘리바스의 이야기다.

그러나 남에게 주던 가르침을 자신에게 적용하기란 쉬운 일이 아니다. 사람이 당하는 고난은 어떤 가르침이나 교훈으로도 쉽게 위로받을 수 있는 것이 아니다. 위로하는 사람도 그저 말하지 않을 수 없어 말할 뿐이다. 그나마 좌절하여 완전히 쓰러지지 않도록 희망을 주려는 것뿐이다. 재앙을 당한 사람이 겪는 영혼의 싸움에 위로의 말이 큰 도움을 주지 못하는 줄 알면서 말을 하는 것이다. 그저 '내가 당신과 함께 있습니다'라는 표시로 말하는 것이다. 그 말은 말의 내용이 중요하지 않다. 그저 '당신은 외롭지 않습니다'라는 표시다. 그때의 말이야말로 더불어 있음이다. 그 말은 무얼 가르치고 무얼 가리키는 것이 아니라, 고난당하는 자가 혹독한 운명 앞에 홀로 서지 않도록 더불어 있음이다. 그러나 사람은 운명에 결국 홀로 맞설 수밖에 없다. 결국 그 사람 혼자 서는 것이다. 위로의 말이란, 그처럼 결국 홀로 가는 길인 줄 알면서도 같이 있으려는 책임감의 표시다. 그것은 부담으로서의 책임감이 아니라 타자에 대한 응답으로서의 책임감이다. 사람은 그처럼 남과 함께 있어 하나님과 함께 있는 법을 배워 온 존재다.

욥이라는 인물은 그런 사람이었을 것이다. 남을 위로했지만, 어떻게 남을 위로할 수 있겠는가. 삶의 고난과 슬픔 앞에 홀로 싸워 나가는 사람에게 자신은 큰 도움이 될 수 없는 자임을 욥은 잘 알고 있었을 것이다. 그는 남을 돕는 물질이나 말의 한계를 잘 아는 사람이었을 것이다. 그는 다만 남의 아픔을 안타까워하고, 고난당하는 자를 외롭지 않게 하려고 했을 뿐이다. 그것이 하나님을 외롭지 않게 하는 일이라는 점을 욥은 영적으로 알고 있었을 것이다. 이제 욥은 처절한 재난 속에서 울부짖으며 홀로 싸운다. 낙담과 답답함. 누가 그것을 비난할 수 있는가.

죄 없는 사람이 망한 일이 있더냐? — 뛰어난 엘리바스의 신학

엘리바스는 깊은 통찰력을 지닌 사람이다. 그가 욥에게 권면하는 것은 이 고난을 기회로 삼아 좀 더 온전한 길을 걷고, 하나님과도 더 가까워지라는 것이다.

> 하나님을 경외하는 것이 네 믿음이고,
> 온전한 길을 걷는 것이
> 네 희망이 아니냐?(4:6, 개역한글: 네 소망이 행위를 완전히 함에 있지 아니하냐)

욥은 믿음이 좋고 삶을 성실하게 살았던 의인이다. 그렇다면 세월이 가면서 인격이 쌓이고, 그럴수록 자신의 행동거지가 더욱 온전해지고 싶은 욕망이 있었을 것이다. 말하자면 어떤 경지에 도달하고픈 마음이 있었을 것이며, 그것을 인생의 소망으로 삼고 살았을 것이다. 그것이 정말이라면 이제 해보라. 모든 소유가 없어지고 몸까지 망가진 지금만큼 그 소망을 이루기 좋은 기회가 어디 있겠는가. 가진 것이 많을 때는 그것을 지키는 데 여념이 없어 하나님을 섬겨도 마음이 투명하지 않은 상태였을 것이다. 그렇다면 무소유가 된 지금이야말로 하나님만이 나의 기업임을 고백할 기회가 아닌가. 신앙의 완전을 이루고 도를 이룰 좋은 기회가 아닌가. 왜 흔들리는가? 확신에 차 있던 경건은 다 어디 갔는가?

여기서 우리는 사탄이 내걸었던 표어를 다시 확인할 수도 있다. "욥이, 아무것도 바라는 것이 없이 하나님을 경외하겠습니까? 주님께서, 그와 그의 집과 그가 가진 모든 것을 울타리로 감싸 주시고, 그가 하는 일이면 무엇에나 복을 주셔서, 그의 소유를 온 땅에 넘치게 하지 않으셨습니까?"(1:9-10) 욥은 이제 까닭 없이 하나님을 경외해야 하는 시험대에 선 것이요, 그것을 잘 넘기면 하나님을 삶의 목적으로 삼는 신앙의 극치를 이룰 수 있을 것이다.

욥을 설득하기 위해 엘리바스는 죄의 문제를 꺼낸다. 불행과 재앙은 모두 죄의 결과다.

> 죄 없는 사람이 망한 일이 있더냐?
> 정직한 사람이 멸망한 일이 있더냐?
> 내가 본 대로는,
> 악을 갈아 재난을 뿌리는 자는
> 그대로 거두더라(4:7-8).

이는 단순히 욥의 죄를 지적하고 그가 당한 재앙이 죄의 결과라고 주장하는 것이 아니다. 엘리바스는 욥에 대해 말하는 것이 아니라 인생에 대해 말하는 것이다. 그는 인간이란 유한하고 연약한 존재임을 깊이 깨닫고 있는 자다. 그리고 그것은 인간의 죄와 연결된다. 모든 인생의 멸망은 죄와 관계가 있다는 것이다. 만물의 유한함과 멸망. 사자의 우렁찬 포효도 언젠가는 그 목소리가 끊기고, 새끼들을 거느리고 위풍당당하게 초원을 누비던 힘센 사자도 늙어 이빨이 약해지면 새끼들이 모두 떠나고 홀로 죽음을 맞는다(4:9-11). 결국 세상 만물은 모두 망하지 않는가. 그러니 욥이 망한 것도 세상 만물의 이치와 다를 바가 무엇인가. 사람은 흥할 때도 있지만 망할 때도 있다. 흥하는 것은 흥할 자격이 없는데 하나님의 은총으로 흥하는 것이요, 망할 때는 사람의 죄 때문에 망하는 것이다. 실로 인생이란 "악을 갈아 재난을 뿌리는 자"(4:8)라고 할 수 있겠다. 악의 씨를

뿌려 재앙의 열매를 거두는 것은 당연한 일 아니겠는가. 그렇다면 욥은 자신의 신세를 한탄하고 낙담하기보다는, 거대한 자연의 섭리 앞에서 자신의 멸망을 오히려 관조하며 세상 돌아가는 이치를 더욱 생생하게 깨닫는 것이 낫지 않은가.

엘리바스의 신학에는 유한성과 죄를 연결 짓는 사변이 들어 있다. 4장 12-17절에서 보이는 대로 그는 생생한 종교 체험을 한 사람이다. 두려움과 떨림이 엄습하고 뼈들이 흔들리며, 온몸의 털이 곤두서는 가운데 영이 자기 앞을 지나가면서 소리가 들려왔다.

> 인간이 하나님보다 의로울 수 있겠으며,
> 사람이 창조주보다 깨끗할 수 있겠느냐?(4:17)

엘리바스는 절대 존재이신 하나님 앞에 유한한 인간이 결코 의로울 수 없음을 아는 자다. 우리는 이 문제를 하나님의 절대 주권과 절대 의의 문제로 볼 수 있다. 아마 이는 욥이 42장에서 깨달은 것과도 같을 것이다. 38장 이하에서 하나님은 세상 만물을 지은 창조주의 모습을 보이시고, 욥의 고난에 대해서는 아무 말씀도 하지 않으신다. 그런데도 42장에서 욥은 자신이 죄인이라고 고백한다. 절대 주권자 앞에 선 인간은 죄를 느낀다. 인간의 유한성이 죄의 문제와 연결된다.

> 사람은,
> 아침에는 살아 있다가도,

저녁이 오기 전에 예고도 없이 죽는 것,
별수 없이 모두들 영원히 망하고 만다.
생명 줄만 끊기면 사람은 그냥 죽고,
그 줄이 끊기면
지혜를 찾지 못하고 죽어 간다(4:20-21).

인간은 유한함 때문에 망한다. 모두 죽어 사라지는 것은 결국 모두 망하는 것 아닌가. 이 세상에는 흥하고 망하는 것이 있지만, 죽으면 그 모든 것이 무슨 소용인가. 죽음과 함께 인생은 망하는 것이다. 죽음이 망함과 견주어지는 것은 결국 인생이 지혜를 찾지 못하기 때문이다. 인간이 오래 산다고들 하지만 결국 지혜를 구하지 못하고 죽는다. 알지 못하고 죽는다. 세상의 신비와 섭리를 알지 못하고 죽는다. 인간의 유한성은 단지 언젠가 죽는 데 있다기보다, 인생을 채 알기도 전에 죽는다는 데 있다. 자기가 사는 인생을 알지 못하고 죽는다니. 지혜를 구하고 수양을 통해 득도하여 자유를 얻으려는 이들에게 엘리바스의 말은 얼마나 허망한가. 결국 한계는 주어져 있다. 많이 아는 것 같아도 모르고 가는 것이 인생이다. 그렇다면 무지한 인간은 평생 얼마나 많은 잘못을 저지르겠는가. 그 허물이 얼마나 크겠는가. 하는 일이 모두 실수투성이요, 자신도 모르게 남을 가슴 아프게 하는 일이 허다하고, 그러면서도 자기 잘못을 모른다. 양심껏 살았다 해도 무지한 자의 양심이 오죽하겠는가. 그러니 인간이 하는 일이 모두 "악을 갈아 재난을 뿌리는" 일 아니겠는가. 그것은 누가 누구보다 더 잘못이 있고 없고의 문제가 아니다. 절대 주권자 앞에 인간이 너 나 할 것 없이 느끼는 불순함("창조주보다 깨끗할 수 있겠느냐")이요, 불의함("하나님보다 의로울 수 있겠느냐")이다.

이처럼 인간의 유한성은 인간의 악에 연결된다. 불의해서 유한한 것이 아니라, 유한함을 느낀 인간이 자신의 불의함을 알게 되는 것이다. 절대 주권자 앞에서 인간은 자신의 유한함을 느끼고 그 유한함은 어떤 죄의식과 연결된다. 불순한 자신의 모습을 들여다보게 되는 것이다. 그래서 망할 수밖에 없는 인간의 존재를 생각하게 된다. 도덕적 죄의 경험으로부터 유한할 수밖에 없는 인간 현실을 보는 것이 아니다. 물론 인간의 죽음을 도덕성 결핍의 결과로 보는 사변 철학이 있을 수 있다. 그러나 엘리바스의 종교 체험은, 절대자 앞에서 갑자기 다가온 자신의 불순함에 대한 인식이다. '아이쿠, 나는 죽을 수밖에 없는 죄인이구나. 주여, 나를 용서하소서.' 불순하다는 종교적 죄의식이 불의하다는 도덕적 죄의식보다 앞선다. '불순' 또는 '부정'(不淨)은 하나님 앞에서 인간이 겪는 죄의식이요, '불의'는 사회생활에서 겪는 죄의식이다. 순결치 못한 존재는 존재의 결핍을 겪는다. 불의한 존재가 비난을 받는 것과는 또 다른 차원이다. 존재의 결핍은 존재의 망함, 곧 늙음과 죽음으로 간다. 죽음이라는 허망함은 순결치 못한 존재가 도달하는 망함이다. 엘리바스가 죽음을 망함으로 보는 시각을 그렇게 이해할 수 있다. 그는 하나님 앞에 서는 깊은 경험을 한 결과, 인간의 고난과 슬픔이 인간 삶의 불순함에서 비롯되는 것임을 알았다.

그러나 어떤 사람이 당한 고난이 '그 사람'이 불순하고 불의한 결과라고 할 수 있는가? 그 문제는 아직 해결되지 않았다. 엘리바스

역시 인생의 고난에 대해 일반적인 이야기를 하고 있을 뿐, 욥을 정죄하고 있는 것은 아니다. 그는 깊이 깨달은 사람이요, 신중한 사람이다. 그가 말하는 것은, 인생의 고난이란 세상의 순결치 못함과 관련이 있다는 것이다. 말하자면 인간의 원죄를 체득한 사람이다. 그래서 분명히 말한다.

> 재앙이 흙에서 일어나는 법도 없고,
> 고난이 땅에서 솟아나는 법도 없다.
> 인간이 고난을 타고 태어나는 것은,
> 불티가 위로 나는 것과 같은 이치이다(5:6-7).

재앙과 고난은 사람이 만드는 것. 죄 없는 사람이 망하는 일은 없다. 그런데 왜 하필 욥이 혹독한 고난을 당해야 하나? 그 문제에 대해서는 언급하지 않는다. 다만 엘리바스가 깨달은 것은, 사람은 망함에 대해 그렇게 원통해할 일이 없다는 것이다. 다른 사람과 비교하면 원통하지만, 하나님 앞에 서 보면 불티가 위로 나는 것처럼 당연하다는 것이다. 욥은 하나님 앞에 서서 사는 사람이 아닌가.

하나님께 의지하라

그렇다면 이제 욥이 할 일은 무엇이겠는가? 엘리바스는 욥이 당한 재앙을 하나님의 징계로 본다. 징계란 아직 희망이 있는 자에게 가하는 것이다. 그러니 하나님의 뜻이 어디에 있는지 살피고, 그 훈계를 받아들이라는 것이다. 오직 의지할 데는 하나님밖에 없다고 한다. 엘리바스가 그린 하나님은 징계를 통해 사람을 더욱 성숙시키고 구원을 베풀어 주시는 분이다.

> 하나님은 찌르기도 하시지만
> 싸매어 주기도 하시며,
> 상하게도 하시지만
> 손수 낫게도 해주신다(5:18).

그러니 욥이 당한 재앙은 하나님이 일으키신 것이다. 그것은 찌르는 일이지만, 하나님이 낫게도 해주실 것이다. 그 찌름은 일종의 징계요 훈계이기 때문이다(5:17). 그 훈계를 통해 사람에게는 더욱 큰 복이 마련되어 있다. 5장 19절 이하에서는 하나님의 구원 역사와, 훈계를 받아들인 자가 누릴 평안과 복을 매우 아름다운 글귀로 열거하고 있다. 엘리바스는 기본적으로 하나님이 전능하고 의로우신 분이라고 본다. 특히 5장 9-16절에서 그의 신관이 잘 드러난다. 낮은 사람과 슬퍼하는 사람의 하나님(5:11), 교활한 자들의 꾀에 시달리는 가난한 이들을 구출하시는 하나님(5:15)이다. 그러니 비천한 사람은 하나님 때문에 희망을 가지고, 불의한 사람은 하나님 앞에서 더 이상 입을 놀릴 수 없다.

하나님이 전능하시다면 욥에게 일어난 일도 하나님 뜻대로 일어난 일일 것이다. 그 뜻이 무엇이겠는가? 하나님이 선하시다면, 욥에게 일어난 일도 하나님의 선한 뜻을 이루기 위해 일어난 것이리

라. 재앙을 내려 망하게 하려는 것이 아니라, 따끔하게 정신을 차리게 해서 올바른 길로 이끌어 복 받게 하려는 것이리라. 그렇다면 욥은 자신의 고난을 하나님의 징계로 받아들이고 하나님의 뜻을 살피는 것이 좋을 것이다. 그것이 엘리바스의 논리다.

하나님께 징계를 받는 사람은,
그래도 복된 사람이다.
그러니 전능하신 분의 훈계를
거절하지 말아라(5:17).

고난이 없다면 정신 차릴 기회도 없이 무지한 채 세상을 마감하지 않겠는가. 그러니 징계가 있다는 것은 오히려 다행스러운 일이다. 하나님을 새롭게 보고 더욱 신앙이 깊어져서 처음부터 다시 출발하여 복된 삶을 누릴 기회가 되지 않겠는가. 모든 것이 사라진 지금 오히려 아무것에도 방해받지 않고 좋은 그림을 새로 그릴 수 있지 않은가. 하나님의 뜻만 명백해진다면 말이다. 물론 답답할 것이다. 그러나 답답함을 털어놓을 분이 있지 않은가. 하나님은 전능하실 뿐 아니라 선하시니 그 앞에 가서 털어놓고 의지할 수 있지 않은가(5:8). 엘리바스의 이야기는 참으로 옳지 않은가.

그러나 문제가 있다. 과연 고난이 하나님이 일으키신 일인가. 사람을 바로잡아 복 주려고 고난을 내리시는 것이라면, 고난이 하나님이 복 주시는 수단이라면, 하나님은 너무 잔인하지 않은가. 그 고난에 사람이 그냥 주저앉아 멸망해 버리면 어떻게 하는가. 돌이키나 안 돌이키나 지켜보고 있다가 돌이키면 복 주시는 그런 하나님인가. 그 무시무시한 재앙을 내게 가져다준 분이 하나님이라면, 어떻게 그 하나님께 다시 의지하고 마음을 털어놓을 수 있는가. 물론 엘리바스는 재앙은 사람이 자초한 것임을 잘 알고 있다. 그러나 그는 하나님의 전능하심에 대한 확고한 신앙 때문에 그 재앙이 하나님이 주신 것이라는 점을 말하지 않을 수 없었다. 그 모든 것은 하나님 '뜻대로' 일어나는 일이니 말이다. 그렇다면 고난은 하나님이 주시는 징계가 된다. 하나님이 주시는 것이 된다. 그런데 하나님은 좋은 분이니, 그 벌을 통해 사람을 더욱 성숙시키려고 하실 것이다.

그처럼 고난에 대한 엘리바스의 추리에는 세 가지 요소가 들어가 있다. 인간의 악함, 하나님의 전능하심, 그리고 하나님의 선하심이다. 그 결과 고난은 하나님이 사람을 성숙시키기 위해 들어 쓰시는 징계 수단이 된다. 그것은 사람이 자초한 것이면서 동시에 하나님이 주신 것이 된다. 그러나 잘되라고 주는 징계라고 하기에 욥의 고난은 너무 가혹한 것 아닌가.

엘리바스의 하나님은 두렵고 떨리는 절대 주권자 하나님이다. 그는 절대 주권자인 하나님 앞에서 인간의 불순함을 알았고, 고난이란 그 불순함에 대한 대가임을 알았다. 고난은 벌이다. 그리고 그 벌을 잘 받으면 하나님이 복 주실 것이라고 생각한다.

고난당하는 사람의 눈으로 볼 때, 엘리바스의 이야기는 얼마나 옳을까? 고난당하는 사람 쪽에서 하나님을 더 옳게 볼 수 있는가, 아니면 제3자로서 고난에 대해 논하는 사람 쪽에서 하나님을 더 옳게 볼 수 있는가?

하나님의 전능이라는 개념에 어떤 수정이 있어야 하지 않을까? 사랑이시기 때문에 수난을 당하시는 하나님의 모습이 들어와야 하지 않을까?

4.

내 잘못이 무엇인지 말해 보아라
욥의 대답 · 욥기 6-7장

욥은 대체로 자신에게 잘못이 없다고 믿고 있다. 위로가 되지 않고 오히려 책망만 하는 친구 때문에 마음에 분노가 인다. 그리고 욥은 방향을 돌려 하나님께 묻는다.

친구가 필요한데

여기, 위로로 위장한 친구들의 설교와 설득이 있다. 엘리바스는 위로한다고 했지만, 실제로는 어떤 신학을 담은 설교가 되었다. 어려움을 당해 자기를 가누기조차 힘들고 약해질 대로 약해진 사람 앞에서 설교가 위로가 될까? 아마, 하나님조차도 설교하려 들지 않으실 것이다. 예수께서도 설교는 넓은 데나 사람 많은 곳에서 하고, 병든 이들에게는 설교하지 않으셨다. 그분은 고난을 짊어진 인류에게 설교하기보다는 같이 계시려고 했고, 오히려 몸으로 말씀하셨다. 그 몸의 메시지는, '나는 너와 함께한다. 너는 혼자가 아니다'라는 것이었다. 그리고 빌라도에게 잡히셨을 때에도 아무 말씀 없으셨으며, 아무 말씀 없이 십자가에 달려 돌아가셨다. 거기 어디에 설교가 있는가. 사람은 무지하고 완악하면서도 약하고 서글픈 존재다. 그분은 인류의 무지와 완악함 앞에서는 설교하셨지만, 인류의 고통과 서글픔 앞에서는 설교하지 않으셨다. 내가 무지하고 완악할 때 그분은 무섭게 하늘의 소리를 선포하시지만, 내가 지치고 고통받을 때는 선포하기보다 말없이 내 곁에 동행하신다.

그런데 엘리바스는 가르치고 설교하려고 했다. 청산유수 같은 말을 늘어놓았다. 모두 사려 깊고 훌륭한 논리를 가진 말들이다. 그리고 어찌 보면 위로의 말 같기도 하다. 그러나 그는 그의 신앙을 지키려고 한 것일 뿐이다. 욥을 배려한 것은 아니다. 그의 하나님은 어떤 상황에도 일관되게 설명되는 하나님이어야 했다. 그는 하나님을 너무 생각한 나머지 인간 욥을 배려하지 않았다. 틀림없으신 하나님이라는 거대한 신학의 틀 안에, 욥은 그 신학을 정당화하기 위한 먹잇감에 지나지 않는다. 하나님을 너무 배려한 나머지 사람에게 냉담해진다. 자칫 잘못하면 그런 신학 논리의 연장선에서 하나님의 이름으로 사람에 대한 폭력도 가능하게 된다. 약자를 위로하기는커녕 오히려 하나님의 이름으로 정죄하는 일도 가능해진다.

너희는,
고아라도 제비를 뽑아 노예로 넘기고,
이익을 챙길 일이라면
친구라도 서슴지 않고

팔아넘길 자들이다(6:27).

엘리바스에게서 고아를 팔아넘길 만한 사리사욕이나 잔인함은 엿볼 수 없다. 그러나 그의 신학은 세상의 약자들과 주변인들을 하나님과 도덕의 이름으로 정죄할 가능성을 품고 있다. 그는 자신이 하나님을 지킨다고 생각하지만, 실제로는 자기 신앙의 이득을 챙기는 것이다. 하나님을 지킨다는 생각은 얼마나 무서운 생각인가. 하나님은 사람에 의해 지켜질 수 있는 분이 아니다. 종교적 경건이 몰고 올 수 있는 큰 함정이다. 욥은 말한다.

> 내가 전능하신 분을 경외하든 말든,
> 내가 이러한 절망 속에서 허덕일 때야말로,
> 친구가 필요한데(6:14).

절망 속에서 허덕이는 자에게 먼저 필요한 것은 고통을 알아주는 공감이요 위로다. 그래서 하나님도 인간의 절망스러운 고통 앞에서는 말을 아끼신다. 그 하나님은 엘리바스의 신학에 잡히는 하나님이 아니다. 엘리바스는 사람 위에 군림하는 하나님 또는 사람을 앞에서 끌고 가는 하나님을 생각했다. 그러나 고통 때문에 오리무중에 빠진 사람에게 하나님은 옆에 와 계시다. 절망스러운 고통 속에 있는 사람에게는 위로 향한 초월의 하나님도, 앞을 향한 역사의 하나님도 힘이 되지 않고, 다만 누군가 곁에서 말을 들어 줄 존재가 필요하다. 고통은 결국 철저하게 혼자인 자신을 발견하게 하기 때문이다. 고통 속에서 사람은 철저한 외로움을 만난다. 그때 곁에 있어 주는 사람. 친구란 그런 존재다. 그러나 친구가 그 일을 할 수 있는가?

절망 속에서 위로를 찾기에는 친구란 존재가 너무나 허망함을 6장 15절 이하에서 시적 언어로 잘 표현하고 있다. 비만 오면 넘쳐 나다가도 비가 그치면 모랫벌에 자취도 없이 사라지는 사막의 개울처럼, 평소에 친한 교분을 가지고 있는 듯싶다가도 어려운 일을 당해 찾아가면 언제 그처럼 넉넉한 마음을 가지고 있었냐는 듯이 곧 사라지고 마는 것이 친구다. 그런 친구들을 욕하기도 어려운 것이, 모두들 자기 살기도 바쁜 세상 아닌가. 자기 하나 추스르기도 쉽지 않은 험한 세상에서 어떻게 남을 배려할 수 있겠는가. 욥이 자기 친구들을 비난하는 말은 우리 모두에게 해당하는 말일 것이다.

그러면 하나님은 어떤가? 욥은 하나님이 어떤지 묻는다. 하나님이 그런 위로자가 될 수는 없는가? 그러나 아직 혼란스럽다. 모든 재앙이 하나님에게서 왔을 텐데 어떻게 위로를 구할 수 있는가? 높은 데서 사람의 죄를 살피고 벌주시는 분에게 어떻게 위로를 구할 수 있는가? 욥은 혼란스럽다. 그러나 엘리바스는 너무나 확신에 차 있다. 그리고 그 확신이 문제다.

엘리바스는 사람 곁에 있어 주시는 하나님을 알지 못했다. 그 하나님을 알려면 새로운 언어가 필요하다. 아마 엘리바스가 욥의 몰골을 보고 느낀 두려움(6:21)은 그런 데서 생긴 것일지 모른다. 고통 앞에서 하나님의 존재를 어떻게 설명할까? 고통에서 나오는 울부짖음으로 어떻게 신학을 이룩한단 말인가? 그는 고난받는 사람의 울부짖음이 지니는 신학적 의미를 알지 못했다.

어서 부르짖어 보아라.
네게 응답하는 이가 있겠느냐?
하늘에 있는 거룩한 이들 가운데서,
그 누구에게 하소연을 할 수 있겠느냐?(5:1)

고통에서 나온 말은 갈라지고 흩어지고 도전적이다. 어디로 수렴되어 결론을 내릴 수 있는 말이 아니다. "분하고 괴로워서, 말을 하지 않고는 견딜 수 없어"(7:11) 하는 말이다. 그래서 그것은 속에서 터져 나오는 몸의 언어다. 예수께서 가난하고 서글픈 인류와 함께하시던 언어가 몸의 언어였듯이("말씀이 육신이 되었다"), 고통받는 자의 울부짖음도 몸의 언어다. 그 울부짖음은 기본적으로 질문의 언어다. 이미 있는 답은 그 질문을 충족시키지 못한다. 자칫하면 답은 없어지고 질문만 남을 수도 있다. 아마 엘리바스는 그것이 두려웠을 것이다. 그래서 정해진 답 안에서 욥의 고난을 설명하려 했다. 그에 따르면 욥의 고난은 욥의 잘못에 대한 하나님의 견책이다. 그 견책을 잘 받아들이면 하나님이 상처를 싸매어 주실 것이다(5:17-18).

내 잘못이 무엇인지 말해 보아라

엘리바스의 설명과 권면은 욥에게 새로운 도전이 되었다. 그의 말은 위로가 아니라, 욥의 고난을 무조건 정당화하는 말이었다. 욥은 그 말을 받아들일 수 없었다. 어떻게 말할 것인가? 언제나 말이 문제다. 욥은 고난 속에서 생일을 저주했고, 친구들은 욥을 책망했다.

바른말은 힘이 있는 법이다(개역한글: 옳은 말은 어찌 그리 유력한지).
그런데 너희는 정말 무엇을 책망하는 것이냐?
너희는 남의 말꼬투리나
잡으려는 것이 아니냐?
절망에 빠진 사람의 말이란,
바람과 같을 뿐이 아니냐?(6:25-26)

    고난당하는 사람에게 할 바른말, 옳은 말은 고난을 설명하거나 정죄하는 말은 아닐 것이다. 바른말이란 옳고 그름을 가리는 말이다. 그것은 흔히 심판하고 정죄하는 말이 된다. 그 말은 바른말로서 강한 힘을 가진다. 그러나 고난당하는 사람 앞에 정죄하는 말은 바른말이 될 수 없다. 그때 필요한 바른말은 가르고 분별하는 말이 아니라 감싸는 말이다. 잘잘못을 떠나서 하는 말이다. 아무 말도 할 수 없는 상황에서 하는 말이다. 그래서 그것은 그냥 더불어 있음을 표시하는 존재의 언어다. 그 말이 그대로 존재가 된다. 말대로 된다는 것이 아니라, 말로써 곁에 있음을 나타내는 것이다. 말의 내용이 현실에서 실현된다는 뜻이 아니다. 고난의 상황에서 위로하는 말이란 무슨 말을 해야 좋을지 모르는 상황에서 하는 말이다. 그런 말은 말의 내용이 중요하지 않다. 오히려 말에 내용을 실으려고 하면 무리가 생긴다. 고난당하는 사람에게 상처를 주기 십상이다. 말의 내용이 중요하지 않고, 말하고 있다는 사실이 중요할 뿐이다. 아무 내용이 없는 그 말로써 위로자는 고난당하는 사람을 외롭게 놔두지 않는다. 그 말은 '당신은 혼자가 아닙니다'라는 표시다. 있음이요, 곁에 있음이다. 그처럼 누구 '곁에 있음'으로 사람은 '가장 있음'을 겪는다. 충만한 말은 말의 내용이 중요하지 않은 말이요, 그 말로써 사람은 다른 사람을 돌보고 자기 존재의 충만을 겪는다.

그런데 엘리바스는 고난당하는 자 앞에서 말에 너무 내용을 실으려 했다. 그래서 고난의 이유를 설명하는 말이 되고, 결국 욥을 책망하는 말이 되고 말았다. 자기 생일을 저주하는 욥의 말을 책망하기도 했다. 그러나 절망에 빠진 사람의 말꼬투리를 잡아서 어쩌겠다는 것인가? 고난당하는 자의 말은 고통의 무게가 그대로 담겨 있는 몸의 언어이므로 거칠지만, 그 역시 내용을 크게 문제 삼을 말이 아니다.

고난당하는 자의 울부짖음은 말의 내용이 중요치 않은 충만한 언어가 될 수도 있다. 고난당하는 자를 위로하는 말은 그 사람을 홀로 놔두지 않는 언어로서, 고난당하는 자의 울부짖음은 세상을 깨우는 언어로서 둘 다 내용이 중요치 않은 충만한 언어다. 후자는 무의미 속에서 의미를 찾으려는 몸부림으로 말이 터져 나오는 지점에서 보이는 충만함이요, 전자는 그 몸부림에 동참하는 책임에서 보이는 충만함이다. 후자는 시끄럽고 거친 몸부림의 생명성이요, 전자는 조용한 동참의 생명성이다. 억압과 무의미에 대항해서 몸부림칠 줄 모르는 것은 생명력이 없다. 그 몸부림의 언어를 누구도 쉽게 나타낼 수 없다. 욥은 친구들의 정죄에 대해 단호히 말한다.

어디, 알아듣게 말 좀 해보아라.
내가 귀 기울여 듣겠다.

내 잘못이 무엇인지 말해 보아라(6:24).

내가 도대체 무엇을 잘못했는가? 내 인생에서 내가 무슨 큰 죄를 지었다고 이런 고난을 당해야 하느냐? 아니면, 너희들은 기껏 내가 내 생일을 저주하고 인생의 허무를 말한 것을 문제 삼고 있는 것이냐? 그래, 이제 보니까 인생은 몹시 고된 종살이와 같다(7:1). 날이 밝으면 노동에 시달리다가 어서 저녁이 와서 노동이 끝나기를 바라지만, 밤이 지나면 다시 힘든 날이 밝는다. 밝은 해가, 희망이 아닌 고통의 안내자다. 그처럼 소망 없는 나날을 보내다가 종말을 맞는 것이 인생 아닌가. 도대체 인생의 의미는 무엇이며, 어디다 희망을 두고 살아야 하는가? 고된 종살이를 벗어날 길이 있는가?

하나님께 묻다

7장 7절 이하에서 욥은 하나님에게로 방향을 돌린다. 3장에서 독백을 하고, 6장에서 엘리바스를 향해 말했다면 7장에서는 하나님께 말한다. 마침내 하나님께 말한다. 욥이 하나님께 말한 것은, 어찌 되었든 살기가 싫다는 것이요, 혼자 있게 내버려 두라는 것이요, 왜 용서하지 않느냐는 것이다.

차라리 숨이라도 막혀 버리면 좋겠습니다.
뼈만 앙상하게 살아 있기보다는,
차라리 죽는 것이 낫겠습니다.

나는 이제 사는 것이 지겹습니다(7:15-16).

특별히 물리적 고통 때문이기보다는 삶의 무의미 때문에 살기가 싫다. 모든 가치가 엉망이 되었다. 욥이 그냥 먹고 즐기는 데서 인생의 의미를 찾았던 사람이라면 지금 상황을 그렇게 허무하게 받아들이지 않았을 것이다. 그러나 그는 경건하고 의롭고 선한 사람이었으며 재물도 넉넉하여 늘 감사하는 마음으로 살았다. 물질의 번영을 그의 경건함에 대한 하나님의 보답으로 믿고, 하나님께 감사하며 하나님께 영광을 돌리는 것이 그 인생의 목적이었다. 그때 그의 마음은 얼마나 뿌듯하며 꽉 찬 느낌을 얻었던가. 물질로도 충만하고 내면으로도 충만했다. 존재의 결핍이 사라지고 정말 꽉 차게 존재하고, 정말 사는 것처럼 사는 것을 느꼈다. 말하자면 구원의 체험을 하며 살았다.

그런데, 이제 어떻게 살아야 하는지를 전부 잊어버렸다. 헝클어졌다. 이제껏 살아온 삶에 대한 보답 없이 패망과 육신의 병만 남은 지금, 무엇이 선한 일인지 하나님은 어떤 존재인지 모든 것이 흔들리게 되었다. 그리고 남은 것은 허망함이다. 까닭 없이 하나님을 섬기기? 도대체 그것이 어떻게 가능하단 말인가? 엘리바스는 남의 일이니까 쉽게 말하지만, 사람이 선한 일에 대한 보답이 없다면 어떻게 선하게 살 수 있단 말인가. 보답을 저생에서 하나님이 해주신다고 믿는다 해도, 이생에서 인과응보를 어느 정도 확인하지 않으면 누가 힘들게 의를 실천하며 살려 하겠는가. 그렇다면 의는 그 자체로서 의미가 없는 것인가? 지금까지 나는 보상을 바라며 하나님을 섬겨 왔는가? 그렇다면 하나님을 이용한 것 이상이 아니지 않은가? 뭐가 뭔지 모르겠다. 모든 것이 헝클어졌다. 하나님이 누군지 다시 정리할 힘도 없다. 고난 속에서 성숙해지리라는 것은 남들이 쉽게 하는 말일 뿐, 세월은 지루하고 짐이 될 뿐이다. 삶이 지루하고 귀찮을 뿐이다. 누구도 내게 도움이 되지 않는다. 그리고 이제 하나님도 귀찮다. 의지할 존재이기보다는 오히려 두려운 존재다. 모호해서 귀찮은 존재가 되었다.

제발, 나를 혼자 있게 내버려 두십시오(7:16).

언제까지 내게서 눈을 떼지 않으시렵니까?
침 꼴깍 삼키는 동안만이라도,
나를 좀 내버려 두실 수 없습니까?(7:19)

하나님은 사람에게 마음을 두고 계신다. 그것은 사람이 뭔가 대단하다는 말이다(7:17). 사람이 뭐가 대단해서 대단한 존재가 아니라, 하나님이 사람을 그분 자신에게 대단한 존재로 생각하신다. 하나님이 그처럼 사람을 비중 있게 생각하시기로 했다. 하나님은 사람에게 희망을 가지고 계신다. 사람은 하나님의 희망이다.

그러나 하나님이 사람에게 희망을 가지고 계신다는 것이 부담일 수도 있다. 내가 책임져야 하지 않는가. 내가 무언가 하나님을 기쁘게 하는 일을 해야 하지 않는가. 희망을 가지고 힘차게 살아가는 사람에게는 책임을 지는 것이 자랑스럽고 삶을 풍요롭게 하는 일이다. 그러나 절망 속에서 힘겹게 살아가는 사람에게는 누가 그에게 희망을 가지고 있다는 것이 부담이다. 만사가 귀찮은 사람에게 희망의 눈총이란 오히려 감시의 눈총이 된다. 욥은 하나님이 매 순간 자신을 감시하고 시험하고 있다고 생각한다. 그리고 죄를 지을 때마다 앙갚음하는 하나님을 느낀다.

욥이 친구들 앞에서 자신의 무죄를 선언했지만, 자기가 정말 죄가 없다고 생각하는 것은 아니다. 하나님 앞에서 욥은 자신이 죄인임을 스스로 안다. 친구들 앞에서는 의인이지만, 하나님 앞에서는 죄인일 수밖에 없다.

> 내가 죄를 지었다고 하여
> 주님께서 무슨 해라도 입으십니까?
> ……
> 어찌하여 주님께서는
> 내 허물을 용서하지 않으시고,
> 내 죄악을 용서해 주지 않으십니까?(7:20-21)

의롭게 살았지만 왜 잘못이 없겠는가. 사람을 살피시는 하나님이 그 잘못을 모르실 리 없을 것이다. 그러나 이런 고난을 당할 만큼 용서받지 못할 짓을 내가 했단 말인가? 누가 다른 사람의 잘못 때문에 큰 해를 입었다면 그를 용서하기 어려울 것이다. 그러나 하나님은 인간에게 영향을 받으시는 분이 아니지 않은가. 내가 무슨 죄를 지었다 한들 그것이 하나님께 무슨 영향을 주고 무슨 손해를 입힌

단 말인가. 자질구레한 내 죄악을 덮어 주지 않는 하나님이라면, 사람을 살피는 하나님은 그저 사람을 감시하고 벌주는 하나님 아닌가. 저 높은 데 있으면서 아랫것들이 노는 것을 보고 그저 무심하게 그들의 잘잘못을 가려 무정하게 재판하는 신이 아닌가.

욥은 자신이 하나님 앞에 죄인인 줄은 알지만, 그렇게 용서받지 못할 죄를 지었다고는 생각하지 않는다. 그리고 그 생각의 바탕에는, 하나님이 사람의 영향을 받지 않는다는 신학이 깔려 있다. 전능하신 분이라면 영향을 주기만 해야지 영향을 받으면 안 될 것이다. 그러나 그런 신학으로 하나님을 올바로 알 수 있을까? 수난받는 하나님을 어떻게 설명할 것인가? 문제는 단순치 않다. 하나님께도 용서는 좀 더 힘들고 좀 더 우주적인 사건이다.

5.

어찌 악인의 꾀에 빛을 비추시나이까?
빌닷의 첫 번째 발언과 욥의 대답 · 욥기 8-10장

빌닷은 욥이나 그 자녀들이 죄를 지었기 때문에 욥이 불행을 당한 것이라고 설명한다.

전능하신 이가 어찌 공의를 굽게 하시겠는가?

하나님은 의로우시다는 전제가 있다. 하나님이 하시는 일은 언제나 의롭다. 의로움이란 하나님의 속성이다. 하나님을 믿는다는 것은 의로우신 하나님을 믿는 것이 된다. 그래서 빌닷은 말한다.

너는, 하나님이 심판을 잘못하신다고 생각하느냐?
전능하신 분께서 공의를 거짓으로 판단하신다고 생각하느냐?(8:3)

하나님의 의로우심은 이미 엘리바스의 이야기 속에 있었다. 다만 엘리바스는 현명한 사람이라, 좀 더 일반적인 인간의 상황에 관해 말했다. 의로우신 하나님 앞에 불순한 존재인 인간은 망할 수밖에 없으며, 따라서 욥의 수난도 어차피 모든 인간이 당할 일을 당하는 것이라 보았다. 그에 비하면 빌닷은 보다 직접적으로 욥의 죄와 하나님의 공의로우심을 지적한다. 엘리바스에 비하여 빌닷은 한 발짝 더 떨어진 자리에서, 좀 더 방관자적인 자리에서 욥의 고난을 논한다.

전능하다는 것은 무슨 일이든 할 수 있음을 뜻한다. 무슨 일이든 뜻대로 할 수 있음을 뜻한다. 그런데 무슨 일이든 할 수 있음과 의로움이 어떻게 연결되는가? 사실, 무슨 일이든 뜻대로 할 수 있다고 해서 의롭다는 보장은 없다. 전능과 의로움은 하나가 아니다. 그러나 성서에서 하나님은 전능하시고 의로우시다. 그런 신앙고백을 통해 성서는 이 세상을 근본에서 긍정하고, 의로움의 궁극적 승리를 내다본다. 만일 뜻대로 모든 것을 할 수 있는 분이 의롭지 않다면 세상은 엉망진창이 될 것이다. 비록 지금 이 세상이 엉망진창이라도 전능하신 그분이 의로우시기 때문에 세상은 결국 진리와 의가 승리할 것이다. 종말론적 신앙은 하나님의 전능이 없어도 안 되고, 하나님의 의로우심이 없어도 안 된다. 그 둘의 결합으로 세상을 근본에서 긍정하고, 종말론적인 희망을 가질 수 있다. 역사에 의미를 부여할 수 있다.

엘리바스나 빌닷은 그런 성서의 신앙을 반영하여, 전능하신 분은 의로우시다고 믿고 있다. 하나님의 의로우심은 그분 뜻의 의로움이다. 그분의 뜻이 의롭기 때문에, 뜻대로 하시는 그분의 모든 일이 의로운 것이다.

한편, 전능이라는 말 속에는 절대 주권자의 뜻이 들어 있다. 절대 주권자란 모든 일을 뜻대로 하면서 세상 모든 일을 주관하고 있는 존재다. 그러면 세상 모든 일이 전능하신 하나님의 뜻에 의해 일어나는 것이 된다. 다시 말해 세상만사가 하나님이 하시는 일이 된다. 그렇다면, 사람이 일으키는 악한 일이나 부조리한 일도 모두 하나님이 하시는 일이 된다. 빌닷은 그런 생각을 가지고 있는 사람이다. 욥의 수난도 하나님이 불러온 일이다. 물론 앞에서 우리는 엘리바스의 생각이 좀 더 신중하다는 것을 보았다. 그는 인간의 고난이 인간이 자초한 것임을 알았다. 어쩌면 고난은 인간의 뜻에 의해 일어난 것이 될 수도 있다. 그러나 엘리바스 역시 하나님의 절대 주권을 강하게 믿었기 때문에 욥의 고난이 하나님의 뜻대로 된 것으로 본다. 지금 빌닷이 그렇다. 욥의 고난은 하나님의 뜻대로 된 것이다. 그렇다면 의로우신 하나님의 뜻대로 일어난 고난이란 인간의 잘못에 대해 하나님이 내리시는 벌이 된다. 정의의 관점에서 생각하면 죄에 대해서는 벌이 정의이기 때문이다. 하나님의 의는 벌을 내림으로써 나타난다. 인간의 고난은 공의로우신 하나님의 능력을 나타내는 증거가 된다. 그렇게 볼 수 있을까?

물론 죄와 벌이 분명한 인과관계로 드러나는 경우가 많다. 악한 마음으로 남을 해쳐서 형벌을 받는 경우에는 인과관계가 눈에 보인다. 그 악한 사람이 힘 있는 자라고 할 때, 그는 심판을 피해 갈 수도 있다. 그리고 아무 일 없다는 듯이 남의 부러움을 사며 잘 살 수도 있다. 그런 자가 어느 날 큰 화를 당하거나 민중의 힘에 의해 심판을 받으면 사람들은 하나님이 살아 계심을 느낀다. 그때에 그의 고통은 공의로우신 하나님이 살아 계심을 나타내는 증거가 된다. 그런 경우는 죄와 벌의 인과관계가 눈에 보이는 경우다. 문제는 인과관계가 뚜렷하지 않을 때 생긴다. 지금 욥이 당하는 고난 같은 경우다. 하나님의 전능하심과 의로우심을 믿는 신앙은 욥의 고난 역시 그 죄의 열매라고 생각한다. 인간이 겪는 고난이란 인간의 죄에 대한 하나님의 심판이 된다. 그것은 하나님의 뜻대로 된 것이요, 죄의 삯이다.

과연 인간의 고난이 하나님의 뜻대로 된 것인가 하는 문제는 뒤로 미루기로 하자.

그렇다면 고난을 겪는 인간과 죄를 지은 인간은 동일한 존재인가? 사람이 겪는 고난은 그 사람의 죄 때문인가? 엘리바스는 분명한 이야기를 하지 않았으나, 빌닷은 이 문제에 대해 단호하다.

네 자식들이 주님께 죄를 지으면,
주님께서 그들을 벌하시는 것은 당연한 일이 아니냐?(8:4)

빌닷은 욥의 자식들이 그렇게 죽임을 당한 것은 그들의 죄 때문이라고 본다. 그는 확신을 가지고 말한다.

정말 하나님은,
온전한 사람 물리치지 않으시며,
악한 사람 손잡아 주지 않으신다(8:20).

이 구절은 하나님의 의를 잘 표현하고 있는 대목이다. 그러나 지금 고난 속에 있는 욥에게 이런 말을 하는 것은, 욥이 온전치 못했기 때문에 재앙을 당한 것이라는 의미다. 의로우신 하나님을 일반론적으로 말하면 사람들의 도덕성을 일깨운다. 그러나 고난당하는 사람에게 그런 일반론은 그를 다시 한번 정죄하여 좌절에 빠뜨릴 수 있다. 그가 당하고 있는 고난이 불의의 대가로 오는 벌이 되기 때문이다. 이런 식의 생각은 얼마나 위험한가. 하나님의 의는 사람에게 희망이 되어야지 좌절의 계기가 되어서는 안 된다. 하나님의 의로우심은, 선을 권면하고 악한 짓을 억제하면서 사람에게 종말론적 희망을 갖게 한다. 부당한 일을 하는 사람에게는 강한 경고가 될 것이요, 부당한 일을 당하는 사람에게는 큰 희망이 될 것이다. 그리고 하나님을 믿고 부당함에 맞서 저항과 투쟁을 하게 될 것이다.

지금 욥은 알 수 없는 고난을 당하고 있다. 그런데 빌닷은 죄와 벌의 짧은 인과관계를 끌고 들어와 욥의 고난을 설명한다. 그것은 결국 욥을 더욱 정죄하고 좌절시키는 일이다.

> 네가 정말 깨끗하고 정직하기만 하면,
> 주님께서는 너를 살리시려고 떨치고 일어나셔서,
> 네 경건한 가정을 회복시켜 주실 것이다.
> 처음에는 보잘것없겠지만
> 나중에는 크게 될 것이다(8:6-7).

얼마나 좋은 이야기인가. 그러나 그의 생각은 얕다. 빌닷은 정결과 정직과 의로움을 전제로 하나님의 복을 말한다. 엘리바스는 인간이 하나님 앞에 부정한 존재임을 보았고, 그래서 망할 수밖에 없는 인간의 운명을 보았다. 그러나 빌닷은 그런 죄의 깊이를 모르고 있는 것 같다. 빌닷에 따르면 한 사람의 번영은 의로움에 대한 대가요, 한 사람의 고난은 죄에 대한 대가다. 이는 훈계하는 데 필요할지 모르나, 복잡하고 부조리한 인간 삶의 현상을 설명하기에는 너무나 단순한 공식이다. 복음은 사람을 훈계하는 말씀이기보다는 사람에게 희망을 주는 말씀이다.

아, 사람이란 얼마나 미약한 존재인가. 잘되는 사람은 뭔가 선행을 쌓아서 잘되는 것이고, 하는 일이 잘 안 되고 고생하는 사람은 뭔가 숨겨진 잘못이 있다고 은근히 넘겨짚으면서 살지 않는가. 그런 시각을 벗어나기가 얼마나 어려운가. 사람은 결국 힘을 숭배한다. 그리하여 힘을 가진 사람, 성공한 사람은 스스로를 정당화한다. 성공만 하면, 그 사람의 일생이 정당화된다. 세상에서 사람은 성공으로 의롭게 된다.

그리고, 고난이 많은 자를 볼 때 사람들은 그를 측은하게 생각하면서 속으로 정죄하는 마음이 있지 않은가. 뭔가 죄가 많은 모양이다. 그 사람의 죄가 아니라면 자식의 죄라도, 아니면 뭔가 남다른 죄가 있어 특별한 고난을 당하는 모양이다. 그런 식으로 세상은 불행으로 좌절한 사람을 다시 한번 좌절시킨다. 그렇게 되면 성공이 의요, 실패는 죄가 된다. 어떤 사람이 성실하고 의롭게 살았는지는 중요하지 않게 된다. 그리하여 세상에서 사람은 수단 방법 가리지 않고 성공하려고 한다. 빌닷과 같은 생각은 얼마나 위험한 생각인가.

내가 나를 돌아보지 않는구나

욥은 빌닷이 설정한 죄와 벌의 짧은 인과관계를 거부한다. 그는 자신이 당하는 고난 때문에 죄인이 되기를 거부한다. 남들의 그런 시선에는 강하게 저항할 줄 알아야 한다. 말하자면 자기 자신을 스스로 지켜야 한다. 그러나 욥에게는 하나님이 문제다. 지금 하나님이 자신을 정죄하고 있지 않은가.

욥도 자신이 당하는 고난을 죄에 대한 벌로 보고 있다. 그러나 도무지 알 수 없는 죄다. 친구들이 말하는 죄는 거부하지만, 뭔가 하나님이 욥의 죄를 끄집어내서 벌을 내리고 계신 셈이다. 그러나 그것은 억지다. 도대체 내게 무슨 잘못이 있는가.

어찌하여 주님께서는 기어이
내 허물을 찾아내려고 하시며,
내 죄를 들추어내려고 하십니까?
내게 죄가 없다는 것과,
주님의 손에서 나를 빼낼 사람이 없다는 것은,
주님께서도 아시지 않습니까?(10:6-7)

나는 죄가 없다. 그러나 모든 것은 하나님 마음대로다. 하나님의 손에서 벗어날 수는 없다. 잘 모르겠지만, 하나님이 불의하다면 불의한 것이다. 세상은 그분이 만들었고, 세상은 그분 마음대로다. 그러니, 그분이 나를 탓하시면 내가 어떻게 거역하겠는가. 욥은 꽹

장히 자의적인 하나님을 생각하지 않을 수 없다. 의인과 악인을 가려서 상과 벌을 주는 것이 아니라, 자기 멋대로 하는 하나님이다. 그래도 사람은 아무 말 하지 못하고 당할 수밖에 없다. 세상은 그분이 내었고, 그분 뜻대로 움직이기 때문이다. 그리하여 전능하신 하나님은 굉장히 자의적이고 예측할 수 없는 존재가 된다.

> 사람이 어떻게 하나님 앞에서
> 의롭다고 주장할 수 있겠느냐?
> ......
> 하나님이 전지전능하시니,
> 그를 거역하고 온전할 사람이 있겠느냐?(9:2, 4)

> 비록 내가 옳다고 하더라도,
> 그분께서 내 입을 시켜서 나를 정죄하실 것이며,
> 비록 내가 흠이 없다고 하더라도,
> 그분께서 나를 틀렸다고 하실 것이다.
> 비록 내가 흠이 없다고 하더라도,
> 나도 나 자신을 잘 모르겠고,
> 다만, 산다는 것이 싫을 뿐이다(9:20-21).

욥은 자신의 삶에 대해 자부심을 가지고 있다. 그만하면 긍지를 가질 만하고, 자신을 아껴 줄 만하다. 그런데 하나님은 무얼 탓하시는 것일까? 이런 재앙을 당하고 보니, 하나님은 의인과 악인을 구별하지 않고 모두 똑같이 심판하시는 분이다(9:22). 의로우신 하나님이 아니다. 아니, 도무지 하나님의 의가 무엇인지 알 수가 없다. 하나님이 하시는 일은 모두 의롭다고 분명하게 못 박으면, 불행 앞에서 자신의 죄를 돌아보아야 한다. 나는 어떤 존재인가? 잘못하면 나는 나 자신을 자학하는 차원으로 몰고 갈지도 모른다. 그러면 내가 지금까지 살아온 삶은 어떻게 되는 것인가. 내가 불쌍하지 않은가. "나는 순전하다마는 내가 나를 돌아보지 아니하고 내 생명을 천히 여기는구나"(개역한글 9:21). 누가 나를 붙들어 줄 것인가?

불행이 닥치고 욥은 절체절명의 위기 앞에 선다. 재물이 달아나는 문제가 아니라, 욥 자신이 파괴되는 문제다. 아무도 도와줄 사람이 없다. 친지들과 하나님과 자기 자신. 모두가 등을 돌린다. 친지들은 입바른 소리만 한다. 오히려 정죄하는 일만 한다. 하나님은 무심하시다. 기계적으로 잘못에 대해서는 벌주는 분이요, 정상참작을 하는 분이 아니다. 인간의 형편을 돌아보는 분이 아니라, 그냥 다스리는 심판자일 뿐이다. 아니, 머리털 한 오라기만한 하찮은 일로도 사람을 짓누르는 분이다(9:17). 악인이나 의인이나 그분 앞에서는 모두 죄인이니 그냥 심판할 뿐이다.

이제 욥에게는 자기 자신이 남았다. 그러나 내가 나를 인정한다는 것은 얼마나 힘든 일인가? 자칫하면 교만이다. 그리고 내가 나 자신을 얼마나 잘 알 수 있는가? 이미 사람은 자기 자신에 대해 분노를 가지고 있다. 세상살이가 그렇게 만들었다. 사람은 이기적인 것 같지만, 사실 자신에게 매우 몰인정하다. 자신에게 몰인정한 것과 이기적인 것은 서로 통한다. 세상이 그렇게 만들었다. 사람은 자기 자신이 낯선 존재다. 그리고 그 낯선 자기와 화해해야 한다. 그때에 자기를 찾고 통합된 인격이 된다. 화해한다는 것은 미움과 다툼이 있었다는 것이다. 사람은 남을 미워하는 것 같지만, 실제로는 자기 자신을 미워한다. 분열된 존재로서의 인간은 자신에 대한 분노를 안고 있다. 인정하고 싶지 않은 자기 모습을 안고 산다. 그러니 나도 나를 감싸기가 어렵다. 감싸려면 그 모든 것을 인정하고 받아들여야 하기 때문이다. 모두 떠났다. 친지들도 떠나고 하나님도 등을 돌리고, 이제 나도 내게 등을 돌린다. 그러나 내가 나를 감싸지 않으면 누가 나를 감싸겠는가? 내가 나를 지키지 않으면 누가 나를 지키겠는가? 욥은 절체절명의 고독 앞에 선다. 친지들과 하나님 모두 가혹한 존재로 돌아선 지금, 욥에게는 자기밖에 없다. 그것은 처절한 고독이요, 어쩌면 위대한 고독일 수도 있다. 자기밖에 없다는 것은 자기와 자기가 화해하는 귀한 계기가 될 수 있기 때문이다. 그것이 고난의 신비이기도 하다. 그리고 그것이 무신의 위기가 가져오는 신비이기도 하다. 아무도 없는 위기 속에서 욥은 자기를 만날지도 모른다.

어찌하여 악인이 잘됩니까?

앞에서도 보았듯이 욥은 자신이 무조건 의인이라고 생각하지는 않는다. 세상 사람들 앞에서 자신은 떳떳하지만, 하나님 앞에서 자신은 죄인일 수 있음을 느끼고 있다. 그러면서도 빌닷의 이야기에 대해서는 강력히 저항한다. 내게 무슨 죄가 있는가?

욥의 저항은 형평성과 관련하여 두 가지 방향을 지니고 있다.

하나는 죄와 벌의 형평성이다. 정의로우려면 죄와 벌이 균형이 맞아야 한다. 죄에 대해서 그에 합당한 벌을 받는다면 정의로운 것이다. 그러나 지금 욥이 당하는 불행은 너무 크다. 아무리 생각해도 그런 일을 당할 만한 죄를 짓지 않았다. 친구들이 자신의 회개를 촉구하는 것은 억지다. 그리고 만일 그 벌이 하나님이 주신 것이요, 자신의 죄에 대한 대가라면 하나님 역시 억지를 부리시는 것이다. 아니면, 늘 욥을 지켜보고 있다가 욥이 잘못한 것을 일일이 계산하여 셈하는 잔인한 심판자다. 아니면, 악인이나 의인이나 가리지 않고 그저 똑같이 심판하는 불공평한 분이다. 욥이 자신의 고난을 받아들일 수 없었던 데에는 그런 이유가 있다. 자신이 당한 불행의 부당함이다.

또 다른 방향이 있다. 왜 악인이 잘되는가? 악인은 잘 사는데, 왜 나는 불행을 당하는가? 이는 죄와 벌의 비교에서 오는 불공정함이 아니라, 다른 사람과의 비교에서 오는 불공정함이다. 엘리바스는 빌닷보다 현명하게 말했다. 모든 인간은 하나님 앞에 죄인이요, 따라서 망할 수밖에 없다는 것이다. 그는 욥을 정죄하는 데 신중하면서, 모든 인간의 불행이 당연한 것임을 지적했다. 거기에는 죄와 벌의 불균형에 대한 논란이 있을 수 없다. 사람은 어떤 불행을 당해도 할 말이 없을 만큼 죄인이니 말이다. 그러나 왜 욥은 이런 불행을 당하고 다른 사람들은 잘되는가?

> 주님께서 손수 만드신 이 몸은
> 학대하고 멸시하시면서도,
> 악인이 세운 계획은 잘만 되게 하시니

그것이 주님께 무슨 유익이라도 됩니까?(10:3)

욥이 자신의 불행을 받아들일 수 없었던 것은 아마 불행 자체보다도, 다른 사람들은 아무 일 없이 잘 산다는 데 있었을 것이다. 왜 하필 내가 이런 일을 당해야 하는가? 이리저리 꾀를 부리고 권력에 아부하거나 사람들을 속여 이득을 취하는 자들은 모두 잘 사는데, 어째서 정직하고 의롭게 살고 하나님을 경외했던 내가 이런 일을 당해야 하는가? 의로우신 하나님이 살아 계시다면 이처럼 모순된 일이 어떻게 벌어질 수 있단 말인가. 더구나 그런 인간사의 모순은 되풀이되고 있지 않은가.

결국 욥에게 더욱 중요했던 것은 죄와 벌의 불균형이 아니라, 자신과 타인의 삶의 현실의 불균형이다. '도대체 내가 무슨 죄를 지었기에 이런 고난을 당하는가'라는 물음은, '왜 다른 사람들은 잘 사는데, 나보다 훨씬 비열한 자들도 아무 일 없이 잘 사는데, 그래도 나름대로 하나님과 사람 앞에서 성실하게 살았던 내게 이런 불행이 닥치는가'라는 물음에서 생긴 것으로 보아야 한다. 악인이 잘 산다는 것, 이는 사람에게 가장 큰 시험거리다. 물리적인 재앙 자체는 사람을 그렇게 불행하게 만들지 못한다. 사람을 정말 불행하게 만드는 것은 그 재앙에 대한 생각이다. 예를 들어, 모두가 똑같이 재앙을 당했다면 사람은 고통스럽기는 해도 그렇게 불행하다고 느끼지는 않을 것이다. 누구는 잘 사는데, 나는 수난을 당한다고 생각할 때 불행해진다. 그처럼 불행은 물리적인 데 있기보다는 심리적인 것이다. 욥은 재앙을 당한 첫 순간에 의연하게 대처했다. 사람은 불행을 당한 첫 순간에는 그 불행을 잘 모른다. 살아가면서 그것을 반추하고 생각하면서 불행해진다. 그리하여 묻는다. 왜 악인은 잘되고 나는 이런 꼴을 당해야 하는가?

6.

하나님까지 손에 넣은 자들이여
소발의 첫 번째 발언과 욥의 대답 · 욥기 11-14장

소발은 엘리바스나 빌닷보다 한술 더 뜬다. 욥의 말을 헛소리로 몰고, 욥의 고난은 당할 만하니까 당하는 것이라고 한다.

벌이 죄보다 가볍다

소발의 말은, 대개 사람은 자신이 잘못한 것보다 벌을 덜 받는 다는 것이다. 그리고 그 논리를 욥에게 적용하고 있다.

너는 네 생각이 옳다고 주장하고
주님 보시기에 네가 흠이 없다고 우기지만,
……
너는, 하나님이 네게 내리시는 벌이
네 죄보다 가볍다는 것을 알아야 한다(11:4-6).

욥이 뭔가 잘못해서 벌을 받는다는 것이 빌닷의 이야기라면, 소발은 한술 더 떠서 욥이 당하는 고난은 그의 잘못에 비하면 약한 것이라고 말한다. 그에게 인간의 고난은 죄에 대한 벌이다. 이 관점은 욥의 친구들이 모두 가지고 있는 관점이다. 다만 엘리바스는 그 벌에 훈계의 요소가 들어 있다고 보았고, 빌닷은 의로우신 하나님의 판단에 따른 정낭한 보상이라고 보았다. 그런데 소발은 한발 더 나아가, 인간이 받는 벌은 죄에 비해 가볍다는 논리를 편다. 하나님은 세상을 두루 다니시며, 죄인마다 쇠고랑을 채우고 재판을 여신다(11:10). 하나님은 사람의 잘못을 분명히 아시고 악을 곧바로 분간하신다(11:11). 그처럼 무섭고 냉철한 재판관이 우리의 죄를 들추려면 한이 없을 것이다. 그러므로 인간이 당하는 고난은 재판관인 하나님이 많이 봐주셔서 그 정도에 그치는 것이다. 소발은 그런 논리를 편다.

그렇다면 욥이 할 일은, "악에서 손을 떼고 집안에 불의가 깃들지 못하게"(11:14) 하는 것이다. 욥은 무슨 악한 일을 했기 때문에 재앙을 당한 것이요, 그나마 그만한 것을 감사하고 빨리 악에서 멀어져야 할 것이다. 욥의 악이 무엇인가? 욥도 모르고 소발도 모른다. 소발은 다만 "마음을 바르게 먹고 네 팔을 그분 쪽으로 들고 기도하라"(11:13)고 권면한다. 소발의 말은 얼마나 좋은 말인가. 하나님께 기도하고 악을 멀리하면, 아무것도 두려워할 필요가 없다(11:15). 누구도 내 삶을 위협할 수 없고, 괴로움이 사라지고 희망이 솟아나며, 당당하고 확신에 찬 삶을 살게 될 것이다(11:17-18). 그렇다. 하나님과 함께했고, 악한 짓을 한 적이 없는데 내가 무엇을 두려워하랴. 만일 지금 내 삶이 잘 안 풀리고 어려움에 빠져 있다면, 다시 돌아보아야 할 것이다. 그리하여 하나님을 향해 다시 서고, 나의 악한 모습을 고쳐 악이 내게서 멀어지게 해야 할 것이다. 그러면 처음부터 다시 출발할 수 있을 것이다. 어둠은 물러가고 새로운 희망에 찰 것이며, 삶의 비밀을 깨우친 자로서 이전보다 더 큰 확신 속에 살게 될 것이다.

그렇다면 욥이 자신의 무죄를 주장하는 것은 터무니없는 소리고 불경한 소리다. 그 얼마나 어리석은 짓인가. 도무지 자기 잘못을 인정할 줄 모르는 욥의 어리석음은 그 정도가 지나쳐 도무지 개선될 가망이 없다(11:12).

하나님까지 손에 넣은 자들이여

친구들은 자기들 논리 안에서 욥의 고난을 설명하려고 한다. 고난을 설명하기 위해 하나님을 끌어들인다. 결국 그들은 삶의 현실 속에서 부르짖어 찾는 하나님이 아니라, 자기들 논리를 충족시키는 하나님을 그리고 있다. 이론은 필요하다. 그러나 그들은 설명할 수 없는 부분까지 틀에 집어넣는 무리를 범하게 된다.

> 고통을 당해 보지 않은 너희가
> 불행한 내 처지를 비웃고 있다.
> 너희는 넘어지려는 사람을 떠민다.
> 강도들은 제 집에서 안일하게 지내고,
> 하나님을 멸시하는 자들도 평안히 산다.
> 그러므로 그들은, 하나님까지 자기 손에 넣었다고 생각한다(12:5-6).

고통을 당해 보지 않은 이들은 너무나 단순한 신학을 가지고 있다. 의롭게 살면 복을 받고, 불의하면 화를 입는다는 것이다. 그렇게 하여 그들은 자기의 행운을 도덕적으로 정당화하기도 한다. 너무나 편안한 삶에서 나온 논리는 고통 속에 있는 이들에게 상처를 준다. 불행을 당해 휘청거리는 이들에게 치명적인 일격을 가할 수도 있다.

어려움을 모르고 사는 사람들이 있을 수 있다. 그런 사람들은 상처가 많지 않아서 의외로 점잖고 남을 정중하게 대하기도 한다. 모든 일에 긍정적이기 때문에 밝고 명랑하며 주변을 기분 좋게 해주기도 한다. 얼마나 좋은 일인가. 그렇기에 우리는 가능하면 환란을 당하지 않고 살 수 있도록 기도해야 할 것이다.

그러나 평탄하게 산 사람들은 너무 단순한 생각을 가지고 있어 고통당하는 이의 복잡한 심정을 헤아려 알기 힘든 면도 있다. 그들은 상처로 왜곡되지 않은 명랑한 마음을 지니고 있지만, 한편으로는 약자의 고통의 깊이에 동참하는 힘이 약하다. 자선을 베푸는 아량이 있어도 고통을 나누는 공감의 폭은 좁다. 고통의 깊이를 모르기 때문이다. 그들은 왜곡되지 않은 마음 때문에 좋은 것을 좋게 받아들이는 순수함이 있지만, 옳은 것이 좋은 것이라는 정의의 문제에 있어서는 판단력이 약할 수 있다. 무엇이 옳은 것이며 무엇이 의로운 것인지, 그것을 함부로 말할 수 없다는 것은 고난을 당한 사람의 복잡한 심정만이 헤아릴 수 있다. 고난에 처한 사람의 복잡한 심정이 하나님 앞에서 제련되면 정금보다 더 귀한 삶의 깊이라는 보석을 지니게 되고 지혜를 얻을 것이나, 고난을 모르는 사람의 단순함은 자칫 삶을 너무 쉽게 말해서 타인에게 상처를 주는 인격의 소유자로 남게 될 것이다.

지금 소발은 불행을 모르는 자로서 욥의 삶을 평가하고 있다. 그의 논리는 너무나 단순하다. 그런데도 너무나 확신에 차 있어 욥이 볼 때에 마치 하나님을 손에 넣은 자처럼 자유자재로 말한다. 소발은 하나님의 손에 잡힌 자로서 말하지 않고, 하나님을 손에 넣은 자로서 말한다. 하나님을 전부 파악한 것처럼 말한다. 그가 고통을 모르기 때문이다. 고통의 언어는 기본적으로 물음의 언어다. 하나님에 대해 묻게 되고 따지게 된다. 하나님이 손에 잡히기는커녕 잘 보이지도 않는다. 하나님을 잘 안다고 하는 것은 위험한 일이다. 우리가 하나님을 믿는 것은 아직 알지 못하기 때문이다. 언젠가 알게 되리라. 지금은 희미하지만, 언젠가 얼굴을 마주 대하듯 분명하게 보리라. 그때가 되면 믿는 것이 아니라 보는 것이다. 지금은 보이지 않고 파악되지 않기 때문에 믿는 것이다. 그것이 믿음의 한계이고 또한 믿음의 위대함이다. 보이지 않는데 믿으니 말이다. 그러므로 믿음의 위대함은 개방성을 지니고 있다. 그렇지 않으면 자기 지식 속에 하나님을 가두어 버리게 된다. 그것은 얼마나 위험한 일인가.

소발은 고통을 모르기 때문에 하나님을 소유하려고 한다. 욥이 볼 때에는 악인이면서도 아무 탈 없이 잘 지내서 교만해진 결과다. 악을 지니지 않은 사람이 어디 있는가. 그런데 그런 사람이 고통을 모르면 교만해져서 마침내 하나님까지 소유하려고 한다. 하나님을 소유하는 것은 소유의 완성이다. 부족한 것 없이 모든 것을 소유하여 안락한 삶을 누리는 이들은 자신의 소유를 완성하기 위해 하나님을 소유하려고 한다. 그것은 교조주의적 신앙으로 나타나며 자신이 하나님인 것처럼 모든 것을 판단하고 쉽게 정죄한다.

소발의 언변은 겉으로는 하나님을 변호하는 형태로 나타난다. 욥의 저항에 대해 의로우신 하나님을 변호하려 한 것이다. 앞에서 우리는 엘리바스를 비롯한 친구들의 논리가 하나님을 너무 위한 나머지 사람을 저버리는 것임을 보았다. 그러나 사람을 저버리면서 하나님을 위할 수는 없다. 하나님은 사람을 위하기로 하신 분인데, 사람을 좌절시키면서 하나님을 위할 수 있단 말인가. 하나님을 사랑한다는 것은 만인을 사랑하는 것이다. 물론 우리는 때로 사람을 좌절시키고 절망케 하기도 한다. 그러나 그때는 하나님에 대한 우리의 사랑이나 믿음을 점검해 보아야 한다. 적어도 하나님의 이름을 들먹거리며 사람을 좌절시키는 일을 하면 안 된다. 특히 고난당하는 사람 앞에서 조심해야 한다. 고난당하는 사람 앞에서는 하나님도 말을 아끼신다.

소발은 자기 논리를 정당화하기 위해 하나님을 끌어들인다. 그는 욥의 저항과 질문이 하나님에 대한 믿음을 뒤흔든다는 것을 알았다. 그리고 그것을 용납하기 어려워 하나님을 지키려고 한다. 그러나 사실 하나님을 지키는 것이 아니라, 자신의 삶을 변호하고 자신의 생각을 지키는 것이다. 그는 자신의 안락한 삶에서 한 발짝도 안 물러난 상태에서 하나님을 지키려고 한다. 욥이 지적한다.

너희는 하나님을 위한다는 것을 빌미 삼아
알맹이도 없는 말을 하느냐?
법정에서 하나님을 변호할 셈이냐?

하나님을 변호하려고
논쟁을 할 셈이냐?(13:7-8)

소발의 말에는 알맹이가 없다. 신 관념, 신학, 이론은 필요하다. 그러나 신학은 삶의 현장에서 재검토되어야 한다. 말로 다할 수 없는 삶의 현실, 그리고 말로 다할 수 없는 하나님의 현실 때문이다. 그러므로 삶의 현장을 배제한 채 옳은 소리만 늘어놓는 것은 알맹이가 없는 헛소리에 불과하다. 삶을 위해 신학을 세우고 이론을 세우지만, 막상 삶 앞에서 모든 신학은 무력하다. 소발이 볼 때는 욥의 저항이 불경한 헛소리이지만, 고난당하는 사람 앞에서 그의 입바른 소리야말로 내용 없이 허공을 치는 헛소리에 불과하다. 소발이 말하고 있는 것 정도야 이미 욥도 모두 알고 있는 것이다(13:2).

지혜

소발도 지혜를 말하고 욥도 지혜를 말한다. 그들은 모두 하나님의 지혜를 들먹이며 자기 논리를 편다. 소발이 말한다.

이제 하나님이 입을 여셔서 네게 말씀하시고,
지혜의 비밀을 네게 드러내어 주시기를 바란다.
지혜란 우리가 이해하기에는
너무나도 어려운 것이다.
······

네가 하나님의 깊은 뜻을
다 알아낼 수 있느냐?
전능하신 분의 무한하심을
다 측량할 수 있느냐? (11:5-7)

욥이 말한다.

노인에게 지혜가 있느냐?
오래 산 사람이 이해력이 깊으냐?
그러나 지혜와 권능은 본래
하나님의 것이며,
슬기와 이해력도 그분의 것이다.
……
능력과 지혜가 그분의 것이니,
속는 자와 속이는 자도
다 그분의 통치 아래에 있다 (12:12-13, 16).

두 사람은 똑같이 지혜가 하나님 것이라고 말한다. 모두 똑같이 지혜를 말하는데, 소발은 욥을 비난하기 위해 말하고, 욥은 자신을 방어하기 위해 말한다. 소발은 욥을 정죄하는 데 하나님의 지혜를 사용한다. 하나님의 뜻은 가없고 측량할 수 없으니, 지금의 고통스런 현실을 그냥 받아들이라고 한다. 지혜로우신 하나님이 하신 일이니, 자신이 고통을 받아 마땅하다고 생각하라는 것이다. 왜 내가 고통을 받아야 하는지 질문하고 따지는 일은 무의미하다. 오히려 내가 무슨 잘못을 했는지 돌아보고 자신을 정결케 해야 한다. 그러면 지혜로우신 하나님이 고난을 지혜롭게 사용하셔서 욥에게 새날이 허락되리라는 것이다.

그러나 욥은 그런 식의 지혜론을 받아들일 수 없다. 소발은 하나님의 지혜를 알 수 없다면서, 실제로는 하나님의 지혜를 파악한 것처럼 행동한다. 욥의 고난은 그의 죄의 결과라고 쉽게 인과관계를 설정했기 때문이다. 다만 소발에게도 알 수 없는 것이 있다. 욥이 무슨 죄를 지었는지 소발은 구체적으로 알지 못한다. 그러나 알 필요도 없다. 분명히 무슨 잘못을 저질렀으니 고난을 당하는 것이다. 그때에 하나님의 지혜는 우리가 알지 못하는 죄까지도 헤아려 벌을 주는 것 이상이 아니다. 알 수 없는 고난이 아니라 알 수 없는 죄의 문제만 남을 뿐이다. 알 수 없는 것을 하나님은 아신다. 그것이 소발이 생각하는 하나님의 지혜다. 그래서 지혜로우신 하나님은 사람의 잘잘못을 다 파악하고 헤아려 상과 벌을 주신다. 그런데 사람이 알기 힘든 그 죄라는 것도 잘 생각하면 알 수 있는 것이다. 그러므로 욥이 할 일은 자신의 죄를 잘 생각해 보든지, 아니면 무조건 자신은 죄인이라고 통회 자복하는 것이다. 그렇다면 소발이 말하는 하나님의 지혜란 그의 말과는 달리 사람의 손에 잡히는 지혜다. 하나님이 사람의 손에 들어온 것이다. 거기서 사람과 하나님의 차이는 질적인 것이 아니라 양적인 것이다. 진정한 의미에서 하나님의 전적 타자성이 소발에게는 배제되어 있다. 경건한 그 말이 불경건을 낳고 있지 않은가.

그러나 욥은 지금 알 수 없는 죄의 문제가 아니라, 자기가 당하는 고난을 이해할 수 없다. 욥은 참으로 이해하기 어려운 고난 속에 있다. 그는 그 고난을 자신의 죄의 대가로 생각하지 않는다. 그런데 그처럼 죄와 벌의 인과관계를 벗어나면, 고난은 정말 이해하기 어렵고 받아들이기 어렵다. 고난을 인생의 현실로 받아들이지 않으면 그만큼 견디기가 더욱 힘들어진다. 차라리 그냥 현실로 받아들이는 것이 나을지 모른다. 그러나 욥은 고난을 순순히 받아들이지 않기로 했다. 그가 볼 때 인생의 현실이 그처럼 부조리한 것일 수 없다. 자신이 그런 고난을 당하도록 내버려 두는 것이 도저히 하나님의 현실일 수 없다. 하나님의 뜻이라고는 믿을 수 없는 그 고난을 욥은 현실로 수용할 수 없었다.

그러나 소발은 욥의 고난에 하나님의 깊은 뜻이 있다고 말한다. 그런 말은 때로는 위로가 될 수 있다. 그러나 때로는 전혀 무의미한 말이며, 하나님을 잔인한 존재로 만든다. 하나님만 변호하려는 것은 때로는 하나님을 잔인한 존재로 만든다. 그리하여 하나님을 왜곡하는 것이다. 욥이 생각하는 하나님의 지혜는 사람이 잡을 수 있는 것이 아니다. 그가 하나님의 지혜를 말한다는 것은 그 역시 하나님의 뜻을 찾고 있다는 것이다. 소발이 말했듯이 욥의 고난에 하나님의 깊은 뜻이 있을지 모른다. 욥은 묻는다.

내가 지은 죄가 무엇입니까?
내가 무슨 잘못을 저질렀습니까?
내가 어떤 범죄에 연루되어 있습니까?

어찌하여 주님께서 나를 피하십니까?

어찌하여 주님께서 나를 원수로 여기십니까?(13:23-24)

욥의 잇단 질문과 울부짖음은 하나님의 뜻을 찾는 몸부림일 것이다. 그러나 그 뜻이 무엇인가? 뒤늦게 하나님을 정당화하는 말이 되어서는 안 된다. 그것은 아무런 위로도 되지 않는다. 그렇다면 고난에 들어 있는 하나님의 뜻이란 도대체 무엇인가?

7.

기도하기를 거부한 자여
엘리바스의 두 번째 발언과 욥의 대답 · 욥기 15-17장

다시 엘리바스가 말한다. 그의 말은 앞서 한 말과 일관되지만 욥에 대해 좀 더 공격적이다. 욥은 친구들을 포기하고 하나님께 호소한다.

기도하기를 거부한 자여

엘리바스가 볼 때 욥은 하나님을 두려워하지 않는 자다. 욥은 자신만의 무슨 지혜가 있다고 믿는 것 같다. 엘리바스가 따져 묻는다.

네가 하나님의 회의를 엿듣기라도 하였느냐?
어찌하여 너만 지혜가 있다고 주장하느냐?
우리가 알지 못하는 어떤 것을
너 혼자만 알고 있기라도 하며,
우리가 깨닫지 못하는 그 무엇을
너 혼자만 깨닫기라도 하였다는 말이냐? (15:8-9)

욥은 자신에게 지혜가 있다고 주장한 적이 없다. 그러나 지금 엘리바스가 제대로 말했다. 고난받는 자의 특권이 있다. 제3자가 알지 못하는 삶의 지혜를 터득해서 몸에 지니게 된다는 것이다. 물론 욥은 아직 지혜를 얻은 것이 아니며 모든 것이 오리무중이다. 그러나 그의 저항 자체가 참된 지혜를 찾아가는 길이다. 친구들의 위로의 말과 죄와 벌의 쉬운 인과관계를 거부하는 것, 그들이 제시하고 설명하는 하나님을 거부하는 그 저항을 통해 욥은 참된 인생의 진리를 터득하는 길목에 들어선 것이다. 도(道)란 길이 아닌가. 도를 얻었다는 것은 길에 들어섰다는 말이다. 무슨 목적지에 다다른 것이 아니다. 무엇을 이루었기보다는 제대로 된 길에 들어선 것이 도를 터득한 것이다. 도를 터득하면 그때부터 시작이다. 이제 길에 들어섰기 때문이다. 여하튼 이제 욥은 고난의 한가운데서 도를 터득하게 될지도 모른다. 말하자면 친구들이 모르는 지혜를 갖게 될지도 모른다. 그런데 그것은 당연하게 받아들여지던 진리들을 거부하고 심지어 하나님께도 저항하면서 되는 일이다. 지금 욥은 기존 관념과 투쟁 중이다. 도를 얻은 자의 고요함과 관조가 있는 것이 아니라 격렬한 분노와 혼란과 저항이 있다. 고난이 욥을 그렇게 만들었다. 그리고 그것은 도를 얻기 위한 과정일 것이다. 어쩌면 그것은 고난받는 자의 특권이라고도 할 수 있지 않을까? 만일 욥이 고난받는 자가 아니었으면 저항도 없었을 것이요, 그러면 새로운 지혜를 터득하지 못한 채 기존 관념으로 입에 발린 소리만 했을 것이다(16:4-5). 엘리바스의 말은 욥의 태도를 빈정거리는 말이지만, 자신도 모르게 고난받는 자의 특권을 암시한 것으로 볼 수도 있다. 고난받는 자는 하나님의 회의를 엿듣고, 다른 사람들이 모르는 삶의 비밀을 누구보다 뚜렷하게 지니게 될 수도 있다.

아직 정체를 드러내지 않은 채 혼란 속에서 잉태되는 중에 있는 욥의 지혜. 지금은 저항하는 모습밖에 보이지 않아 오히려 어리석게만 보이는 욥의 태도에 대해서, 엘리바스는 자신의 지혜를 말한다(15:17-35). 그의 지혜는, 악한 자들은 반드시 벌을 받는다는 것이다. 악에는 악이 보상으로 주어질 것이라는 말이다. 그러나, 그것을 지혜라고 볼 수 있는가? 그렇다. 악한 자가 망하리라는 것은 대단한 지혜다. 이 보상의 원리를 단순한 희망으로 생각하지 않고 분명한 삶의 원리로 받아들이고 있다면, 대단한 지혜를 가진 자로 보아야 한다. 그렇게 믿을 수 없는 중에 그렇게 믿는 것이기 때문이다. 세상사에서 보면, 악한 자가 망하는 경우가 그리 흔치 않다. 특히 혼탁한 사회일수록 정도를 따라 사는 사람에게는 고난이 많고, 꾀를 내서 탐욕을 부리는 사람은 자기가 원하는 것을 손에 넣고 만다. 그리고 그렇게 손에 넣은 것을 잘 지키며 날로 번창하는 경우도 허다하다. 돈을 손에 넣으면 그것으로 큰일도 하고, 사회가 거부할 수 없는 생산력을 소유하게 되어 인정을 받고, 자식들도 그 덕택으로 잘산다.

그런데 엘리바스는 그 삶의 현실을 인정하지 않고 의롭지 못한 자는 반드시 망하게 된다는 믿음을 가지고 있다.

비록, 얼굴에 기름이 번지르르 흐르고,
잘 먹어서 배가 나왔어도,
그가 사는 성읍이 곧 폐허가 되고,

사는 집도 폐가가 되어서,
끝내 돌무더기가 되고 말 것이다.
그는 더 이상 부자가 될 수 없고,
재산은 오래가지 못하며
그림자도 곧 사라지고 말 것이다(15:27-29).

그런 믿음은 대단한 지혜요 인생의 도다. 살길이 거기에 있기 때문이다. 악한 자의 번성을 믿고 그 현상에 마음이 휘둘리다 보면 망하기 십상이다. 마음이 흔들려서 제대로 일관된 결정을 내리지 못하고 우왕좌왕하기 십상이다. 불의하고 거짓된 자는 결국 망할 것이라는 신념이 있어야 혼란스러운 세상 속에서 흔들리지 않고 올바로 살아갈 수 있다. 그런 점에서 엘리바스는 확고한 믿음을 가진 자요, 삶의 지혜를 얻은 자다.

그러나 아직 그의 지혜는 패망한 자, 고통 속에서 삶이 엉망이 되어 버린 자를 위로하는 힘이 없다. 오히려 그의 사상에는 잘못하면 이 땅에서 고난받는 자를 악의 대가로 정죄할 요소가 들어 있다. 이 세상에서 끝끝내 빛을 보지 못하는 사람은 결국 죄인으로 낙인이 찍힐 수도 있다.

물론 엘리바스는 신중한 사람이다. 그는 욥을 가리켜 죄인이라고 지정하지는 않는다. 그가 볼 때는 사람이 모두 불의한 존재요(15:14), 그러니 사람이 고난을 안고 사는 것은 합당한 이치다. 그렇다면 고난이 없는 순간들이 은혜의 순간이지, 고난이 부당한 것은 아니다. 그러므로 고난당한 사람이 할 일은 하나님께 은총을 구하는 것이지, 고난의 부당함에 분노할 일이 아니다. 그런데 욥은 어떤가? 엘리바스가 볼 때 욥의 문제는 하나님의 자비를 구하지 않고, 오히려 왜 고난을 당해야 하느냐고 대드는 데 있다. 무얼 묻고 무얼 따진단 말인가? 그것은 궤변이요 아무 유익도 없는 말로 다투는 짓이요, 하나님을 두려워하지 않는 짓이다(15:2-4). 사람이 고난을 받는 것은 정당한 일이요, 고난을 받지 않는 것이 이상한 일이며, 그래서 하나님의 은총이다. 사람이 생각하기에는 부당한 고난도, 알고 보면 정당한 것이다. 하나님이 주신 것이요, 하나님은 정당하시기 때문이다. 그러므로 고난을 당하면 입을 다물고 침묵 속에서 기도하는 것이 신자의 도리인데(15:4), 욥은 계속 입을 놀려 결국 자신을 정죄한다.

> 너를 정죄하는 것은 네 입이지,
> 내가 아니다.
> 바로 네 입술이 네게 불리하게 증언한다(15:6).

그렇다. 지금 엘리바스는 욥을 정죄하지 않는다. 사람이 모두 죄인이라고 했을 뿐, 욥을 가리켜 특별한 죄인으로 정죄하지는 않는다. 사람이 모두 죄인이니까, 고난을 당하는 것은 마땅하고, 따라서 고난 앞에서 하나님께 자비를 구하는 기도를 해야 한다. 그런데, 욥은 기도하기를 거부하고 오히려 울부짖으며 저항하고 있지 않은가. 욥이 인간 죄의 보편성을 인정하고 자신의 죄를 돌이켜야 하는데 그렇게 하지 않는 것, 하나님의 자비를 구하지 않는 것, 그것이야말로 불경한 짓이요 하나님을 두려워하지 않는 짓이다. 욥의 입에서 나오는 말이야말로 욥을 특별한 죄인으로 만드는 짓이다. 엘리바스가 볼 때 욥은 말을 하기보다 들어야 한다. 남의 말도 듣고, 무엇보다도 하나님의 말씀을 들어야 한다. 욥의 가장 큰 문제는 말을 듣기보다 말을 한다는 데 있다.

> 하나님이 네게 부드럽게 말씀하시는데도,
> 네게는 그 말씀이 하찮게 들리느냐?
> 무엇이 너를 그렇게 건방지게 하였으며,
> 그처럼 눈을 부라리게 하였느냐?
> 어찌하여 너는
> 하나님께 격한 심정을 털어놓으며,
> 하나님께 함부로 입을 놀려 대느냐?(15:11-13)

엘리바스는 얼마나 경건한 사람인가. 인간의 죄를 깊이 깨달아 하나님의 은총도 깊이 체험한 사람이다. 경건한 자에게 언어의 본질은 듣는 데 있지 말을 하는 데 있지 않다. 당당하게 말을 하기보다는 저쪽에서 오는 소리를 듣는다. 엘리바스의 말은 백번 옳다. 신앙인의 자세가 그렇다. 그러나 억압받는 자, 받아들이기 힘든 고통을 당한 자야말로 할 말이 많지 않은가. 터져 나오는 말을 어떻게 막을 수 있단 말인가. 할 말을 하는 말이야말로 구원의 시작이 아닌가. 엘리바스로서는 하나님 앞에서는 오직 말을 들어야 하는 것이지만, 억눌린 자 욥으로서는 하나님 앞에서도 할 말을 해야 한다. 그래야 산다.

정의

　욥의 저항은 점차 친구들의 분노를 사고, 욥은 마침내 자신이 조롱거리 신세가 되었음을 안다. 자기를 추스르기도 어려운 상황에 처한 약자에게 입바른 소리가 다 무슨 소용인가. 더구나 옳은 말을 거부하는 자는 공격과 조롱의 대상이 되기가 얼마나 쉬운가.

　　기운도 없어지고,
　　살날도 얼마 남지 않고,
　　무덤이 나를 기다리고 있구나.
　　조롱하는 무리들이 나를 둘러싸고 있으니,
　　그들이 얼마나 심하게 나를 조롱하는지를
　　내가 똑똑히 볼 수 있다(17:1-2).

　위로의 말을 들으려 하지 않는 자. 위로하러 간 자는 그를 어이없게 생각할 것이다. 옳은 말을 들으려 하지 않는 자. 옳은 말을 한 자는 그를 어리석게 생각할 것이다. 위로를 받는 자가 위로하는 자의 신념을 거부한다면, 위로하러 간 자는 어이없음을 넘어 분노하고 그를 조롱할 것이다. 지금 욥은 온 세상의 관습과 기존 관념에 도전하고 있다. 그러니 외톨박이요, 온 세상이 그를 조롱한다. 조롱하는 무리들에 둘러싸인 셈이다.
　그러나 세상이 욥을 조롱하는 것은 그가 약자이기 때문이다. 욥은 기운도 쇠하고 가진 것도 없는 약자가 되었다. 세상은 그래서 그를 조롱하는 것이다. 욥이 옳은 말을 받아들이지 않고 위로를 받으려 하지 않는다 하더라도, 만일 그가 부유하고 힘 있는 사람이라면 세상은 그를 조롱하지 않을 것이다. 사람은 힘을 정당화하는 경향을 지니고 있다. 힘이 있으면 뭐가 있는 것으로 생각한다. 그런 식으로 세상은 힘을 도덕적으로 정당화해 준다. 이 정당화를 통해 사람들은 힘 있는 자 주위에 몰리고 힘을 추구한다. 도덕적인 정당화가 없으면 그런 현상이 일어나지 않는다. 사람은 힘 있는 자를 도덕적으로 정당화한다. 그리고 거꾸로, 약자를 도덕적으로 정죄하는 경향이 있다. 쉽게 그렇게 못하지만, 조그마한 계기가 있으면 약자를 정죄하고 조롱한다. 다 그럴 만한 이유가 있으니까 저렇게 사는 것이라고 한다. 지금 욥이 세상의 조롱을 받는 것은 약자이기 때문이다. 물론 기존의 신앙과 도덕관념을 받아들이지 않아서 비난을 받지만, 약자이기 때문에 더욱 비난의 대상이 되고 마음 놓고 조롱거리가 되는 것이다.

욥은 혼자다. 그는 삶에 실패했기 때문에 혼자가 되었다. 세상이 그를 삶에 실패한 자로 만들었다. 실제로 욥의 기업이 어느 날 갑자기 망하고 자식들이 모두 죽어 나갔다. 그에게 재앙이 닥쳤다. 그것은 욥의 잘못과 무관하게 어느 날 닥친 불행이다. 그러나 이제 그 재앙은 욥의 삶의 실패로 해석된다. 그리고 삶에 실패한 자는 실패자요 패배자요, 가진 것 없는 약자로서 사람들의 공격 대상이 된다. 처음에는 위로의 대상이지만, 끝내 조롱의 대상이 된다. 세상은 그를 경멸하고 욕하고 뺨을 치며 모두 한패가 되어 달려든다(16:10). 더구나 욥은 그 위로하는 말을 거부한 자가 아닌가. 자신이 당한 재앙을 삶의 실패로 보는 말을 어떻게 받아들인단 말인가. 재앙을 벌로 이해하라는 권면을 어떻게 받아들인단 말인가(16:8). 그런데 경건한 사람들이 볼 때, 자기들의 위로의 말을 거부한 것은 곧 하나님의 위로의 말씀조차 거부한 것이 된다(15:11). 기도하기조차 거부한 자가 된다. 그렇게 위기에 몰린 약자는 천상천하에 고독한 사람이 되지 않을 수 없다.

욥은 고독한 싸움을 이겨 나갈 수 있을까? 그는 하나님조차 믿을 수 없다. 의인이 조롱을 당하고 있다면, 하나님은 선한 자를 악한 자의 손에 넘기는 분이 아닌가(16:11). 정의의 문제다. 약한 자가 핍박받는 문제요, 악이 선을 이기는 문제이니 정의와 관련된 문제다. 여기서 새번역 성서는 이렇게 옮기고 있다.

> 땅아, 내게 닥쳐온 이 잘못된 일을
> 숨기지 말아라!
> 애타게 정의를 찾는 내 부르짖음이
> 허공에 흩어지게 하지 말아라!(16:18)

부당한 고통 앞에서 하나님은 너무 멀다. 부당한 고통은 결국 하나님의 정의에 대한 의심으로 간다. 신정론의 문제다. 그 문제 앞에서 하나님은 너무 멀다. 하나님의 뜻이 무엇인지 알기 어렵다. 그래서 하나님과 자신을 중재할 자를 찾는다(16:19). 중재자는 천상의 존재이면서 고통받는 약자의 친구다(16:20). 예수 그리스도의 역할을 생각할 수 있는 대목이다.

8.

나는 하나님을 뵈올 것이다
빌닷의 두 번째 발언과 욥의 대답 · 욥기 18-19장

빌닷은 욥이 자기들을 어리석게 보고 있다고 여기고 분노하면서 욥을 악한 자로 몰아 멸망을 예고한다. 그러나 여기서 더 망할 일이 있는가? 욥은 홀로된 자신의 처지를 한탄하며, 그러나 다시 하나님에게서 희망을 찾는다. 욥에게 길은 그것밖에 없지 않은가.

우주를 뒤엎으려는 자의 어리석음이여

빌닷의 이야기에서 욥의 저항이 가지는 의미를 알 수 있다. 빌닷이 욥을 향해 이렇게 말한다.

어찌하여 너는 우리를 짐승처럼 여기며,
어찌하여 우리를 어리석게 보느냐?
화가 치밀어서
제 몸을 갈기갈기 찢는 사람아,

네가 그런다고 이 땅이 황무지가 되며(개역한글: 너를 위하여 땅이 버림을 당하겠느냐), 바위가 제자리에서 밀려나느냐?(18:3-4)

그러나 욥은 화가 나거나 분노한 것이 아니다. 물론 고난의 부당함에 분노하고, 위로한다고 온 친구들의 발언에 화가 난 것은 사실이다. 그러나 지금 욥의 기본적인 감정은 절망이다. 욥은 친구들을 상대하고 있지만, 사실 욥의 관심은 하나님이다. 욥의 상대는 하나님이다. 친구들 때문이 아니라, 하나님 때문에 욥은 절망하고 있다. 깊은 절망은 하나님을 상대하도록 만든다. 다른 사람들을 상대할 겨를이 없다. 위급하기도 하지만, 그만큼 처절한 상황에서 욥은 하나님과 부딪히게 되었다. 처절한 가운데 사람은 홀로 헐벗음에 처하게 되고, 거기서 만날 수 있는 것은 하나님뿐이다. 마치 진공 상태처럼 세상의 소리가 걷히고 홀로 운명과 마주한다. 소용돌이 물결 한가운데에는 움직임이 없듯이, 격정의 한가운데서 부동의 자세로 적막하게 삶의 근원과 대면한다. 친구들이 이러쿵저러쿵 말들을 하니까 욥도 거기에 대꾸를 하고 있지만, 그의 상대는 하나님이다. 그런데 지금 그 하나님 때문에 절망하고 있는 것이다. 고난 속에 있는 욥에게 무심하거나, 아니면 욥을 고난에 몰아넣은 자가 바로 하나님인 것 같기 때문이다.

그처럼 절망적으로 하나님을 상대하는 욥의 모습이, 빌닷에게는 분노로 자기 몸을 갈기갈기 찢는 자학의 몸짓으로 보이고 있다. 욥은 화가 나서 스스로를 망하는 길로 몰아가는 성질 못된 자로 남들에게 비치기도 한다. 자기를 망하게 할 뿐 아니라 온 세상이 망하게 되기를 바라는 자로 비친다. 너무 자기중심적이라 자기가 망하는 김에 온 세상이 같이 망하기를 바란다는 말이다.

그러나 어떤 면에서 빌닷의 고발은 욥의 저항이 지니는 의미를 보여준다. 욥은 지금 고난 속에서 새로운 신 인식과 새로운 세계관을 위해 투쟁 중이다. 하나님에 대한 저항은 기존의 신 인식에 대한 저항이요, 새로운 신 인식은 새로운 세상의 탄생을 뜻한다. 그렇다. 욥의 친구들이 설명하는 신이 아닌 신을 알게 되는 것은 기존 사회 질서의 개혁이나 새로운 문화의 탄생을 가져온다. 그런 점에서 투쟁하는 자 욥은 세상의 중심이다. 적어도 그 순간만은, 모든 것은 욥을 위하여 욥을 향하여 있다. 그렇게 에너지가 욥이란 중심으로 모이고, 그 힘에 의해 오랜 세월 땅에 박혀서 꿈쩍도 하지 않던 바위가 흔들려 제자리에서 밀려난다. 오랜 세월 인간 사회를 지배해 왔던 기존의 관념과 관점이 바뀌면서 새 하늘과 새 땅이 펼쳐지는 것이다.

하나님이 나를—하나님과의 대결

차라리 하나님께로 책임을 돌린다. 욥은 자신의 고난이 자기 책임이 아님을 다시 한번 분명하게 못 박는다(19:5). 고난을 죄에 대한 벌로 이해하지 않는 한, 이제 친구들과의 대화는 더 이상 의미가 없다. 그리고 하나님의 책임을 들먹인다.

그러나 이것만은 알아야 한다.
나를 궁지로 몰아넣으신 분이

하나님이시고,
나를 그물로 덮어씌우신 분도
하나님이시다.
......
내 영광을 거두어 가시고,
머리에서 면류관을 벗겨 가셨다.
내 온몸을 두들겨 패시니,
이젠 내게 희망도 없다.
나무뿌리를 뽑듯이,
내 희망을 뿌리째 뽑아 버리셨다(19:6-10).

고통을 놓고 '하나님의 책임'을 묻는 것은 무슨 의미가 있는가? 하나님의 폭력? 죄와 벌의 도식을 따르자면, 인간은 고난을 당해 자신의 죄를 돌아보아야 한다. 고난은 자기 책임이 되는 것이다. 그러나 지금 욥은 그 도식을 받아들이지 않는다. 고난을 우연으로 돌리지도 않는다. 모질고 끊임없는 고난 속에서 욥은 하나님을 책임자로 생각한다. 하나님이 일부러 일삼아서 욥을 죽을 지경에 몰아넣었다. 국면의 전환이다. 욥은 하나님과 죽기 아니면 살기의 정면 대결로 들어선 것이다. 누가 감히 하나님의 책임을 묻는단 말인가? 그러나 정면 대결은 결국 하나님과의 관계에서 문제를 풀려는 것이다. 정면 대결은 추상적 논리의 경건에 빠져 있는 것보다 훨씬 생생하게 하나님을 대면하는 길이다. 하나님께 책임을 묻는 신성모독은 딱딱하게 굳어 버린 교리적 신앙보다 훨씬 생생한 삶의 현장을 제공한다. 하나님과 감히 대결할 수 없지만, 때로 대결은 대면을 위한 길이다. 하나님과 얼굴을 마주하는 것은 최고의 경지가 아닌가. 모세가 그랬듯이 말이다(신 34:10). 그러나 대결 없이는 대면도 없다. 고난의 문제 때문이다.

그렇게 해서 욥은 홀로 하나님과 부딪치게 되었다. 부딪쳐 볼 생각을 한 것이다. 그런 생각을 했다기보다 고난이 그를 그렇게 몰고 갔다. 그것은 사변이 아니라 일종의 몸부림인데, 몸부림을 통해 하나님과 부딪치게 된다. 어떤 희망에서 시작한 것은 아니다. 하나님의 책임을 묻는 이에게는 모든 것이 절망이다. 은총의 근거에 대드는 이에게는 막판의 몸부림밖에 무엇이 있겠으며, 거기서 무슨 희망의 빛깔을 찾을 수 있겠는가. 욥은 나무뿌리가 뽑히듯이 모든 희망이 뽑혀 나간 절망의 상황 속에 있다.

대결이 대면으로 가는 길이라고 하지만, 그 길에는 죽음이 있다. 야곱은 얍복 강 나루에서 하나님과 죽기 살기의 대결을 벌인 후, 하나님의 사람 이스라엘이 되었다. 욥이 하나님과의 대결을 통해 자기를 비우고 온전히 하나님의 사람이 될 것인가? 그러나 욥의 상황은 야곱보다 훨씬 나쁘다. 야곱은 오랜 세월 타지에서 생활하다가 고향으로 돌아가는 길에 하나님과 대결하게 되었다. 그는 어린 시절 자신이 장자권을 가로챘던 형과의 재회를 앞두고 심경의 변화를 일으켰다. 내가 가진 모든 소유는 다 무엇에 쓰겠으며, 뭔가 성취하겠다고 아등바등 살았던 그 모든 애씀은 무엇을 위한 것인가. 삶의 회한에서 나온 정신적 변화를 겪으면서 야곱은 하나님의 사람이 되었다.

그러나 지금 욥은 모든 소유가 달아났으며, 온몸이 병들어 헐벗은 채 모든 사람의 조롱거리로 전락한 상황이다. 어떤 희망도 없이 막판의 몸부림만 있을 뿐이다. 아무 데도 의지할 곳이 없다. 그가 하나님과 대결하는 것은 정신적인 사건이 아니라 육적인 사건이다. 물리적이고 물질적이고 육적인 고통이 정신의 파괴를 가져온다. 욥은 영적 삶의 파산을 몸으로 겪는다. 그래서 덜 고상하고, 덜 정신적이며, 덜 사변적이다.

그런데 몸의 구체성은 마음의 구체성을 가져온다. 고단한 몸 때문에, 그리고 고단한 삶의 현실 때문에 붕 떠 있는 마음의 사치를 조금도 허락하지 않고 욥은 땅에 가서 붙어 있다. 그런 자세로 하늘의 하나님과 대결한다. 그러나 땅에 붙은 자여, 하늘을 볼 것이다! 마음고생 때문에 정신을 포기한 자여, 그 죽음의 상황에서 새로운 마음을 볼 것이다! 아주 구체적인 삶의 진실과 만나게 될 것이다. 모든 사치와 허영을 버리고 알몸으로 만난다. 하나님은 알몸으로만 만날 수 있다. 사치가 없는 마음, 그것은 알몸이다. 그때 맘은 몸이다. 사실 욥의 몸부림은 살려고 하는 몸부림이 아니다. 죽더라도 진실을 보려는 몸부림이다. 삶의 진실을 본다면, 죽어도 살리라!

몸으로 겪는 마음고생 때문에 땅에 붙어서 더 이상 한눈팔 여유와 겨를이 없는 상황에서, 하나님과 대결의 장에 몰린 욥은 하나님을 만나게 될까?

나는 하나님을 뵈올 것이다

그냥 잊혀지는 존재. 사방에 이름을 떨쳤던 욥으로서는 괴로운 일이다. 모든 소유가 사라지고, 이제 사람들도 모두 그 주변에서 사라진다. 성공한 사람으로 추앙을 받았던 그가 이제 역겨운 존재가 되었다. 무엇보다도 억울한 것은, 이제 그는 죄인이 되었다는 점이다. 흥하는 자, 그는 의인이 될 것이요, 망하는 자, 그는 죄인이 될 것이다. 각박한 세상인심을 몸으로 겪는 욥은 그처럼 알 수 없는 죄인으로 낙인찍혀 망각되어 가는 것이 억울하고 두렵다.

> 아, 누가 있어
> 내가 하는 말을 듣고
> 기억하여 주었으면!
> 누가 있어
> 내가 하는 말을
> 비망록에 기록하여 주었으면!
> 누가 있어
> 내가 한 말이 영원히 남도록
> 바위에 글을 새겨 주었으면!(19:23-24)

말을 들어 줄 사람이 필요한데 아무도 없다. 할 말이 많은데, 친구라고 온 자들은 기도나 하라고 한다. 오직 하나님과 대면하고 싶지만, 지금 대결을 통해 그 길로 들어가고 있지만, 그러나 세상 사람들이 그립다. 누가 좀 내 편이 되어 줄 사람 없는가? 아무리 하나님이 나를 사랑하신다고 하지만, 사랑하는 사람 없이 어떻게 생명을 버틸 수 있단 말인가? 막판 대결을 통해 죽느냐 사느냐의 길로 들어

가는 욥으로서는 뒤를 돌아보지 않을 수 없다. 그래도 누가 나를 알아주지 않을까. 내 얼굴을 보고서 내 삶이 괜찮았다고 인정해 줄 사람은 없을까. 눈을 보고도 저들은 사람을 알아보지 못하는 것일까. 내가 홀로되었으나, 어떻게 사람이 홀로 산단 말인가? 하나님과 산다고 하지만, 어떻게 사람이 하나님과만 산단 말인가?

그냥 잊혀지기는 싫다. 어릴 적 이 세상은 꿈의 동산이 아니었나. 고생스럽던 젊은 시절, 이 세상은 그래도 희망의 터전이 아니었나. 사람들이 즐겁게 웃고, 바쁘게 일하고, 여기저기 모여 무슨 주장들을 내세우고, 싸움판이 벌어져도 밤이 되면 모두 고요해지는 이 세상. 생명의 축제의 자리인 이 세상에서 그냥 사라지는 것은 두려운 일이다. 이제 하나님께 책임을 묻는 막다른 길로 들어가는 욥. 그 길목에 서서 욥은 죽은 이후에라도 자신이 기억되기를 바란다. 인간의 영생의 희망인가. 욥은 자신이 죄인인 채 묻히는 것이 두렵고, 후대에 죄인으로 기억되는 것도 두렵다. 지금 죽으면, 진실이 묻힌 채 영원히, 영원히 사람들의 입에 오르내리는 죄인이 될지 모른다. 혹시 후손이 있더라도 그들은 그런 조상을 부끄러워할 것이다. 영원히 진실이 가리어진다는 것. 그것은 또 얼마나 무시무시한 일인가. 진리를 위해 싸우다가 이름도 없이 죽어 가는 것은 그래도 낫다. 그러나 욥은 진리에 대항해서 싸우다가 어리석은 죽음을 맞이한 자로 기억되지 않겠는가. 어쩌면, 사람이 죄를 지으면 욥처럼 결국 망하게 된다는 교훈으로 사람들의 입에 오르내릴지 모르는 일이다. 신앙 좋은 친구들의 시퍼런 서슬로 봐서 욥의 인생은 그렇게 마감될 가능성이 많다.

그래서 욥은 지금 입이 탄다. 누가 내 말을 듣고 기록해 주면 좋겠다. 그러면 지금 죽어도 한이 없겠다. 내가 살아서 평가를 듣지 않아도 된다. 다만 내 억울한 말을 들어만 주고 기억만 해준다면 그것으로 족하다. 평가는 후대에 맡길 수 있다.

그러나 아무도 없다. 욥은 지금 하나님하고만 살든지 죽든지 하는 지경에 처해 있다. 욥 자신이 그 길로 간다. 하나님과 대결하자. 하나님의 책임을 물어보자. 하나님의 책임을 묻는 자가 당하게 될 죽음 앞에서 욥은 마지막 희망을 건다. 희망은 오직 하나님께밖에 없다.

> 그러나 나는 확신한다.
> 내 구원자가 살아 계신다.
> 나를 돌보시는 그가
> 땅 위에 우뚝 서실 날이
> 반드시 오고야 말 것이다.
> 내 살갗이 다 썩은 다음에라도,
> 내 육체가 다 썩은 다음에라도,
> 나는 하나님을 뵈올 것이다.
> 내가 그를 직접 뵙겠다.
> 이 눈으로 직접 뵐 때에,
> 하나님이 낯설지 않을 것이다(19:25-27).

하나님과 대결하면서 엉뚱하게 하나님을 구원자로 선포한다.

절망의 소용돌이 속에서 고요하게 희망이 떠오른다. 하나님이 절망의 원인이었는데, 그 하나님에게서 떠나지 않고 하나님과 절망적으로 대결하는 순간, 새로운 희망이 떠오른다. 나를 알아줄 이는 하나님밖에 없다. 대결은 대면으로 갈 것이다. 대결은 목숨을 건 행위요, 대면은 찬란한 생명이다. 하나님을 본다는 것은 모든 것의 완성이다. 우주와 인생의 영광이다. 욥은 절망을 준 하나님 앞에서 하나님을 뵐 꿈을 갖기 시작한다.

9.

어찌하여 악인이 잘 사는가?
소발의 두 번째 발언과 욥의 대답 · 욥기 20-21장

소발은 욥의 재물이 부당한 것이었으며 부당한 재물을 가진 자는 반드시 망한다고 욥의 처지를 설명하고 있다. 욥은 악한 자가 잘 사는 현실을 탄식하면서 인과응보의 원리를 부인한다.

악한 자는 재물을 모두 토해 내고 말리라

소발 역시 욥의 태도에 분개한다. 그리고 욥을 "악한 자", "경건하지 못한 자"(20:5), "교만한 자"(20:6-7)로 단언한다. "악을 혀 밑에 넣고 그 달콤한 맛을 즐기는 자"가 바로 욥이다. 그런 자는 대단히 성하는 것 같아도 결국 자취도 없이 스러지고, 그 자식들조차 비참하게 될 것이라고 한다. 지금 욥이 그 과정을 겪고 있다.

소발은 직접 욥의 재물을 겨냥한다. 다른 친구들은 처음에는 욥의 알 수 없는 죄를 이야기했다. 그리고 욥이 끝까지 자기 죄를 인정하지 않자, 욥의 불경함을 지적했다. 욥의 입이 만들어 내는 죄를 이야기했다. 그러나 소발은 첫 대화에서도 좀 더 도전적이었다. 무슨 죄를 지었는지는 모르지만 욥이 당하는 고통이 죄에 비하면 약할 것이라고 추측했다. 그리고 두 번째 대화에서는 직접 욥의 재물을 겨냥해서 말한다.

욥의 알 수 없는 죄는 이제 분명히 드러난 죄가 된다. 현재 욥은 고난을 당하고 있기 때문에 죄인이다. 그의 재물이 모두 사라진 만큼, 문제는 그 재물에 있었다. 욥은 부자이면서도 의인이었는데, 이제 망하고 나니까 그는 부자도 아니고 의인도 아니다. 오히려 그가 부자였다는 것이 그가 죄인이었음을 증명해 준다. 망해서 고난을 당하고 있는 현재의 사실, 그리고 과거에 번영했던 사실이 합해져 그는 틀림없는 죄인이 된다. 현재의 고난이라는 주제가 과거의 부를 소재로 삼아 죄인 욥이라는 작품을 만든다. 그의 재물은 틀림없이 착취한 것이요, 그러니 가난한 이들에게 배상해야 할 것이다(20:10). 악한 자가 꿀꺽 삼킨 재물이니 결국 다 토해 내고 말 것이다(20:15). 억척스럽게 재산을 긁어모았지만, 가난한 이들을 학대하며 자기가 세우지 않은 집을 빼앗은 것이므로 모은 부를 누리지도 못하고 죽으리라(20:18-19). 탐욕스럽게 모조리 먹어 치우는 자(20:21), 그는 대단히 성공하는 것 같아도 평생 모은 재산이 삽시간에 사라질 것이다(20:26).

> 하늘이 그의 죄악을 밝히 드러내며,
> 땅이 그를 고발할 것이다.
> 하나님이 진노하시는 날에,

그의 집의 모든 재산이

홍수에 쓸려가듯 다 쓸려갈 것이다.

이것이, 악한 사람이 하나님께 받을 몫이며,

하나님이 그의 것으로 정해 주신

유산이 될 것이다(20:27-29).

수고하지 않고 착취해서 거둔 자, 그는 그가 수고하여 얻은 것까지도 빼앗기리라. 그것이 정의다. 악인의 멸망은 우주적 사건이다. 온 우주가 정의로 무장하고 있다. 짐짓 모르는 체해도 다 지켜보고 있다. 하늘도 지켜보다가 악인을 고발할 것이요, 땅도 일어나 고발할 것이다. 그러니 부당한 재물을 모은 자는 천상천하에 설 곳이 없다. 자기 몫 이상의 것을 자기 것이라고 긁어모은 자는 인생 말년에 멸망을 그 몫으로 받으리라. 하나님의 계산에는 한 치 오차도 없다. 오래 참으시지만 언젠가는 계산하신다. 좋은 분 같아도 마냥 좋은 것이 아니라 악인에게는 진노하신다. 고난은 하나님의 진노다.

그리하여 욥의 멸망은 그의 재물이 부정한 것이었음을 증명한다. 얼마나 착취를 많이 했으면 그처럼 철저하게 망할 수 있을까. 불쌍한 이들을 얼마나 못살게 굴었으면 그처럼 철저하게 불쌍한 사람으로 전락했을까. 남의 육체를 노동의 도구로 얼마나 부려 먹었으면 지금 그 육체가 처절하게 병들고 몰골도 앙상하게 휘어져 있을까. 얼마나 힘없는 이들에게 화를 잘 내고 무섭게 했으면 지금 그토록 모질게 하나님의 진노를 사고 있을까. 이 모든 것은 욥이 초래한 것이요, 하나님의 진노다. 좋으신 하나님이 오죽하면 이토록 무섭게 진노하실까. 욥의 고난은 그가 철저한 악인이었음을 증명한다. 그의 악한 행실은 잘 드러난 것이 없으나, 그가 부자였다는 것이 그가 죄인이었음을 짐작케 한다. 지금 그가 망했다는 것이 그가 재물을 착취한 악한 자였음을 증명한다. 부는 악을 짐작케 하고, 고난은 악을 증명한다.

전에는 거꾸로였다. 한때 욥의 부는 그가 의인임을 증명해 주는 상징이었다. 그의 인품과 성실함이 그를 의인으로 만들었겠지만, 그가 의인임을 증명하는 것은 그의 엄청난 재물이었다. 덕행은 도덕적 문제요, 재물은 물질적인 것이다. 덕행은 사람들로 하여금 그를 좋아하게 만든다. 의로운 사람이라는 평을 듣게 한다. 그러나 사람들의 평은 언제나 바뀔 수 있다. 현실적 성공이야말로 오락가락하는 평을 확실하게 붙들어 둘 수 있는 것이다. 현실에서 눈에 보이는 재물이야말로 욥이 의인임을 확실하게 보여주는 증거였다. 부란 그런 의미를 가지고 있다. 부란 그 소유자의 삶을 정당화하는 힘을 지니고 있다. 거기에 신학적인 옷을 입히면 하나님의 복이 된다. 그리하여 더 이상 의심할 수 없이, 욥은 부자였기 때문에 의인이었다. 물론 부자라고 그냥 의인이 될 리는 없다. 옛날이나 지금이나 욕을 먹는 부자도 얼마든지 있다. 그러나 욥처럼 성실하고 흠 없는 사람의 경우에 그를 결정적으로 의인으로 만들어 주는 것은 현실적인 성공이다. 덕이 있던 그에게 사업의 번영과 자식들의 성공은 틀림없이 하나님이 주신 복이었고, 셈을 정확히 하시는 하나님이기에 그런 복을 받은 자는 결정적으로 의인이 된다.

그러나 이제 욥은 그 논리에 희생되어 틀림없는 죄인이요, 악하게 재물을 모은 자가 되었다. 욥으로서도 그런 논리를 거부하는 것이 쉬운 일은 아니다. 전에는 그 논리를 즐겼기 때문이다. 그 논리 속에서 스스로 하나님께 복을 받은 자라고 생각했기 때문이다. 그러나 이제 고난을 당해 보니까 그런 신학적 논리는 터무니없는 것임을 알게 되었다. 고난 밖에 있는 사람과 고난 속에 있는 사람의 눈이 이렇게 달라질 수 있는가. 우리는 어디에 서야 하는가?

누가 교만한 자인가?

그러나 누가 교만한 자인가? 저항하고 따지고 든다고 교만한 자는 아니다. 약자는 자기 몫을 찾기 위해 따져야 산다. 몰린 자는 자기를 변명할 줄 알아야 한다. 게다가 욥을 붙들고 있는 것은 새로운 하나님이다. 자신이 평안하던 시절에 믿었던 하나님, 친구들이 남의 불행을 보고 그것을 설명하기 위해 끌어들인 하나님. 욥에게는 그 하나님으로 인생의 현실이 설명되지 않는다. 고난 밖에 있는 사람은 그 하나님으로 충분하지만, 고난 속에 있는 사람으로서는 그렇지 않다. 욥은 아직 하나님을 포기하지 않았다. 오히려 친구들이 말하는 그런 하나님일 리가 없기 때문에, 머리를 흔들며 하나님을 찾아 하늘을 바라본다. 구태의연한 말 속에 갇힌 친구들이야말로 하나님을 찾지 않고 사는 이들이다. 고난받는 이들의 편에 서지 않으면 독선적이 되고, 고통을 모르는 이들은 함부로 말한다. 그들은 결국 교만한 자들이요, 하나님을 들먹이지만 자기 뜻대로 사는 자들이다.

친구들은 욥을 교만한 자라고 하지만, 욥은 친구들이야말로 교만한 자들이라고 본다.

> 그런데도 악한 자들은,
> 자기들을 그냥 좀 내버려 두라고
> 하나님께 불평을 한다.
> 이렇게 살면 되지,
> 하나님의 뜻을 알 필요가 무엇이냐고 한다.
> 전능하신 분이 누구이기에 그를 섬기며,
> 그에게 기도한다고 해서
> 무슨 도움이 되겠느냐고 한다.
> 그들은 자기들의 성공이
> 자기들 힘으로 이룬 것이라고 주장하지만,
> 나는 그들의 생각을 용납할 수 없다(21:14-16).

친구들이 욥을 공격하는 말 같지만 사실은 욥이 친구들에게 하는 말이다. 말하자면 욥은 상징과 은유의 세계에 들어가 있다. 하나님의 말씀은 온갖 삶의 비밀과 의미의 풍성함을 담고 있는 은유의 세계다. 사람은 그 말씀을 해석한다. 해석은 자기 나름대로 말씀의 뜻을 찾아 삶의 뜻을 찾으려는 것이다. 삶의 뜻은 말씀의 해석에서 나온다. 그러나 해석은 자기 나름대로 찾은 것이요, 자신이 속한 시대와 장소의 상황 안에서 찾은 것이다. 그러므로 풍성한 하나님 말씀의 의미를 다 밝힐 수 없다. 사람은 어떤 정형화된 해석의 틀 안에서 살게 마련이다. 그런 해석 체계가 오랜 세월 동안 관습과 문화적 전통으로 내려오면서 사람은 그 전통의 지배를 받는다. 친구들의 논리는 그런 전통적 진리에 바탕을 두고 있다. 그러나 해석의 전통은 한계가 있다. 한 사람의 해석이 아니요 민족이라는 문화적 공동체에서 내려온 해석 틀이기 때문에 폭이 넓지만, 말로 다할 수 없는 하나님의 말씀을 나름대로 해석한 것이라는 점에서 한계를 지닌다. 그런데 그 한계를 인정하지 않고 자기 해석만 고집하면 교조적인 교리주의에 빠지고 독선에 빠진다. 삶의 현실을 담아내지 못하고 생명 없이 죽은 말로 전락한다. 그런 해석은 하나님의 말씀을 죽은 말씀으로 만들고, 하나님의 뜻을 가린 채 집단을 이룬 인간의 뜻만 드러내게 된다. 하나님의 뜻을 알기 위해 어떤 틀이 필요하지만, 그 틀이 굳어서 그 안에 갇히면 하나님의 뜻을 왜곡한다. 그러면 사람을 억압한다. 신학이 사람을 억압하는데, 대개는 약한 이들을 억압하게 된다.

욥기는 고난받는 이들의 처지에서, 약자의 처지에서 하나님의 말씀을 새롭게 해석해야 함을 보여주고 있다. 욥은 아직 새로운 해석의 틀을 찾지 못했다. 그러나 친구들의 교리는 분명히 거부한다. 그것은 그가 풍성한 의미를 담은 하나님 말씀의 상징성으로 돌아갔음을 의미한다. 재앙을 앞에 두고 하나님의 뜻은 여러 가지로 해석될 수 있다. 꼭 죄와 벌의 인과관계에서 해석되어야 하는 것은 아니다. 친구들의 논리는 하나님의 뜻을 해석하는 한 가지 방식이다. 이제 그 방식을 접어 두고 다의성을 지닌 하나님의 말씀으로 돌아가야 한다. 하늘을 보아야 한다. 누구든 자기 나름의 해석을 가지고 있지만 끊임없이 하나님 말씀의 풍요로운 세계로 돌아가 다시 생각할 줄 알아야 한다. 그렇지 않으면 실제로 기도하는 자가 아니요, 하나님을 섬기는 자가 아니게 된다. 욥은 그 풍성한 은유의 세계로 돌아갔기 때문에 아직 확실한 답을 얻지 못했다. 은유의 세계는 풍성하지만 분명하지는 않기 때문이다. 그러나 욥은 그 속에서 하나님을 뵐 꿈을 가지고 있다. 그리고 자신의 고난을 해석할 틀도 새롭게 얻을 수 있을 것이다. 그것은 우선, 구태의연한 친구들의 생각을 받아들이지 않는 저항으로 나타난다.

악한 자의 번영

앞에서 나왔지만 악한 자들이 벌을 받지 않고 잘 사는 문제가 본문에서 좀 더 실감 나게 펼쳐지고 있다. 악한 자는 반드시 벌을 받는다는 소발의 논리를 반박하며, 욥은 선한 자라고 아무런 재앙 없이 잘 사는 것은 아님을 말한다. 이 세상에서 번영을 누리느냐 아니냐는 것이 그가 선하냐 악하냐와는 상관이 없다는 말이다(21:23-26).

악한 자는 번영을 누릴 뿐 아니라 자식들까지도 잘되고 가정도 평화롭다. 죽을 때도 아무 고통 없이 죽는다(21:7-13). 사람들의 말을 두루 들어 보면, 재난이 닥쳐도 이상하게 악한 자들이 살아남는다고 한다(21:29-30). 악한 자의 생존력은 대단하다. 그리고 죽으면 수많은 조객들이 그 뒤를 따르고 그의 죽음을 애도한다(21:32-34). 부덕한 권세자가 죽으면 이제 사람들이 모두 흩어져야 할 텐데, 그 재산 때문에 그런가? 장례식은 성대하게 치러지고 죽어서도 영광을 보는 것 같다. 그런 것을 보면 이 세상에서 도덕적으로 살아야 할 이유를 알 수 없게 된다. 손에 때를 좀 묻히더라도 부와 힘을 가지는 것이 현명한 처사가 아니겠는가.

물론 이는 어느 정도 과장일 수도 있다. 악한 자는 벌을 받아야 하는데 그런 일 없이 지나가는 세상사를 원망하며 하는 이야기일 수 있다. 그래서 악한 자가 더 잘 산다고 과장해서 말하는 것일 수 있다. 그렇더라도 분명한 것은 악한 자가 꼭 재난을 당하는 것은 아니라는 점이다. 그렇다면 재난을 당한다고 꼭 악한 자는 아니다. 욥이 말하려는 것은 그것이다. 남보다 특별히 무슨 죄가 많아서 자신이 그처럼 큰 시련을 당하는 것은 아니라는 이야기다.

그런데 21장에는 하나님의 "진노"라는 표현이 세 번 나온다(17, 20, 30절). 20장 23절에서 소발이 욥의 재난을 하나님의 진노로 표현한 것을 염두에 둔 것 같다. 하나님의 진노의 잔은 악한 자가 받아야 하는데 실제로는 그렇지 않다. 악한 자가 망한다면 그것은 하나님의 진노의 결과다. 그러나 모든 재난이 하나님의 진노는 아니다. 욥은 자기가 당한 재난이 하나님의 훈계(엘리바스)도 아니요, 하나님의 진노(소발)도 아니라고 본다. 하나님의 훈계라기에는 너무 잔인하고, 하나님의 진노라기에는 그처럼 하나님의 진노를 살 만한 죄를 지은 적이 없다. 그렇다면, 하나님의 진노로 봐야 하는 재난이 있고, 하나님과 무관한 재난이 있는가?

10.

사람이 하나님께 도움이 되겠는가?
엘리바스의 세 번째 발언과 욥의 대답 · 욥기 22-24장

엘리바스는 앞의 두 차례 발언보다 더 공격적으로 욥을 죄인으로 몰아간다.

사람을 필요로 하지 않는 하나님?

엘리바스가 그리는 하나님은 엄한 심판자다. 심판자 이미지에는 전능한 분의 이미지가 겹쳐 있다. 전능하다는 것은 혼자 무슨 일이든 다 처리할 수 있고, 누구의 도움도 받지 않는 것이다. 전능한 하나님은 사람에게 필요한 것을 공급하고 사람을 도우시지만, 아무것도 필요로 하지 않는 완벽한 분이다. 엘리바스는 하나님의 은혜만 있을 뿐, 그분에게 부조리나 불합리는 없음을 강조한다. 하나님께 대들고 있는 욥을 나무라며, 틀림이 있을 수 없는 하나님을 강조하기 위해서다. 틀림없고 완벽한 하나님. 무슨 일이든 마음대로 하실 수 있는 전능한 하나님. 그런데 그 마음은 언제나 틀림이 없어 악인들에게 벌로 갚아 주신다. 모든 것이 하나님으로부터 오므로 재앙도 하나님으로부터 온다.

그러나 모든 것이 하나님으로부터 오는 것이면, 세상 모든 일이 올바르게 착착 진행되어야 하지 않는가. 그런데 세상사는 모순투성이 아닌가. 지금 욥은 하나님의 전능을 의심하지는 않는다. 모든 것은 하나님 마음대로다. 그러나 그 하나님의 마음이 의심스럽다. 하나님의 마음 자체가 모순적이면, 만일 하나님이 악을 사랑하신다면, 하나님에게 선악이 뒤섞여 있다면, 그렇다면 세상사는 뒤죽박죽될 것이다. 지금 세상사는 너무나 엉망이요, 뭐가 옳고 그른 것인지 알 길이 없는데, 그 배후에는 하나님이 계시지 않은가. 그래서 욥은 하나님과 다투고 하나님께 책임을 묻는다.

엘리바스는, 오히려 욥을 반박하며 모든 것이 하나님으로부터 오니 세상사는 한 치 그릇됨 없이 정의롭게 벌어지고 있다는 말만 되풀이한다. 앞에서도 보았듯이, 하나님을 변호하기 위해서다.

> 그러므로 너는 하나님과 화해하고
> 하나님을 원수로 여기지 말아라.
> 그러면 하나님이 너에게 은총을 베푸실 것이다.
> 하나님이 친히 말씀하여 주시는 교훈을 받아들이고,
> 그의 말씀을 네 마음에 깊이 간직하여라.
> 전능하신 분에게로 겸손하게 돌아가면,
> 너는 다시 회복될 것이다(22:21-23).

그러나 욥으로서는 자신이 돌아갈 하나님이 의심스럽다. 선을 사랑하고 악을 미워하는 분이 아니라면 어떻게 그런 분의 교훈을 받아들일 수 있겠는가. 하나님의 이미지에서 도덕성을 빼놓을 수는 없다. 나를 대단히 위하는 분이라고 해도, 그분이 부도덕하다면 그런 분을 믿고 의지하기는 어렵다. 하나님에게 늘 정의와 공평이란 관념이 따라다니는 이유는 거기에 있다. 무조건 믿고 따른다고 복을 주는 분이라면, 내가 마음 놓고 신뢰할 수 있는가? 하나님에 대한 믿음에는 그분의 도덕성에 대한 신뢰를 빼놓을 수 없다. 악을 싫어하고 선을 좋아하는 분이라야 한다. 그분은 너무 선하셔서 선 그 자체요, 그래서 그분이 원하는 것이 선이요 그분이 싫어하는 것이 악이라야 한다. 그래서 그분 뜻대로만 되면 세상사는 모두 선하고 올바르게 이루어져야 한다.

그런데 세상사가 불투명하고 모순된 지금, 욥은 바로 그 하나님을 의심하고 있는 것이다. 엘리바스는 하나님께 돌아가라고 하지만, 욥으로서는 하나님의 선하심이란 문제가 풀리지 않는 한 돌아갈 수 없다. 모순된 세상 속에서 하나님의 선하심은 어떻게 확보되는가? 하나님이 전능하고 선하시다면, 세상에서 악한 자의 권세나 인간의 까닭 없는 불행은 사라져야 하지 않을까? 선한 분이 사람의 불행을 좋아할 리는 없지 않은가. 전능한 분이 자기가 좋아하지 않는 일을 벌일 까닭은 없지 않은가.

하나님의 전능하심과 선하심. 욥이나 엘리바스는 하나님의 전능하심을 의심치 않고 있다(23:13-14). 그런데 욥은 하나님의 선하심을 의심하고 있다. 엘리바스는 세상사에 모순은 없다고 본다. 세상사가 모두 하나님 뜻대로 되는 것인데, 하나님에게 모순이 있거나 불의가 있으면 안 되기 때문에 세상사는 모두 인과응보적으로 일어난다. 그렇게 되면, 세상에서 부자가 되고 좋은 지위에 오른 자는 그의 선행에 대해 하나님이 복을 내리신 것이요, 가난하거나 불행을 겪는 자는 그의 악행에 대해 하나님이 벌주신 것이다. 하나님의 전능하심과 의로우심을 굳게 믿으면 그런 결론이 나온다. 엘리바스는 얼마나 믿음이 좋은 사람인가.

그러나 욥도 아직 문제를 풀지 못하고 있지만, 엘리바스도 하나님에 대해 무지하다. 아직 안개 속을 헤매고 있는 셈이다. 엘리바스는 하나님의 선하심보다 의로우심을 훨씬 강화하고 있다. 그래서 심판자 하나님이 크게 부각된다. 그러나 원래 의로움은 선함의 종속 개념이다. 옳음은 좋음의 종속 개념이다. 태초에 하나님이 보시기에 좋은 세상만 있었다. 모든 것이 좋았다. 옳고 그름은 사람이 타락한 이후에 생긴 개념이다. 좋음이 옳음보다 넓고 깊은 개념이다. 결국 옳음은 좋음에 이바지해야 하고, 공의는 사랑에 이바지해야 한다. 좋으신 하나님이 약화되고 옳으신 하나님이 강화되면, 죄의 용서가 약화되고 심판이 강화된다. 그러나 성서에서 죄의 개념은 용서와 같이 있으면서 제 역할을 하는 것이다. 성서에서 하나님의 좋으심과 은총은 죄의 용서와 맞물려 있기 때문이다.

좋으신 하나님보다 의로우신 하나님을 강화했기 때문에, 엘리바스에게서 하나님의 전능하심이 기형적인 모습을 띠게 된다. 엘리바스에게서 하나님은 사람에게 베풀고 선악을 가려 정확히 판단하는 분으로서 전능하시다. 모든 것을 할 수 있기에 사람의 도움이 필요하지 않고, 그 자체로 충족되는 완벽한 분이기 때문에 사람이 하나님을 위해서 할 수 있는 것이란 없다.

> 사람이 하나님께
> 무슨 유익을 끼쳐 드릴 수 있느냐?
> 아무리 슬기로운 사람이라고 해도,
> 그분께 아무런 유익을 끼쳐 드릴 수가 없다.
> 네가 올바르다고 하여
> 그것이 전능하신 분께
> 무슨 기쁨이 되겠으며,
> 네 행위가 온전하다고 하여
> 그것이 그분께 무슨 유익이 되겠느냐? (22:2-3)

굉장히 경건하고 신심이 깊은 언사다. 내가 주의 뜻대로 살고 하나님께 영광을 돌린다 한들, 그것이 하나님께 무슨 보탬이 되겠는가. 그만큼 하나님은 완벽하고 스스로 넉넉하신 분이라는 말이다. 그런데, 엘리바스는 이 말을 무슨 뜻으로 했을까? 아무것도 부족한 것이 없어서, 사람의 선행으로 덕 볼 일이 없으면서도 사람의 선행과 의로운 삶을 보면 기뻐하시는 하나님이라는 뜻일까? 만일 그런 언사가 사람을 배려하는 하나님의 넉넉한 마음을 기리는 것이라면 그대로 경건한 말이다. 스스로 넉넉하여 자족하시는 하나님이 아니라, 인간에 대해 넉넉한 마음을 가지고 계신 하나님을 엘리바스가 말하고 있는 것인가? 그런 하나님이라면 사람 때문에 기뻐하시기도

하고 슬퍼하시기도 해야 한다. 그러나 지금 엘리바스는 그런 생각을 하고 있지 않다.

하나님은 완벽해서 옳고 그름을 분명하게 가리신다는 말을 하기 위해 엘리바스는 하나님의 자기 충족을 말하고 있다. 하나님이 완벽하다고 말하려면 결핍이 없다고 해야 하지 않겠는가. 정의로운 하나님을 확보하기 위해 완벽한 하나님을 말하고, 하나님의 완전함이 자기 충족으로 그려지고 있다. 하나님은 부족함이 없으시니, 사람이 하나님을 위해 무슨 유익을 도모하겠는가. 엘리바스는 하나님이 기뻐하시는 것조차 불가능한 것으로 여긴다. 사람이 무얼 잘한다고 해서 하나님이 기뻐하신다면 사람의 일에 하나님이 일희일비하는 셈이고, 그것은 하나님이 무언가 사람에게 의존적인 면을 보이는 것 아닌가. 하나님의 마음에 사람이 무슨 원인이나 까닭이 되면 안 된다. 하나님은 사람에게 영향을 주어야지 사람의 영향을 입으면 안 된다. 하나님은 그냥 그 스스로 기쁠 뿐, 사람 때문에 기뻐서는 안 되는 것이다. 하나님은 철저하게 자기 충족적이어야 전능한 하나님이 된다. 그리하여 엘리바스에게 하나님은 철저한 무감정의 하나님이다. 그에게 하나님은 사람이 어떻게 하든 전혀 마음이 움직이지 않고 할 일만 하는 분이다. 기도하는 자에게 베풀어 주지만 감정은 없는 분이다. 다시 말해서 하나님은 전능하지만 냉정한 분이다.

그러나 하나님의 전능하심은 하나님의 선하심과 어떻게 양립될까. 사랑의 하나님은 사람 때문에 마음이 움직이실 수도 있다. 그리하여 하나님은 자기 충족적인 무감정의 하나님이 아니게 된다. 성서의 하나님은 사람에게 희망을 두고 계신 분이다. 욥이 따지는 대로 하나님께 책임을 묻는다면, 사람에게 희망을 둔 책임을 말해야 할지 모른다. 그러나 그것은 은총이 아닌가! 하나님은 사람에게 희망을 두고 계시기 때문에 사람 때문에 기뻐하시기도 하고 가슴 아파하시기도 한다. 성서를 볼 때에 우리는 하나님에 대해 그렇게 말할 수밖에 없다. 사람의 자유가 있기 때문에 하나님 뜻대로 안 되는 일도 생긴다. 사람이 자유롭게 하나님께 복종하는 것을 자신의 영광으로 삼기로 하신 하나님. 그래서 사람으로 말미암아 하나님은 마음이 움직이시기도 한다. 물론 하나님은 전능하시다. 종말의 때에 하나님은 모든 것을 자기 뜻대로 하신다. 지금도 하나님은 세상을 끌어안고 자기 뜻대로 끌고 가신다.

모든 일은 하나님 안에서 일어나고, 하나님의 뜻이 있고, 하나님의 뜻대로 된다. 그러나 지금 일어나는 모든 일이 다 하나님에 의해 하나님의 뜻대로 일어나는 것은 아니다. 사람에게 자유를 주셨기 때문에 하나님 뜻대로 안 되는 일이 발생하고, 사람으로 말미암은 하나님의 수난이 있다. 하나님은 자신이 수난을 당하시면서까지 사람에게 희망을 두고 계시다. 그만큼 사람은 하나님의 희망이며, 사람의 자유는 그만큼 귀하다.

욥과 엘리바스가 도달할 곳은 거기가 아닌가? 엘리바스는 전통과 자기 세계에 너무 빠져 있고, 욥은 그에 저항하고 있을 뿐 답을 찾지 못하고 있다.

하나님의 부재

욥은 여전히 자신의 무죄를 확신한다. 그만큼 그는 치우치지 않고 똑바로 하나님이 원하시는 길을 갔으며, 하나님의 말씀을 귀하게 알고 온 정성을 다해서 계명을 지키며 살아왔다(23:11-12). 그런 의인이 고통을 당하는 지금, 하나님의 부재는 어느 때보다 깊이 느껴진다.

> 그러나 동쪽으로 가서 찾아보아도,
> 하나님은 거기에 안 계시고,
> 서쪽으로 가서 찾아보아도,
> 하나님을 뵐 수가 없구나.
> 북쪽에서 일을 하고 계실 터인데도,
> 그분을 뵐 수가 없고,
> 남쪽에서 일을 하고 계실 터인데도,
> 그분을 뵐 수가 없구나(23:8-9).

욥에게도 전능하신 분은 올바른 심판자의 모습과 연결된다(24:1). 지독히 악하고 비열한 자들이 있는데 심판받지 않는 것을 보면 하나님의 부재를 느낀다. 24장에는 악독한 인간의 범죄 행위가 신랄하게 열거되어 있다. 악독하고 잔인한 자들이 있다. 하나님이 계시다면 어떻게 그런 자들이 의기양양하게 살 수 있는가? 횡포한 자가 있으면 당하는 자가 있게 마련. 상처 입은 약자들이 부르짖고 간

구하지만 하나님은 묵묵부답이다(24:12). 하나님은 어디에 계신가?

    영원할 것 같던 악한 권세가 망할 때에 사람은 하나님의 살아 계심을 느낀다. 그것을 하나님의 심판으로 받아들이고 경외심을 가진다. 일반적으로 느끼는 하나님의 역사는 그런 것이다. 악인이 망하지 않고 영원히 갈 때 사람들은 하늘을 원망하며 진리를 포기하고 하나님의 부재를 깊이 느낀다. 하나님이 계시려면 악인은 반드시 망해야 한다. 엘리바스의 논리도 그것이고 욥의 논리도 그것이다.

    엘리바스는 욥이 당하는 고난을 악인이 받는 하나님의 심판으로 규정한다. 욥은 하나님의 침묵을 성토하다가 결국 악인은 망할 것이라는 명제로 돌아간다(24:18-25). 악인의 멸망을 통해 하나님의 존재를 확보하려는 것이다. 하나님의 침묵에서 욥은 하나님의 부재를 느끼지만, 그는 하나님의 존재를 믿지 않고는 살아갈 수 없는 사람이다. 그는 알 수 없는 불행을 당해 하나님의 선하심을 의심하고 있지만 하나님의 존재를 의심하는 것은 아니다. 그러나 차가운 아침 안개처럼 뼛속으로 스며드는 하나님의 부재. 하나님의 존재와 부재 속에서 그가 하나님의 존재를 다시 찾는 길은 악인의 멸망이다. 엘리바스에 대한 답변 끝부분이 장구한 구절로 이어지며 악인의 허무함에 대한 확신으로 끝나는 것은, 하나님의 부재 속에서 하나님을 붙들려는 욥의 신앙의 싸움을 보여준다.

    의인의 고난은 어떤가? 의인이 고난받는 시간에는 만물이 침묵하고 하나님마저 침묵하신다. 고난 앞에서 하나님마저 말을 아끼시는 것이다. 의인의 고난에 대해 아무도 함부로 말할 수 없고 하나님조차 말을 아끼신다. 이 하나님의 침묵에서 우리는 선하신 하나님의 아픔을 느낄 수 있다. 의인의 불행은 하나님의 뜻이 아니다. 인간 역사에 희망을 가지고 있기 때문에 뜻대로 되지 않는 일을 감당하시는 선하신 하나님의 무능. 그 무능함은 오히려 이 세상을 참으시는 하나님의 인내요, 기다리심이요, 선하심이 아닐까. 전능하신 분의 무능은 하나님의 수난이다. 고난받는 하나님은 고난받는 나와 함께하시는 하나님이다. 물론 욥은 그 침묵을 못 견뎌 한다. 그 침묵은 잘못하면 하나님의 무심함이요, 하나님의 무심함은 하나님의 도덕성에 큰 타격을 입히고 하나님의 부재로 갈 수 있다. 지금 욥의 상태가 그렇다. 욥이 하나님의 침묵에서 선하신 하나님의 아픔을 알면 하나님을 더 가까이 사랑하게 되지 않을까. 가까이 사랑하는 것이다. 두려움과 떨림으로 경외의 대상이기만 했던 하나님을 가까이 사랑하는 길이 열릴지 모른다. 그러나 그렇게 되려면, 죄와 용서의 문제에서 더 깊이 들어가야 한다. 하나님에 대한 인간의 희망뿐 아니라 인간에 대한 하나님의 희망을 깊이 알아야 한다.

의인의 고난은 하나님이 뜻하신 바가 아니다. 욥은 먼저 그 점을 분명히 알아야 한다. 욥은 전능하신 하나님 개념에 붙들려 자신의 불행이 하나님 계획대로 된 것으로 생각한다.

그러나 그분이 한번 뜻을 정하시면,
누가 그것을 돌이킬 수 있으랴?
한번 하려고 하신 것은,
반드시 이루고 마시는데,
하나님이 가지고 계신 많은 계획 가운데,

나를 두고 세우신 계획이 있으면,
반드시 이루고야 마시겠기에
나는 그분 앞에서 떨리는구나(23:13-15).

그러나 이제 욥은 자신에게 밀어닥친 불행이 하나님이 작정하신 일이 아닐 수도 있으며, 그분의 뜻대로 된 것이 아닐 수도 있음을 알아야 한다. 그리고 한 가지 더, 악인이 당하는 불행 역시 원래 하나님의 계획은 아니라는 것을 알아야 한다. 악인이든 선인이든 사람의 고통과 불행은 하나님께도 아픔이요, 원래 하나님의 의도와 다르다. 하나님은 악을 싫어하시고 선을 좋아하시지만, 악인은 미워하시고 선인을 사랑하시는 것은 아니다. 하나님은 악인이나 선인이나 모두 사랑하신다. 그렇지 않다면, 누구도 하나님의 사랑을 받을 자격이 없다. 아무도 스스로 선하다고 할 수 없기 때문이리라. 전능하신 하나님이 자기 뜻대로 되지 않는 일을 감당하시는 것은 사람을 사랑하시기 때문이다.

욥의 저항은 정당하다. 가난한 자, 약한 자, 불행한 자는 구태의연한 신학과 정죄에 대항할 줄 알아야 한다. 어쩌면 지금 욥의 심정처럼 불행한 자에게는 죄가 아니라 한이 있을 뿐일지도 모른다. 그러나 하나님의 부재 가운데서 다시 하나님을 찾으려면 저항 이상의 관조와 경건이 필요하다.

11.

그 큰 능력을 누가 측량할 수 있으랴
빌닷의 세 번째 발언 · 욥기 25-26장

대화의 마지막 부분. 여기에는 소발의 발언이 없고 빌닷의 발언으로 끝난다.

하나님의 주권

세 친구 중 마지막 발언자로서 빌닷은 일반적인 문제로 돌아간다. 인간은 하나님 앞에서 의인일 수 없다는 것이다. 그는 욥의 개인적인 악을 공격해 왔는데, 이제 마지막 순간에 인간의 보편적인 죄의 문제로 돌아간다. 모든 인간이 죄인인데, 어찌 욥만이 자신의 죄를 부인하느냐는 것이다.

하나님께는 주권과 위엄이 있으시다.
그분은 하늘나라에서 평화를 이루셨다.
그분이 거느리시는 군대를 헤아릴 자가 누구냐?

하나님의 빛이 가서 닿지 않는 곳이 어디에 있느냐?
그러니 어찌 사람이 하나님 앞에서
의롭다고 하겠으며,
여자에게서 태어난 사람이
어찌 깨끗하다고 하겠는가?(25:2-4)

　빌닷의 생각은 이렇다. 하나님은 강력한 힘으로 질서를 잡으신 분이다. 하나님의 선하심보다는 그 강력한 힘이 그려지고 있다. 전능한 자는 스스로 자기 질서를 창조하고 스스로를 정당화한다. 선과 악의 개념은 힘에서 나온다. 힘이 선의 원천이다. 힘 있는 자의 뜻에 거스르는 자는 살아남지 못하며, 그처럼 생존에 불리한 짓을 하는 것이 악이다. 빌닷은 강하신 하나님을 이야기한 후에, "그러니 어찌 사람이 하나님 앞에서 의롭다고 하겠으며……"라고 한다. 힘은 질서를 잡아 평화를 이룩하기 때문에 선이요 의다. 무질서를 두려워하는 시대에, 질서를 잡아 주는 강력한 힘은 곧 가치의 창조자였다. 선과 악 그리고 의와 불의가 전능한 자의 손에 달린 것이다. 옳고 그름은 힘에서 나온다. 하나님은 전능한 분으로서 의로움 그 자체다. 그 앞에서 다른 모든 존재는 숨죽여 엎드려야 한다. 사람은 그 앞에서 무능한 존재로서 부정(不淨)하다. 깨끗하지 못하다. 정함은 전능한 하나님께 속한 것이요, 부정함은 언젠가는 죽을 수밖에 없는 약한 존재인 인간의 몫이다. 하나님 앞에서 인간은 부정한 존재다. 벌레요 구더기와 같은 존재다(25:6). 부정한 존재로 죄인이다. 여기서 죄인이란 무얼 특별히 잘못해서가 아니라 인간이라는 존재 자체로서 죄인이다. 하나님 앞에서 인간은 그 자체가 부정하다. 그러므로 말하고 움직이고 숨 쉬며, 나가고 들며 운신하는 모든 동작과 행위가 부정 타는 행위다. 상하와 사방 천지가 모두 하나님의 영역이요, 인간의 운신과 행위는 모두 그 하나님의 영역을 범하는 것이기 때문이다. 사람이 살아간다는 것은 부정한 존재가 정한 곳에 접촉하는 것이므로, 부정 타는 것이다. 살림살이가 곧 부정 타는 것이다. 부정 타면 죽는다. 그러므로 살기 위해서 사람은 늘 제사를 드려야 하고, 예배를 통해 죄를 씻어 내고 정화해야 한다. 그렇게 보면 사람은 살기 위해 숨 쉬고 움직이는데 그것이 모두 부정 타는 것이므로, 살기 위해 부정 탄 것을 정화하는 제사를 다시 드려야 한다. 조심조심 살아야 한다.

비슷한 논리를 엘리바스의 이야기를 통해서도 찾을 수 있었다. 빌닷이 마지막 발언을 통해 엘리바스의 논리로 돌아간 것은, 그만큼 엘리바스의 생각이 깊고 뛰어남을 뜻한다. 그러나 과연 사람은 존재 자체가 부정한가? 하나님과 사람은 정하고 부정한 존재로 구별되는가? 힘은 스스로를 정당화하고 사람은 약한 존재로서 부정해지는가?

인간이 무질서를 두려워하던 시절에 질서를 잡아 주는 강력한 힘은 숭배 대상이었다. 질서를 잡는다는 것은 선과 악의 기준을 잡는 것이요, 의와 불의를 가늠하는 것을 가리킨다. 그러므로 선악과 의로움은 질서를 창출하는 강력한 힘에 속하는 것이었다. 그래서 힘 있는 자는 스스로를 정당화한다. 옛날 절대 왕조의 통치자들이 "짐이 곧 법이다"라고 할 만하다. 지금 빌닷은 그 이미지를 하나님에게 적용하고 있다.

그런 이해는 인간의 죄의 깊이와 유한함을 느끼고, 하나님에 대한 철저한 순종의 미덕을 낳을 수도 있다. 그러나 하나님을 다른 각도에서 이해하는 일도 필요하다. 그래야 이 세상의 악에 대해서 하나님이 책임을 면하실 수 있다. 하나님이 악을 도모하는 분이 아니라 좋으신 분이려면, 빌닷과 다른 생각이 필요하다. 욥의 문제도 거기에 달려 있다.

하나님은 상대가 안 되는 나 같은 존재를 상대해 주시는 분이다. 상대하는 관계는 정함과 부정함의 관계가 아니다. 사람은 그 자체로 부정한 존재라기보다는, 하나님의 뜻을 거스르는 자로서 죄인이다. 하나님은 사랑이시므로(요일 4:8) 전능하신 분이다. 하나님과 인간의 구별은 사랑이신 분과 사랑하지 못하는 자의 차이에서 생긴다. 무한과 유한의 구별은 물리적인 힘에서 생기는 것이 아니라, 사랑의 문제에서 생긴다. 물론 하나님을 사랑으로 이해하면, 전능의 요소에 흠집이 날 수 있다. 사랑은 상대방에 대한 기대와 희망을 포함하고, 그래서 상대방의 영향을 입기도 하고 뜻밖의 일을 당하기도 한다. 사랑이신 하나님에게는 무능해 보이는 모습이 비치기도 한다. 그와 같은 신 이해는 부조리의 책임을 하나님께 돌리는 것을 막을 수 있다.

욥의 갑작스런 불행을 친구들이나 욥 자신은 하나님이 계획하신 것으로 믿고 있다. 하나님이 자기 충족적인 완벽한 분이며, 전능하며, 완전히 의로운 심판자의 모습을 하고 있기 때문이다. 그러나 하나님을 사랑으로 이해할 때에 새로운 길이 열릴 것이다.

사실, 불행을 하나님의 뜻으로 받아들이는 것도 지혜인 측면이 있다. 부조리해 보이는 뜻밖의 불행마저도 하나님의 뜻이라 할 때, 몸부림침을 멈추고 운명을 감수하게 되니 그것도 거친 세상에서 삶을 살아가는 지혜일지 모른다. 비록 지금 이해하기 어려운 고통을 당하지만 그것이 내게 유익이 되는 방향으로 열매 맺기를 바라는 마음에서, 불행을 하나님의 계획과 연관시키는지도 모른다. 그러나 그렇게 되면 세상에 일어나는 악한 일들도 모두 하나님의 섭리로 받아들이게 되니, 신앙이 악을 정당화하는 역할을 하지 않는가. 그래서 인간은 무력한 운명론에 빠지게 되지 않는가.

정한 하나님과 부정한 인간이라는 도식에서 우리는 하나님과 인간 사이의 무한한 거리를 느낀다. 하나님의 위엄과 주권을 느끼며 한없는 경외심을 가진다. 빌닷과 욥 그리고 당시의 모든 사람이 믿었던 하나님의 모습이다. 그러나 사랑의 하나님에게서 우리는 우리 등을 두드려 주며 우리의 고난을 애처로워하시는 하나님을 느낀다. 하나님과 인간의 무한한 거리에서 생기는 경외심이 없다면, 사랑이신 하나님은 인간의 자율성을 극대화하는 방향으로 갈 것이다. 그리하여 더 이상 하나님이 필요 없는 문화를 이룩할 수도 있다. 존재의 깊이를 잃어버린 가벼운 문명을 이룩하고 허무주의에 빠질 수 있다. 거꾸로, 사랑이신 하나님 없이 경외심만 가지고 있으면, 인간을 노예로 만들고 타율적인 사회 속에서 세상 질서에 순응하는 복종적 인간을 만들어 낼 수 있다.

어찌 보면 하나님의 두 모습은 하나님의 부성과 모성이다. 남녀의 합에서 생명체가 생기듯이, 하나님의 부성과 모성이 같이 있을 때 내게 생명을 주시고 나를 살리시는 하나님이 분명하게 보일 것이다.

땅덩이를 공간에 매달아 놓으시고

욥은 27장에서 친구들에게 종합적으로 대답하기 전에, 26장에서 하나님의 능력과 위엄을 노래한다.

> 하나님이 북쪽 하늘을 허공에 펼쳐 놓으시고,
> 이 땅덩이를 빈 곳에 매달아 놓으셨다.
> 구름 속에 물을 채우시고,
> 물이 구름 밑으로 터져 나오지 못하게
> 막고 계시는 분이 바로 하나님이시다.
> 하나님은 보름달을 구름 뒤에 숨기신다.
> 물 위에 수평선을 만드시고,
> 빛과 어둠을 나누신다.
> 그분께서 꾸짖으시면,
> 하늘을 떠받치는 기둥이 흔들린다.
> 능력으로 '바다'를 정복하시며,
> 지혜로 라합을 쳐부순다.
> 그분의 콧김에 하늘이 맑게 개며,
> 그분의 손은 도망치는 바다 괴물을 찔러 죽인다(26:7-13).

욥이 하나님을 노래하는 것(26:5-14)은 친구들에게 대답하기 전에 하나님을 기억하기 위함일 것이다. 특히 하나님의 장대하신 능력을 노래하는 것은, 하나님과의 관계의 기본이 질문이 아니라 찬양과 고백이기 때문일 것이다.

  이제 친구들의 발언은 끝났다. 그들은 이런저런 말로 위로를 베풀고 욥의 고난을 분석하고 설명도 하면서, 결국 욥에게 짐이 되고 욥을 괴롭히는 이들이 되었다. 욥은 여러 가지로 반박했고, 그 반박은 하나님에 대한 반박으로도 이어졌다. 이제 말을 마칠 때가 가까워 온다. 논쟁 이후의 삶은 무엇인가? 말이 끝난 이후에는 무슨 말을 할 것인가? 하나님을 노래하는 것은 친구들과의 논쟁 이후의 욥의 말을 예비하는 것이기도 하다. 찬양과 노래. 그것은 모든 말 이전의 말이요, 모든 말 이후의 말이다. 은총이 고난보다 먼저이므로, 찬양은 모든 말 이전의 말이다. 인생의 고난. 고난은 세상을 알 수 없게 만들고 말이 통하지 않는 현상을 만든다. 그 와중에서 의사소통을 위한 장치가 생기고 문명이 생기고 많은 논쟁을 만들어 낸다. 그리고 고난 이후. 고난은 연속적이고 인생은 고난의 와중에 있지만, 그러나 고난 이후가 있다. 고난을 통해서 하나님을 새롭게 발견한 이들에게 고난 이후가 있다. 고난 이후의 삶에도 말이 있지만, 그 말은 의사소통의 도구도 아니고 논쟁도 아니며 찬양이다. 고난 이후의 말의 기본은 찬양이다. 그런 점에서 찬양은 고난 이후의 말이다. 욥의 언어는 고난 이후의 말을 예비하고 있다.

  욥은 많은 말을 했다. 고난 때문에 생긴 질문들, 알 수 없는 세상과 알 수 없는 하나님을 놓고 논쟁을 벌였다. 설명하고 탐구하는 논쟁이었다. 이제 욥은 논쟁의 마감에서 친구들에게 마지막 답을 하려고 한다. 그 답을 하기 전에 욥은 하나님을 기억하려고 한다. 하나님과의 관계에 먼저 서는 것이 친구들과 가장 적절한 관계를 이루기 때문일 것이다. 욥은 목마른 사람이 물을 찾듯이 갈증을 느끼며 찬양의 소리를 낸다. 참으로 오래전에 불러 본 노래고, 참으로 오랜만에 잠겨 보는 은총의 세계다. 하나님의 위엄과 능력을 찬양하는 데에는 인생의 모든 것이 은총이라는 고백이 들어 있다.

관계의 기본은 하나님과의 관계이고 하나님과의 관계의 기본은 찬양이다. 욥은 불행을 당한 후 물었다. 하나님은 어디에 계신가? 하나님은 정말 선하신 분인가? 그러나 하나님에 대한 기본적인 언어는 질문이 아니라 찬양이다. 욥은 가장 적절한 말로 논쟁을 마감하기에 앞서, 가장 기본적인 관계로 돌아가고 싶다. 그래서 하나님을 말한다. 그리고 가장 바탕이 되는 언어로 돌아가고 싶다. 그래서 그는 하나님의 장대하신 능력을 찬양한다.

욥의 찬양에는 재미있는 상상력이 동원되고 있다. 하나님이 시간과 공간을 장악하고 계시다는 것은 깊은 물 밑에 사는 자들도 하나님 앞에서 떨고, 스올과 멸망의 구덩이도 하나님 눈앞에 훤히 드러난다는 말로 표현되고 있다(26:5-6). 하나님이 북편 하늘을 허공에 펴시고 땅을 공간에 매다셨다는 표현(26:7)은 얼마나 재미있고 과학적인가. 하나님이 하늘을 펼치시고, 빈 곳에 땅덩이를 매달아 놓으심으로써 우주는 창조되었다. 지구는 허공에 떠 있는 것임이 오늘날 과학에 의해 밝혀졌다. 수천 년 전에 한 경건한 자가 그처럼 하나님이 땅을 허공에 매달아 놓으셨다고 표현했다. 우리는 이렇게 생각할 수 있다. 지금이라도 하나님이 그 끈을 끊으시면 지구는 사라질 수도 있지 않은가. 말하자면 지구가 이처럼 만유인력에 의해 자기 자리를 지키는 것도 당연한 일이 아니다. 동편 바다 위로 해가 뜨고 서편 산 너머로 해가 지는 것도 당연한 일이 아니라, 하나님의 은혜라는 말이다.

옛사람도 구름이 물방울의 집합이라는 것을 알았나 보다. 그런데 그 물이 쏟아지지 않고 하늘에 떠다니는 것은 얼마나 신기한가. 그것을 옛사람은 하나님이 물주머니 밑바닥이 찢어지지 않게 하시기 때문이라고 노래하고 있다(26:8). 오늘날 과학적으로 말하자면, 수증기 형태의 물은 가볍기 때문에 떠 있다고 할 것이다. 그러나 과학의 언어 이전에 참 언어는 찬양의 언어다. 찬양하는 언어는 참을 말한다. 과학의 언어도 참이지만, 찬양의 언어는 더 바탕이 되는 참이다. 인생을 해방하는 진리가 담겨 있기 때문이다. 하나님이 구름 밑바닥을 찢어지지 않게 막고 계시다는 것은 거짓이 아니라 인생의 진실과 통하는 참이다. 과학적 언어는 인생의 진리와 관련 없는 사실적 진리를 말하려고 하지만, 종교적 언어는 인생의 진리를 담고 있는 믿음의 진리를 말한다. 그것은 상상력을 동원한다. 믿음의 상상력은 상징 언어로 말하고, 과학이 말할 수 없는 것을 말한다.

과학은 자연법칙을 발견하고 세상이 그 법칙에 따라 움직이는 것을 증명하려 하지만, 믿음의 언어는 자연법칙마저도 하나님이 운행하시는 것임을 본다. 과학과 신앙은 서로 배척하는 관계가 아닌 것이다. 우리는 욥의 찬양에서 하늘에 구름이 떠가는 것도 하나님의 은총임을 느끼고 감사하며 찬양하게 된다. 감사야말로 인생의 비밀을 제대로 아는 비결이다. 인간사뿐 아니라 아주 조그만 자연 현상에 이르기까지 하나님의 은총을 느끼고 감사할 수 있다면, 그보다 더 큰 깨달음은 없을 것이다. 그런 사람은 삶이 무엇인지 알게 될 것이다. 그러므로 물이 터져 나오지 않게 구름을 운행하시는 하나님을 노래하는 것은 참 지식이요, 그 말은 참말이다. 비과학적 거짓이 아니라 과학의 참과 차원이 다른 참이다.

오늘날 과학의 발달로 현대인은 많은 상상력을 잃었다. 자연의 경관 앞에서 경외심을 갖지 못한다. 백두산 천지를 보며 그 웅장함에 가슴이 설레지만, 그것이 화산 활동에 따른 분화구라는 것을 먼저 알고 있다. 우리는 지구가 둥글기 때문에 수평선이 생긴다는 것을 이미 알고 있다. 그리고 지구가 자전하기 때문에 낮과 밤이 갈린다는 것을 알고 있다. 그래서 밤이라고 특별히 두려움을 준다거나 경외심을 불러일으키지 않으며, 낮이 특별히 만물의 활동 시간으로 생각되지도 않는다. 특별한 시간이 없고 늘 똑같은 자연 운행의 되풀이 속에서 나날이 반복된다. 그래서 현대인은 옛사람보다 더욱 지루함을 느낀다. 지금 욥은 수평선을 만들고 낮과 어둠을 가르신 하나님을 찬양하고 있다. 하나님이 꾸짖으시면 얼마든지 기이한 현상이 일어날 수 있고, 하나님의 뜻에 의해서 일식과 월식 같은 현상도 일어난다. 우리 삶의 조건이 일일이 그리고 낱낱이 하나님의 주관 아래 있으니, 어찌 경외심을 잃을 수 있으며, 어찌 현재의 조건에 감사와 찬양을 드리지 않을 수 있는가.

12.

세 친구에 대한 욥의 대답
욥기 27장

이제 논쟁은 끝나고, 엘리바스와 빌닷과 소발에 대한 마지막 말을 욥이 남긴다. 27장에서 욥은 자신의 결백과 자신을 비난하는 자들의 불의함, 그리고 악한 자들의 멸망을 말하며 끝을 맺는다.

따라서 27장에서 논쟁의 핵심적인 요점이 모두 드러난다고 할 수 있다. 첫째는 신정론 문제(27:1-6), 둘째는 욥 자신을 방어하는 문제(27:7-12), 셋째는 악인의 멸망이다(27:13-23). 지금까지 다루어졌던 문제이지만 여기서 다시 한번 반복하면서 문제의 요점을 정리하는 셈이다.

나의 의를 빼앗아 가신 주님

내가 살아 계신 하나님 앞에서 맹세한다.
그분께서 나를
공정한 판결을 받지 못하게 하시며

전능하신 분께서 나를 몹시 괴롭게 하신다.
……
나는 결코
너희가 옳다고 말할 수 없다.
나는 죽기까지 내 결백을 주장하겠다.
내가 의롭다고 주장하면서
끝까지 굽히지 않아도,
내 평생에 양심에 꺼림칙한 날은 없을 것이다(27:2, 5-6).

마지막 순간까지 욥은 친구들의 신정론을 거부한다. 하나님이 무조건 옳다는 것에 의문을 제기한다. 하나님은 "나의 의를 빼앗으신" 분이요, "나의 영혼을 괴롭게 하신" 분이다(개역한글 27:2). 욥은 이 불행으로부터 자신의 죄를 추정해 내려는 친구들의 판단을 거부한다(27:5). 스스로 자신의 의로움를 확신한다. 그렇다면 내 영혼을 괴롭게 하신 하나님은 어떤 분이 되는가? 의로운 자를 괴롭히는 자는 의롭지 못하다. 그래서 욥은 "나의 의를 빼앗으신 하나님"이라고 말하고 있다. 하나님은 옳지 못하다는 것이다. 욥의 옳음이 그처럼 확실하다면, 하나님은 옳지 못하게 된다. 불행이란 사람과 하나님, 둘 중 하나를 불의한 자로 만든다.

모든 것이 잘 풀릴 때는 누구를 탓하지 않는다. 죄의 문제가 거론되지 않는다. 그러나 사고가 발생하고 손해가 생겼을 때, 불행이 닥쳤을 때, 누구 때문인가 생각하게 된다. 말하자면 책임 소재를 가리게 되는 것이다. 행복할 때 사람은 하나님을 기억하지 못한다. 그러나 불행할 때 사람은 하나님을 기억한다. 우선은 도움을 청하는 면에서 하나님을 부른다. 그러나 불행이 너무 무거울 때 사람은 책임 소재를 생각한다. 먼저는 자기를 돌아보고, 때로 남의 탓도 하고, 급기야는 하나님의 책임을 묻게 된다. 불행은 죄인을 만들어 내고, 하나님에게까지 책임을 전가하게 된다.

친구들은 욥을 죄인으로 만들었다. 하나님은 죄에 대해 공정한 벌을 주시는 분이다. 결국 욥의 고난은 하나님이 내리신 벌이지만, 고난의 원인은 하나님에게 있지 않고 욥에게 있는 셈이다. 하나님은 불행의 책임에서 면제되었다. 방관자도 아니요, 오로지 엄격하게 심판하는 분이 되었다. 이는 그들의 경건한 신앙의 표현이었다. 그러나 욥은 친구들의 논리를 거부했다. 그런 일을 당할 만한 죄를 지은 기억이 없다. 친구들은 고난의 원인을 너무도 잘 알지만, 욥으로서는 알 수 없는 고난이다. 불행을 내리신 분이 하나님일 텐데, 그렇다면 하나님은 참 알 수 없는 분이다. 그 의로우심이 의심스럽다. 친구들이 볼 때 고난의 원인은 욥에게 있지만, 욥이 볼 때 고난의 원인은 하나님에게 있다. 하나님의 선하심이 의심스럽다. 잘 살고 있는 사람에게 공연히 불행을 주시는 하나님은 '선한 분'일 수 없다. 그런가 하면 악한 자들이 잘 살도록 해주시는 하나님은 결코 '의로운 분'일 수 없다. 선은 절대 개념이고, 악은 비교에서 오는 상대 개념이다. 정의는 악 이후에 생겼다. 이제 욥은 하나님의 선하심과 의로우심을 모두 의심하게 되었다.

그러니까 욥은 인간이 당하는 불행을 두고 하나님의 책임을 물으려 한다. 그러나 친구들이 볼 때 그보다 더 불경한 짓이 없다. 하나님의 책임. 어쩌면 이들의 논쟁이 풀리는 데에는 하나님의 책임 문제가 거론되어야 할지도 모른다. 그러나 매우 조심스러운 개념이다. 어쨌든 이 문제를 놓고, 욥과 친구들은 팽팽하게 대립하고 있다. 그뿐만 아니라 욥과 하나님도 대립하고 있다. 책임을 묻는다는 것은 화합이 아닌 대립 개념이다. 하나님의 책임을 묻는 사람은 하나님과 대립하는 사람이다. 그것은 죽음을 각오한 최후의 저항일 수도 있다. 어쩌면 무신론이나 휴머니즘 쪽으로 발전되어 뛰쳐나갈지도 모른다. 욥은 그처럼 경계선상으로 자신을 몰고 나갔다. 일부러 그런 것이 아니라 고난 때문에 생긴 진지함이 욥을 그리로 몰고 갔다. 거기서 하나님의 새로운 모습이 발견될 지경이었다.

어쨌든 욥은 하나님과 대립하고 친구들과도 대립함으로써 홀로 되었다. 어쩌면 믿을 것은 자기 자신밖에 없다. "내가 의롭다고 주장하면서 끝까지 굽히지 않아도, 내 평생에 양심에 꺼림칙한 날은 없을 것이다"(27:6). 자기 양심을 믿고 사는 것 역시 휴머니즘의 모습이다. 남들과 하나님으로부터 고립되어 홀로 선 욥으로서는, 이제 절대 고독 속에 스스로 서야 하는 독립의 길로 들어갈지도 모르는 일이다. 그러나 자기 삶을 두고 "하나님이 내 코에 불어넣으신 숨결이 내 코에 남아 있다"(27:3)고 표현함으로써 욥은 자신의 믿음을 여전히 보여주고 있다.

나를 대적하는 자

내 원수들은 악한 자가 받는 대가를 받아라.

나를 대적하는 자는 악인이 받을 벌을 받아라(27:7).

욥은 자신을 정죄하는 자들을 과감하게 원수로 본다. 선악의 판단을 하기는 어렵지만, 악인이 받을 벌을 받을 자들로 규정한다. 그리고 하나님을 자신의 편으로 확신한다. 그것이 욥의 대단한 자신감이고, 어떻게 보면 자기를 지키기 위한 거룩한 싸움이다. 자기 자신에 대한 성실성을 보여주기 때문이다. 모두들 손가락질하는 가운데, 자신의 삶을 도매금으로 그들의 판단에 넘기지 않는 욥의 생명력이 놀랍지 않은가. 모두의 손가락질을 받고 하나님께도 버림받은 자는 살아남기 위해 자신을 옹호할 수밖에 없다. 평소에 욥은 자신을 변호하는 자가 아니었다. 자기 아집과 편견 속에 갇혀 사는 자가 아니었다. 다른 사람을 배려하고 하나님을 배려하는 경건한 자였다. 그러나 이제 다른 사람들과 하나님에게서 버림받고 고립되어 홀로 있는 욥으로서는 자기 자신을 배려해야 했다. 지금 욥이 보이는 행동은 어쩌면 매우 위험하다. 자기에게 과오를 지적하는 자들을 모두 원수로 보고 악한 자들로 보기 때문이다. 그러나 평소에 자기를 반성할 줄 알고 남을 배려할 줄 알았던 욥이기에, 지금 자신을 방어하는 그의 행동은 의미가 있다. 그것은 살아남기 위해 보여주는 욥의 끈질긴 생명력이다. 삶의 위기 앞에서는 그 생명력이 가장 큰 경건일지 모른다.

물론 살아남는 데 지나치게 집착하면 치사해진다. 인간의 삶은 목숨 이상이요, 따라서 삶의 의미를 찾고 가치를 추구하며 사는 것이 인간의 삶이다. 인간은 삶의 의미를 위해 살아남기를 포기하고 목숨을 걸기도 한다. 그래서 순교자가 나고 순국자가 난다. 시대의 의로운 자는 대개 목숨을 건다.

그러나 그런 가치 지향은 어쩌면 사치일 수도 있다. 먹고살 것이 넉넉지 못한 사람들은 살아남는 것이 절체절명의 정언명령이다. 민중은 고상한 가치를 생각하지 않지만, 자식을 키우고 목숨을 부지하기 위해 하루하루 품을 팔고 힘든 노동을 한다. 아무 생각 없이 즉자적으로 노동을 한다. 그들은 특별한 도덕 가치를 추구하지 않으므로 아무도 그들을 주목하지 않고, 누구도 그들에게서 배우려고 하지 않는다. 그러나 그렇게 하루하루 살아가는 것. 살아가기가 힘든 사람들에게는 살아가는 것 자체가 거룩한 일이다. 거룩함은 살아남기를 포기하면서까지 더 큰 가치를 추구하는 데 있을지 모르나, 살아남기가 힘든 이들에게는 살아남는 것 자체가 거룩한 일이다.

욥은 살아남기 힘든 상황에서 살아남기 위해 자기를 방어한다. 그것은 거룩한 일이다. 어쩌면 욥은 이 경험을 통해, 산다는 것의 거룩함을 발견하게 될지 모른다. 지금까지는 늘 추구하고 찾아야 할 것으로 거룩함을 생각했을 텐데, 산다는 것의 처절함을 경험한 욥에게는 산다는 것 자체의 거룩함이 다가올지 모른다. 잡초를 보라. 아무도 돌보지 않고, 보이는 대로 뿌리가 뽑히기 일쑤다. 그러나 아무렇게나 던져 놓아도 흙 한 줌만 있으면 기어코 뿌리를 내려 살아남는다. 얼마나 끈질긴 생명력이며, 또한 거룩한 생명력인가. 누구도 거름을 주지 않기 때문에 스스로 뿌리를 깊이 내려 양분을 섭취해야 한다. 그래서 나약하지 않고 튼튼하다. 웬만해서는 잘 뽑히지 않는다. 아무도 잡초에게 웃음과 사랑을 주지 않기 때문에 잡초는 기쁨을 자기 스스로 만들어 가져야 한다. 얼마나 거룩한 생명력인가. 아무도 관계해 주지 않기 때문에 잡초는 오직 하늘의 태양하고만 관계한다. 햇빛을 받아 그 뜨거운 여름날에도 운동장 구석구석에서 푸르게 피어난다. 잡초에게는 그야말로 하나님밖에 없다. 들판과 아파트 단지와 묘소와 산속에서, 누구도 시선을 주지 않는 그곳에서 잡초는 뿌리를 땅에 내리고 사람을 기다리지 않고 오직 하늘을 바라며 외로운 삶을 산다. 외로운 생명력은 거룩한 것이다. 그에게는 정말 하나님밖에 없기 때문이다.

욥은 장미나 국화처럼 모든 사람의 사랑을 받고 칭송을 받는 사람이었다. 그는 향기를 뿜었고, 그럴수록 사람들은 그를 존경하고 따랐으며, 그들의 칭송은 욥의 삶에 거름이 되어 더욱더 의젓하고 장대한 삶의 꽃을 피웠다. 그는 불의와 타협하지 않고 더러운 것을 멀리했으며, 물질을 탐내지 않고 고결하고 강직한 사람으로 삶을 완성시켜 갔다. 살아남는 데 집착하는 것이 얼마나 유치한 것인지도 알고, 하나님을 위해서 언제든 자신을 바칠 생각도 있었다. 그러나 불행이 닥치고 모두가 떠나갔다. 이제 욥은 아무도 주목하지 않는 가운데 혼자 무얼 만들어 가야 했다. 그의 만수무강을 기원하던 사람들은 모두 혀를 차고 그의 불행을 안타까워하며 떨어져 나갔다. 버려진 사람. 이제 그는 잡초처럼 살든지, 아니면 파멸에 이르든지 해야 한다. 전에는 잡초처럼 사는 것은 곧 파멸이라고 생각했다. 그러나 이제 살아남는 것 자체가 힘든 지경에서, 어떻게든 살아남는 것의 위대함을 발견하게 된다. 사랑하는 사람이 모두 사라진 그때. 자식들마저 모두 죽어 버린 그 지경. 모든 것이 끝난 그 지경에도, 목숨이 무언지 사람은 삶을 산다. 도대체 삶이란 무엇이란 말인가. 삶이란 모든 것이 끝난 그때에도 살 만한 가치가 있는 것인지. 삶은 삶 이상인가? 욥은 살아남는 것의 경건을 새로이 배울 것이다.

악인의 멸망

> 하나님이 악한 자에게 주시는 벌이 무엇인지,
> 전능하신 분께서 폭력을 행하는 자에게 주시는 벌이
> 무엇인지 아느냐?
> 비록 자손이 많다 해도,
> 모두 전쟁에서 죽고 말 것이다.
> 그 자손에게는
> 배불리 먹을 것이 없을 것이다.
> ……
> 돈을 셀 수도 없이 긁어모으고,
> 옷을 산더미처럼 쌓아 놓아도,
> 엉뚱하게도 의로운 사람이 그 옷을 입으며,
> 정직한 사람이
> 그 돈더미를 차지할 것이다(27:13-14, 16-17).

욥이 세 번째로 정리하는 것은 악인의 멸망이다. 앞에서 보았듯이 악인이 망하고 의인이 흥하리라는 것은 하나님의 존재를 가늠하는 중요한 잣대다. 지금은 그렇지 않더라도 언젠가는 반드시 그런 일이 닥칠 것이다. 욥이 하나님의 의를 의심하는 까닭은 악인의 번영 때문이다. 의인이 불행을 당하는 문제보다는 악인이 잘되는 문제가 욥으로 하여금 하나님을 의심하게 만들었다. 사실, 엘리바스의 말대로 우리는 모두 망할 수밖에 없는 죄인들이 아닌가. 그러므로 욥은 자신의 불행을 좀 더 심사숙고할 수도 있다. 그러나 분명한 것은 악인이 잘되는 현실이 욥을 괴롭힌다는 점이다.

인과응보는 신앙에서 중요한 개념이다. 그러나 현실을 인과응보적으로 해석하면 안 된다. 친구들의 과오가 그것이다. 지금 잘사는 사람은 선에 대한 보답이요, 지금 망한 사람은 악에 대한 보응이라고 보는 관점은 안 된다. 그런 현실 해석은 현실을 정당화하고 끝난다. 신앙에 필요한 인과응보는 미래에 있을 일이다. 욥이 13절 이하에서 하는 이야기는 그것이다. 악인의 멸망과 의인의 복. 장차 일어날 그 일에 대한 희망은 인류 역사에서 끊임없이 신앙을 만들어 내고 유지시켜 왔다.

13.

지혜를 찬양하다
욥기 28장

욥이 여기서 지혜를 찬양하는 것은 친구들을 반박하기 위함이다. 그들은 마치 지혜를 독차지한 것처럼 자신만만하게 욥의 고난을 설명한다. 그러나 욥은 지혜는 사람이 소유할 수 있는 것이 아님을 강조하고 있다.

지혜는 사람이 소유할 수 없는 것

지혜는 앎의 일종이지만 삶의 진리와 관련된 앎이다. 그래서 깨달음이라고 할 수 있다. 그런데 깨달음은 궁극적으로 자신의 무지를 아는 것이다. 무지(無知)의 지(知)다. 그러므로 지혜는 사람의 것이 아니다. 사람은 늘 지혜를 바라고 구하고 찾을 뿐이다. 지혜로운 사람이 지혜를 가진 것이 아니며, 지혜가 사람을 찾아와 같이 있을 때에 지혜롭게 되는 것이다.

옛사람들이 그런 식으로 지혜를 이해한 것은 이 세상 운행을 보고 지혜를 느꼈기 때문이다. 가장 큰 지혜는 이 세상이 어긋남 없이 돌아가고 존재한다는 데서 찾을 수 있다고 생각했기 때문이다. 물과 물이 갈라져 서로 침범하지 않고, 바람의 강약이 조절되어 집과 수목이 언제나 제자리를 지키며, 하늘에 떠 있는 물의 양이 조절되어 구름이 떠다니며, 때가 되면 어긋남 없이 계절이 찾아오며, 아침에 해가 뜨고 밤이면 해가 지기를 수억 년 반복하는 것은 어떤 위대한 지혜에 의해 이루어진 일이라고 본 것이다. 그 지혜는 사람의 것이 아님이 분명하고, 오히려 사람의 삶이 우주의 지혜 속에 편입되어 있는 것이다. 그러므로 삶의 지혜를 얻고자 하는 사람은 지혜를 손에 넣을 수 없고 오로지 그때그때 지혜의 가르침을 받을 수밖에 없다. 다만, 지혜를 향해 길이 나면 지혜의 가르침을 받기가 수월할 수는 있을 것이다. 지혜로운 사람이란 지혜를 소유한 사람이 아니라 지혜를 향해 길이 난 사람이다. 그런 사람을 가리켜 득도한 자라고 할 수 있으리라.

　　욥은 지혜를 찬양한다. 찬양의 핵심은 지혜가 사람의 것이 아니라는 데 있다. 물론 사람은 놀라운 소유력을 가지고 있다. 무엇이든지 원하는 것을 손에 넣는 재주가 뛰어나고 그 집념이 놀랍다. 광부를 보라. 그들은 땅속 깊이 들어가 캄캄한 구석구석에서 광석을 캐낸다. 아무리 깊고 아무리 어두워도 길을 내고 보물을 손에 넣는다(28:3). 하늘을 비행하며 작은 쥐의 움직임도 간파하는 솔개의 포착력과 매의 날카로운 눈도 사람의 소유력을 당해 낼 수 없다(28:7). 그들은 공중에서 땅을 내려다볼 뿐, 땅 밑을 파고드는 인간의 길에 다다르지는 못한다. 땅 위에서 위용을 자랑하는 맹수들은 어떤가. 그들이 날쌔고 집요하게 먹이를 손에 넣고 원하는 것을 소유하지만, 바위를 깨고 산 밑뿌리까지 파고드는 인간의 길에 도달하지는 못한다. 강바닥까지 뚫어 보물을 찾아내는 인간의 소유력을 당해 낼 수 없다(28:8-11).

그러면 사람이 지혜도 소유할 수 있는가? 바위를 뚫어 땅 밑 수천 길을 내려가 사파이어와 금을 캐내듯이, 그렇게 노력하고 찾으면 지혜를 손에 넣을 수 있을까? 보물처럼 어딘가에 깊이 감추어져 있는 지혜라도 끝내 사람의 손에 잡히는 것일까?

> 그러나 지혜는 어디에서 얻으며,
> 슬기가 있는 곳은 어디인가?
> 지혜는 사람에게서 발견되는 것이 아니다.
> 사람은 어느 누구도 지혜의 참 가치를 알지 못한다(28:12-13).

보물은 땅을 파면 나오지만 지혜는 땅속에 있는 것이 아니다. 그러면 검은 바다가 지혜의 소유자인가? 그렇지 않다. 사람의 손이 닿을 수 없는 깊은 바닷속에 세상을 움직이는 세력이 있어 거기에 지혜가 있을까? 끝 간 데 없이 넓은 바다의 위용을 보면 거기에 무언가 있을 것 같다. 바다는 깊고 넓어 인간의 한계를 벗어나는 검은 곳이라 경외심을 자아낸다. 그러나 바다에는 지혜가 없다(28:14).

결국 지혜는 자연에 있는 것이 아니다. 오히려 자연이 지혜에 의해 존재하며 지혜에 의해 움직여지고 있다. 강바닥을 파고 바다를 뒤져도 거기에 지혜가 들어 있지 않으며, 땅 밑 수천 길을 파 내려가도 지혜를 찾을 수는 없다.

살아 있는 모든 것은 눈을 가지고 있다. 눈으로 본다. 그러나 지혜는 눈에 보이지 않는다. 보는 것과 소유하는 것은 같은 것이다. 본 즉 소유하게 된다. 창세기는 선악과를 두고 이렇게 말한다.

> 여자가 그 나무의 열매를 보니, 먹음직도 하고, 보암직도 하였다. 그뿐만 아니라, 사람을 슬기롭게 할 만큼 탐스럽기도 한 나무였다
> (창 3:6).

본다는 것과 먹는다는 것이 밀접하게 연관되어 있다. 보았다는 것은 알았다는 것이요, 손에 넣었다는 것이다. 그러나 욥은 말한다. 지혜는 모든 생물의 눈에 숨겨져 있고, 공중의 새에게도 감추어져 있다(28:21). 지혜는 그 누구도 소유할 수 없는 것이다. 죽음과 멸망은 어떤 세력자로 느껴진다. 그것은 사람을 떨게 하고 경외심을 불러일으킨다. 강력한 힘을 가진 세력으로 느껴져서 죽음에게 묻는다. 그대는 지혜를 보았는가? 그러나 죽음과 멸망도 말한다. "지혜라는 것이 있다는 말은 다만 소문으로만 들었을 뿐이다"(28:22). 만물의 목숨과 자취를 앗아 가는 죽음의 세력은 강력하지만 거기에도 지혜는 없다. 죽음과 멸망에서 지혜를 찾는 것은 어리석은 일이다.

지혜는 하나님의 것

욥은 말한다.

> 그러나 하나님은,
> 지혜가 있는 곳에 이르는 길을 아신다.
> 그분만이 지혜가 있는 곳을 아신다.
> 오직 그분만이
> 땅 끝까지 살피실 수 있으며,
> 하늘 아래에 있는 모든 것을 보실 수 있다(28:23-24).

하나님이 아시고 하나님이 보신다. 즉, 하나님만이 지혜를 소유하고 계시다. 지혜의 소유자는 하나님뿐이다. 바람의 강약과 물의 분량을 달아보시고, 비가 내리는 규칙과 천둥 번개가 치는 길을 정하신 분은 하나님이다(28:25-26). 하나님의 지혜에 의해 자연이 운행되고, 세상이 질서 정연하게 존재하는 것이다. 자연 속에 지혜가 들어 있는 것이 아니라, 하나님의 지혜에 의해 자연이 법칙대로 움직이는 것이다. 그래서 욥은 자연의 운행을 통해 하나님의 지혜를 깨닫는다.

> 그분께서 지혜를 보시고,
> 지혜를 칭찬하시고,
> 지혜를 튼튼하게 세우시고
> 지혜를 시험해 보셨다(28:27).

지혜는 하나님의 소유다. 하나님은 지혜의 소유자이기 때문에 지혜를 마음대로 다루신다. 소유자는 소유물에 대한 지배권이 있으며, 그것을 마음대로 운용할 수 있다. 자연의 운행이나 인간의 살림살이와 역사의 법칙, 이 모든 것이 하나님이 지혜를 다루시는 손길에 의해 이루어지는 것이다. '보다', '칭찬하다', '세우다', '시험하다'라는 동사들은 모두 소유자가 소유물을 다루고 지배하고 즐기는 것을 뜻한다.

지혜는 하나님의 소유이므로 사람이 소유할 수 없다. 많은 성인들은 지혜를 소유하고자 했다. 그리고 인간의 능력을 신뢰하는 근대에 이르러 헤겔 같은 철학자들은 인류가 마침내 절대지(絶對知)를 소유하게 될 것이라고 믿었다. 역사가 진보하면 인간이 모든 것을 알고, 그래서 자기 내면을 포함한 모든 것을 지배하면서 완전한 자유에 이르게 되리라는 것이다. 그러나 욥의 영성은 다르다. 앎은 결국 하나님의 소관이다. 인간이 알수록 더욱 알게 되는 것은 자신의 무지다. 그러므로 역사가 진보하여 사람이 알아 가는 부분이 많고 심지어 프로이트 같은 학자들 덕분에 무의식의 세계까지 알게 되었다 하더라도, 세상은 알 수 없는 것이요, 뭐라고 설명될 수 없는 것이다. 그래서 새로운 언어가 계속 나와야 하지만, 새로운 언어들이 끊임없이 나와도 세상이 모두 밝혀지는 것은 아니다. 앎이 커짐에 따라 인류가 스스로 통제할 수 있는 부분이 많아진다 해도, 알아 갈수록 인간은 더욱 삶과 세상의 신비를 느낀다. 역사의 진보에도 불구하고 역사의 끝은 열려 있는 것이다. 궁극적으로 삶은 인간이 이루고 소유하는 것이 아니라, 하나님의 은총이다. 역사라는 것도 그렇다. 헤겔의 생각은 마르크시즘 같은 역사주의를 낳았고, 근대에 들어 인간은 이 세상에 유토피아를 건설하려고 했다. 그러나 인간 이성의 능력의 한계 앞에서 겸허해지는 것만이 세상을 평화롭게 만들 수 있다. 하나님의 은총을 아는 인간은 늘 자기비판의 여지를 두고 참된 진보의 길을 열게 된다.

그런 다음에,
하나님은 사람에게 말씀하셨다.
"주님을 경외하는 것이 지혜요,
악을 멀리하는 것이 슬기다"(28:28).

사람은 지혜를 곧바로 만날 수 없고 하나님을 만나면서 지혜를 만난다. 성서는 이렇게 말한다. 삶의 지혜를 구하려는 자들이여, 하나님을 경외하고 예배하라. 그 영성 속에서 구체적인 삶의 지혜를 얻으리라.

14.

행복했던 시절을 돌아보다
욥의 마지막 발언 · 욥기 29장

　욥은 안락했던 지난 시절을 회고하며 그리워하고 아쉬워한다. 만사가 형통했고 번영했으며, 모든 사물과 사람들이 욥을 축복하고 칭송하던 시절이 있었다. 당시의 행복은 단순히 물질에서 나온 것이 아니라 욥의 덕스러운 품행과 넉넉한 마음에서 비롯된 것이었다.

　과거에 연연하면 발전이 없다. 화려했던 시절을 되씹어 봐야 마음만 아플 뿐 무슨 소용이 있겠는가? 그러나 어려운 상황에 처했을 때에 과거의 역사가 긍지를 주고 어려움을 버텨 나가는 힘을 줄 수도 있다. 과거에 붙들려서 현실을 인정하지 않고 허공 속에 사는 것도 문제이지만, 현실이 비참하다고 자신의 지나온 과거를 모두 부정하는 것도 어리석은 일 아니겠는가.

　현재 잘되는 사람이 스스로 교만해지지 않기 위해 궁핍했던 과거를 늘 기억하며 사는 일이 있다. 시편을 보면 다윗이 지었다는 시가 많이 나온다. 다윗이 왕이 된 후 가락에 맞추어 예배드릴 때 쓰던 노래들이다. 그 노래들은 모두 곤궁하고 궁핍한 상황 속에서 주님을 찾으며 부르짖는 내용이다. 어렵던 시절에 간절히 주님을 찾던 그 마음을 잊지 않고 세월이 흘러 상황이 바뀌고 유복해진 후에도 기억하며 자기 자리를 찾는 것이다. 그런 사람은 교만 때문에 넘어지는 일이 없을 것이다.

지금 궁핍함에 처한 욥은 번영을 누렸던 과거를 기억하며 자기를 추스르고 있다. 모든 것이 혼란스럽고 모든 것이 절망적인 현재, 그는 흔들리는 자기를 가누기 위해 과거를 회상한다. 그에게 그런 과거마저도 없다면 어떻게 최소한의 자존감을 지킬 수 있겠는가. 나약해진 사람들이 과거를 회상하는 것을 너무 탓하지 말 일이다. 그러나 욥은 과연 어떻게 과거에 대한 그리움 속에서 빠져나와 현재를 받아들이며 다시 삶의 발걸음을 디딜 것인가?

복된 삶

우리는 욥의 회고에서 복된 삶이 어떤 것인가를 알 수 있다.

지나간 세월로 되돌아갈 수만 있으면,
하나님이 보호해 주시던
그 지나간 날로 되돌아갈 수 있으면 좋으련만!
그때에는 하나님이 그 등불로 내 머리 위를 비추어 주셨고,
빛으로 인도해 주시는 대로,
내가 어둠 속을 활보하지 않았던가? (29:2-3)

어둠? 그렇다. 이 세상은 흑암과 같다. 이 세상에 사는 것은 어둠 속 길을 가는 것과 같다. 그렇다면 길을 비출 등이 필요하지 않겠는가. 그 등불 역할을 한 것은 하나님이셨다. 하나님과의 관계가 복의 근원이었다. 복된 삶은 무엇보다도 하늘의 보호가 분명한 시절이었다. 누가 뭐래도 나는 하나님의 사람, 하늘이 보살피는 사람이었다. 그때에는 모든 것이 가지런했다. 하나님의 등불이 머리를 비추었다는 것이 그 이야기다. 광부들이 머리에 등을 달고 어두운 땅속에서 갱도를 찾아 길을 가듯이, 복된 자에게는 하나님의 뜻이 무엇인지 분명했다. 그래서 지혜가 충만했고, 이 암흑과 같은 세상에서 살아갈 길이 훤히 보였다. 자신이 무슨 행동을 하는지 그 의미가 분명했고 걸음걸이 하나하나가 자신에 차 있었다. 마음이 흐트러지지 않았기에, 세상이 아무리 어지럽고 변화무쌍해도 믿음직한 안내자를 따라가는 것과 같았다. 하나님이 시키시는 대로만 하면 되었다. 기도하고 예배를 드리면 하나님의 영광이 보였고, 하나님의 영광이 가득한 가운데 드러나는 주의 뜻대로 움직이면 되었다. 욥은 하나님의 종이었다. 그때의 행복은 하나님의 종으로 누리던 행복이므로 불안한 행복이 아니었다. 풍요로운 가운데도 절제가 있었고, 자신이 일군 것이 아니라 하나님께 이끌려 이룬 것이므로 자신의 공적으로 생각하지 않았다. 성공에 도취해서 흐느적거릴 까닭이 없었다. 누구도 빼앗을 수 없는 행복이었다.

그렇다. 지금 욥의 가장 큰 불행은 모든 것이 혼란스럽다는 점이다. 길을 비추어 줄 등불이 보이지 않고, 등 없이 어둔 세상길을 가야 한다. 하나님의 뜻이 무언지 모르겠고, 뭐가 옳은 것인지, 산다는 것이 무슨 의미가 있는지, 어떻게 말하고 행동해야 할지를 알 수 없다. 근본적으로 하나님의 의와 하나님의 선에 대해 의심이 갔기 때문이다. 삶의 충격으로 하나님과의 관계가 흐트러졌고, 이제 욥의 마음 중심도 흐트러졌다. 도대체 사랑하는 자식들마저 모두 잃은 지금 욥의 생명이 붙어 있는 것은 무슨 의미가 있는가.

인생이 화려하게 꽃피던 시절에 흔히 느낄 수 있는 것은 모든 사람이 내 편이라는 점이다. 거꾸로 너무 힘든 시절에는 외롭고, 때로는 모든 사람이 내게 적대적으로 느껴진다. 그런 때에는 사람도 만나기 싫고 대인 기피증이 생길 수도 있다. 피해의식 때문에 대인관계가 불편하게 되는 경우도 있다. 유복한 시절에는 대개 남에 대한 적대감이 없기 때문에 여유롭게 사람을 대할 수 있다. 모든 사람이 다 유복하게 살면 얼마나 좋은가. 그러면 모두가 하나님의 선하심을 찬양하면서 서로 간에 적대감도 없이 평화를 누릴 것이다. 그러나 인간 사회는 그렇지 못하다.

지금 욥은 유복했던 시절을 회고하고 있다. 그때는 온 세상이 내게 호의적이었고 세상 만물과 순조롭게 소통할 수 있었다. 대개 거침이 없었다. 그것을 욥은 "하나님의 우정이 내 장막 위에 있었다"(개역한글 29:4)는 말로 표현한다. 하나님이 나와 함께 계셨다(29:5). 하나님은 높은 하늘에 계신 거룩한 분일 뿐 아니라, 나와 함께 있어 나를 도우시는 분이다. 그 시절 욥은 하나님을 매우 가깝게 느꼈다. 사랑하는 가족도 있었다. 하나님과 함께한 욥에게는 만물이 협조적이었다. 젖소와 양들이 젖을 많이 내어 버터가 차고 넘쳤으며, 돌밭에서 자란 올리브나무도 풍성한 열매를 맺어 기름을 강물처럼 내었다(29:6).

사람은 하나님과 자연과 다른 사람들과 관계를 맺으며 산다. 경건한 자 욥은 하나님과 올바른 관계를 맺은 의인으로서 그 모든 관계가 원만했고, 살아 있는 존재치고 그에게 적대적인 것이 없었다. 기르는 짐승들도, 날아다니는 새들도, 그리고 하늘에 흐르는 구름도 하나님의 종을 거들고 의인의 가는 길을 축복했다. 사람들은 욥을 어떻게 대했는가? 어디를 가도 거침이 없었고, 모든 장소가 그의 마음을 편하게 했다. 그는 하나님을 모신 사람이요, 그래서 자기를 비운 사람이었기 때문이다. 내가 없는데, 누가 나를 해칠 수가 있는가? 기쁨의 근거를 다른 데서 찾지 않고 오직 하나님에게서 찾을 줄 아는 사람은 다른 사람의 섭섭한 행동에 크게 흔들리지 않는다. 누구도 그를 해칠 수 없다. 나를 기쁘게 할 분은 오직 하나님이요, 나를 기쁘게 할 자는 오직 나다. 그는 거의 자기를 비움으로써 자기를 찾은 것이다. 그런 사람에게 어떤 자리, 어떤 장소, 어떤 사물이 거침이 되겠는가. 욥은 풍요로우나 마음이 가난한 자로 사방 천지에서 거침없이 삶을 영위했다. 사람들은 그런 자에게 경외심을 가진다. 그의 권위는 그 허허로움에서 나온다. 8-10절은 욥의 존재가 얼마나 권위를 지니고 있었는지 보여준다.

> 젊은이들은 나를 보고 비켜서고,
> 노인들은 일어나서 내게 인사하였건만.
> 원로들도 하던 말을 멈추고 손으로 입을 가렸으며,
> 귀족들도 혀가 입천장에 달라붙기나 한 것처럼 말소리를 죽였건만.

그러나 욥은 안다. 사람들의 그런 행동이 자기를 보고 그러는 것이 아니라 자기 뒤에 계신 하나님을 보고 그러는 것임을. 그는 여전히 하나님의 종일 뿐이다. 영광을 받으실 분은 하나님뿐이다. 욥은 그런 신앙을 생명보다 귀하게 아는 자였다. 욥의 복의 근원은 그 깊은 신앙에 있었다.

욥의 의로운 행적

욥은 자신의 의로움을 회고한다(29:11-17). 예전에는 자신이 의인이란 것을 몰랐다. 욥은 기쁨으로 그 모든 일을 했다. 만사가 형통하고 복된 자로서 하나님께 이끌려 의롭고 선한 일들을 했다. 그것은 내가 한 것이 아니라 하나님이 하신 것이었다. 하나님이 시키시는 대로 했으니 말이다. 그러니 특별히 자신이 의인이라는 생각을 하지 못했다. 이제 돌이켜 보니 욥은 지난날 자신의 모습이 대견스럽다. 불의한 일을 당하고 보니 자신의 의로움에 대한 인식이 싹튼다.

> 내 소문을 들은 사람들은 내가 한 일을 칭찬하고,
> 나를 직접 본 사람들은 내가 한 일을 기꺼이 자랑하고 다녔다.
> 내게 도움을 청한 가난한 사람들을
> 내가 어떻게 구해 주었는지,
> 의지할 데가 없는 고아를
> 내가 어떻게 잘 보살펴 주었는지를 자랑하고 다녔다.
> 비참하게 죽어 가는 사람들도,

내가 베푼 자선을 기억하고 나를 축복해 주었다.
과부들의 마음도 즐겁게 해주었다(29:11-13).

도움을 청한 가난한 이들을 외면하지 않고 도왔으며 의지할 데 없는 고아를 돌봐 주었다. 눈먼 자에게는 눈이 되어 그를 돕고 발을 저는 자에게는 발이 되어 그를 도왔다. 그렇게 보면, 욥은 단순히 자선을 베푼 사람이 아니다. 자선이란 하면 좋고 안 해도 욕먹지 않는 것이다. 보통 사람들이 자선이라고 생각하는 것을 욥은 마땅히 해야 할 의무로 생각했던 것 같다. 그래서 그는 남을 도울 때에, 베풀어 은혜를 끼치는 자로 행동하지 않고 자신이 거저 받은 것을 당연히 나누는 것처럼 행동했다. 어려운 사람을 진심으로 위하는 자의 마음은 언제나 그런 자세로 돌아가게 마련이다. 사람을 대하는 것이 그렇다. 흔히 사람을 대하지 않고도 베풀 수 있다. 그 사람을 보지 않고 물질을 보내 줄 수 있다. 그처럼 대하지 않고 위하는 것은 우리가 간혹 할 수 있는 일이다. 그러나 대하면서 위하는 것은 쉬운 일이 아니다. 궁핍한 사람에게 먹을 것을 줄 수 있지만, 그 사람을 상대하기란 쉬운 일이 아니다.

욥은 아마도 사람을 대하면서 위하는 인격의 소유자였을 것이다. 그러면 자선은 물건의 전달이 아니라 사람과 사람의 만남이 된다. 거기서 돕는 자와 도움을 받는 자는 동등한 존재로 인격의 풍성함이 있고, 도움을 받는 자는 감사하면서도 전혀 자존감을 해치지 않는다.

그래서 도움받은 사람들이 욥을 증거한다(개역한글 29:11). 욥을 자랑한다. 도움받은 사람이 도와준 사람을 자랑할 정도면, 그것은 이미 사람을 자랑하는 것이 아니라 그 사람을 통해 나타난 진리에 영광을 돌리는 것이다. 그만큼 욥은 하나님의 종으로서 하나님의 자비를 잘 드러냈다. 욥은 하나님께 이끌려 행동하는 사람의 언행을 분명히 보여주었던 것이다. 사람들은 욥의 행실을 보고 그런 사람을 지키시는 하나님을 보았다. 누구라도 욥을 보건대 하나님은 살아계심이 분명하고, 그래서 도움받은 사람들이 증거자로 나선다. 욥을 증거한 것은 하나님을 증거한 것이다. 비참하게 죽어 가는 사람들도 욥을 위하여 복을 빌어 주었다고 하지 않는가(29:13). 망하여 비참하게 된 사람들은 세상을 원망하고 부유한 욥을 저주할 수도 있을 텐데, 그들이 욥을 축복한다는 것은 욥의 재물이 그의 의를 가리지 않고 오히려 의의 도구가 되었음을 잘 보여준다.

그와 같은 인생이 망할 까닭이 없다. 모든 것을 품고 있되, 비어 있기 때문에 그런 삶은 영원할 것이다. 소털처럼 많은 나날을 살 것이라(29:18). 그런 인생은 그 뿌리를 물가로 뻗어 아무리 날이 가물어도 영양분을 공급받는 나무와 같으며, 그 줄기들이 이슬을 머금어 말라 죽는 일 없는 나무와 같다(29:19). 그런 사람에게는 날마다 새로운 삶의 영광이 있다(개역한글 29:20). 다른 사람들의 칭송을 받아서 영광이 아니라, 하나님께 진정으로 영광을 돌리는 자에게 주어지는 삶의 영광이 있다. 그것은 물질과 육체의 영광이 아니라 생명의 영광이다. 인생은 지루한 것 같아도 나날이 새로울 수 있다. 어떤 면에서 욥은 마음이 정돈된 자로 단순한 삶을 살았는데, 그 단순함이 날마다 새로운 삶을 만든다. 뭐든지 자기가 하려고 하면 분주하기는 해도 새로운 것이 없는 지루한 나날이 계속된다. 그러나 하나님을 앞세우고 하나님의 종으로 살면, 분주하지 않고 단출하지만 날마다 새롭지 않겠는가. 백지에는 무슨 색깔이든 새롭게 그려지지만, 모든 색을 다 소유한 종이에는 어떤 색깔도 새로울 수 없는 것이다.

말의 권위

욥의 영광은 다른 사람들이 그의 말을 기다리는 것으로 드러나기도 한다. 그의 말로 말미암아 인간 삶의 영광이 드러난다.

> 사람들은 기대를 가지고 내 말을 듣고,
> 내 의견을 들으려고 잠잠히 기다렸다.
> 내가 말을 마치면 다시 뒷말이 없고,
> 내 말은 그들 위에 이슬처럼 젖어들었다(29:21-22).

사람들은 지혜 있는 자의 말을 기다린다. 어떻게 말하느냐가 중요하기 때문이다. 이해는 해석이고, 해석은 언어에 의해서 이루어진다. 삶을 이해한다는 것은 결국 주변에서 일어나는 사건들을 어떻게 해석하느냐에 달린 것이다. 사건은 지나가고 그 사건에 대한 말만 남는다. 그래서 뭐라고 말하느냐는 것이 중요하다. 같은 일을 놓고도 어떻게 말하는가에 따라서 상황은 전혀 다르게 전개될 수 있다. 말이 세상을 만드는 것이다.

자신을 비워 하나님께 이끌리는 자는 말을 할 줄 안다. 그는 이미 고통당하는 사람의 말을 들을 줄 아는 자였다. 앞에서 보았듯이 고통의 울부짖음은 세상을 깨우는 충만한 말이다. 욥은 그 말을 듣고 거기에 동참할 줄 아는 사람이었다. 고통의 소리에 응답하는 말은 그 내용이 중요치 않은 충만한 말이다. 욥은 들을 줄 아는 사람으로서 말을 할 줄 아는 사람이었다. 들을 줄 아는 사람. 그는 무엇보다도 하나님의 말을 들을 줄 아는 사람이었다. 듣는 말에서 하는 말이 나온다. 그래서 인간 언어의 기본은 찬양이다. 그는 예배를 통해 늘 하나님을 찬양하는 기본자세로 돌아갈 줄 아는 자였다. 하나님의 말을 들을 줄 아는 자로서 욥은 고통당하는 사람의 말을 들을 줄 알았고, 그래서 말을 할 줄 아는 자였다. 찬양의 언어는 그 한가운데에 뭇 인생들의 고통의 소리를 듣는 귀를 가지고 있는 셈이다. 그래서 하나님을 찬양하는 일은 뭇 인생들을 감싸는 일이다.

들음에서 나오는 욥의 말은 충만한 언어였다. 그 말의 권위는 언어의 생명력 자체에서 나오는 것이었다. 그래서 사람들은 그의 말에 귀를 기울이고 거기서 때로 위안을 얻거나 지혜를 얻기도 하고, 행동 지침을 얻기도 했다. 많은 말을 해서가 아니라, 들음에서 나오는 말이 지닌 권위다.

오늘날 인간의 언어는 들음을 잃어버렸다. 말을 하는 데 집중되어 있다. 이른바 '의사 표시'가 삶의 기본이 되어 있다. 자기실현을 중시한 근대 휴머니즘의 결과다. 그것은 사람을 당당하게 만드는 데 기여했지만, 관계를 끊어 놓았다. 하나님과의 사이에서 언어의 기본은 듣는 것이다. 의사 표시 위주의 현대사회는 무신의 사회다. 그리고 무신은 결국 주변 사람과 주변 사물과의 연락과 소통을 끊어 놓왔다. 개인주의는 공동체를 모르고, 사람은 자연이나 다른 사물과의 유연한 관계를 잃어버렸다. 분명한 언어가 중요시되면서 충만한 언어를 잃어버린 것이다. 욥의 말에 권위가 있었던 것은, 그가 옳고 그름을 가리는 분명한 말을 할 줄 아는 사람일 뿐 아니라, 사람을 살리는 충만한 말을 할 줄 아는 사람이었기 때문이 아닐까. 충만함은 분명함을 포함하고 있으며 완성한다. "내 말은 그들 위에 이슬처럼 젖어들었다"(29:22)는 것도 그 점을 말해 주고 있지 않은가.

15.

흔들리는 욥
욥기 30장

사람들은 망하여 처참해진 욥에게서 등을 돌리고 멀리하며 그를 마치 저주받은 자처럼 취급한다. 욥은 그런 세상인심을 슬프게 노래하며 자기 신세를 한탄하고 있다.

냉혹한 세상인심

욥은 모든 주변 사람들로부터 존경받았으며 높은 권위를 지닌 자였다. 욥이 나타나면 소년들은 그 위엄에 눌려 골목으로 숨었고, 노인들은 앉은 채 욥을 쳐다보지 못하고 자리에서 일어나 경의를 표했다. 그것은 욥이 단순히 재산가였기 때문이 아니라 그의 인품 때문이었다. 진정으로 존경받는다는 것이 어떻게 물질의 힘으로 되겠는가. 그러나 그것은 넉넉할 때의 이야기다. 재물이 달아나고 알몸만 남아 앙상한 뼈를 드러낸 지금, 세상 사람들은 그에게 등을 돌리고 차가운 시선만 보낸다.

과거에 욥의 은혜를 입었던 이들, 양 치는 목동보다도 가난해서 끼니도 제대로 잇지 못하던 이들, 변변한 구실을 못하던 이들까지 욥을 능멸할 뿐 아니라 그들의 어린 자식들까지도 욥을 조롱한다 (30:1-8). 그래서 욥은 더욱 참담하고 괴롭다. 모든 살림이 날아간 것도 괴로운데, 세상 사람들의 조롱하는 눈 때문에 더욱 마음의 안정을 찾기 어렵다.

욥의 인품이 어디로 달아난 것도 아니다. 욥이 갑자기 교만해진 것도 아니다. 변화가 있다면 사업이 망하고 빈털터리가 되었다는 것이다. 힘을 잃었을 뿐이다. 그 변화를 두고 세상인심이 하루아침에 달라졌다. 그들은 엘리바스나 빌닷처럼 무슨 신학적인 논리를 가진 자들이 아니었다. 어떤 생각에서 그러는 것이 아니고, 그냥 인간의 본성에서 나오는 행동을 하는 것뿐이었다. 그러면 인간의 본성이란 결국 힘 있고 돈 있는 자들을 존경하는 수준이라고 보아야 하는가. 그들이 과거에 욥을 존경했던 것은 그의 재물 때문이었던가? 적어도 지금 욥은 그런 세상인심을 혹독하게 겪고 있다.

과거에 욥은 세상을 아름답게만 보았을 것이다. 모든 것을 긍정적으로 보았을 것이다. 세상인심이 박하다고들 해도, 결국은 돈이 있고 힘이 있어야 사람대접을 받는다고들 해도, 욥은 그렇게 생각하지 않았을 것이다. 사람이란 진리를 사랑하고 돈보다 명예를 더 중시하기에 세상이 의로운 자를 버리지 않으리라고 그는 생각했을 것이다. 의로운 자는 결국 복을 받을 것이라고 생각했을 것이다.

그러나 그것은 욥이 돈도 있고 힘도 있을 때의 일이었다. 약자의 위치에 서 보지 않았기 때문에 욥은 세상인심이 얼마나 박한지 몰랐을 것이다. 가난해 보지 않았기 때문에, 돈이 없으면 얼마나 사람대접을 받지 못하는지 알지 못했을 것이다. 그래서 그는 세상을 낙관적으로만 생각했을 수도 있다. 인간 본성에 대해서도 상당히 선한 쪽으로만 보려고 했을 것이다. 그러나 이제 욥은 달라진 세상을 보고 있다. 가난하고 약한 자의 입장에서 볼 때에 세상이 그렇게 희희낙락할 만한 곳은 아니라는 점을 깨닫고 있다. 의로운 자는 반드시 보상을 받으리라는 믿음도 그렇게 확실한 것이 아님을 깨닫고 있다. 모든 것을 긍정적으로만 보는 낙관주의가 약자의 처지를 간과하는 경솔한 생각일 수 있음을 알게 될 것이다. 세상인심이 얼마나 비정한지, 세상이 얼마나 악한지 철저하게 알고 그런 이후에도 끝까지 사람을 믿어 줄 수 있다면, 그것은 경솔한 낙관주의가 아니라 현실에 새로운 기운을 불어넣을 수 있는 정신이다. 그때에는 이미 사람 때문에 사람을 믿는 것이 아니라, 하나님 때문에 사람을 믿어 주는 것이다. 세상에 희망을 가지되, 현실을 모른 채 덮어놓고 잘될 것이라는 식의 희망이 아니라 현실의 악을 깊이 알면서도 하나님 때문에 세상과 사람에게 희망을 가지는 것이다. 그래서 꼭 좋은 꼴을 보아야 하는 희망이 아니요, 그렇기에 웬만해선 좌절하지 않는, 저 끝을 내다보고 가는 자의 희망이다.

　　사람은 힘을 숭배하는 경향이 있다. 그래서 성공하여 재물과 힘을 갖게 된 사람은 그 사람의 모든 것이 정당화되기도 한다. 성공이 사람을 의롭게 만드는 것이다. 믿음으로 의롭게 되는 것이 아니라 성공으로 의롭게 되는 세상. 욥은 그 부조리한 세상의 모습을 자기 몸으로 겪게 되었다. 물론 사람들이 욥이 부자라고 해서 존경하지는 않았을 것이다. 욥을 의인으로 보았기 때문에 진정으로 존경하는 마음이 있었을 것이다. 그러나 그처럼 욥이 의인이 되는 데는 현실적인 지위와 재물이 큰 역할을 하지 않았을까? 적어도 욥의 부는 그가 하나님께 복을 받은 사람이라는 사실의 징표가 되었다. 공의로운 하나님이 복 주시는 사람은 공의로운 사람이다. 결국 욥의 재물은 하나님 표상을 거쳐서 욥을 의인으로 만들었던 것이다. 대중에게 욥이 의인으로 인식되는 데는 그런 과정이 있었다. 그렇다면 실패하여 빈털터리가 된 사람은 벌을 받은 것이요, 그는 더 이상 의인이기가 어렵다. 의인에게는 풍성한 복이 함께하리라는 생각. 그 생각은 우리에게서 사라지기 어려운 희망인데, 지금은 비참하게 된 사람을 정죄하는 데 사용되고 있다. 어쩌면 의인이 받을 복은 이 세상이 아닌 저 세상으로 옮겨 놓아야 되는 것이 아닐까?

> 그런 자들이 이제는 돌아와서
> 나를 비웃는다.
> 내가 그들의 말거리가 되어 버렸다.
> 그들은 나를 꺼려 멀리하며
> 마주치기라도 하면
> 서슴지 않고 침을 뱉는다(30:9-10).

전에는 욥의 눈에 띄기를 바라던 자들이 이제는 욥을 보면 멀리 도망간다. 그러나 미워할 것까지 있는가? 부자인 욥을 가난한 사람들이 존경했던 것 같아도 그 속마음에는 무슨 분노가 들어 있었던 것일까? 이제 초라한 몰골의 욥은 그들의 공격 대상이 된다. 침을 뱉는 것은 어떤 부정한 것을 볼 때 하는 짓이다.

그렇다. 욥에게 재물이 붙어 있을 때는 욥이 마치 복의 근원인 것처럼 사람들이 그에게 가까이 다가가고 싶어 했다. 그러나 재앙으로 망한 자는 그 신체 자체가 부정한 것이 되어, 손을 대면 그가 당한 재앙이 옮겨 올지도 모른다고 생각하는 것 같다. 이제 욥은 하늘의 저주를 받은 자로 부정한 물체가 되었다. 그래서 사람들은 액을 쫓는 심정으로 욥의 얼굴에 침을 뱉는다. 세상인심은 그처럼 사람을 띄워 놓아 그 사람 이상으로 만들기도 하고, 철저하게 따돌림을 시켜 그 사람 이하로 만들기도 한다. 욥이 부자가 된 것은 그의 노력과 하나님께 받은 복 때문이었을 것이다. 욥이 모든 사람을 위한 복의 근원일 수는 없다. 그러나 성공한 자 욥은 세상 사람들에 의해 마치 그 몸 자체에 성공의 힘이 붙어 있는 것처럼 떠받들려졌다. 은총이 객관화되는 것이다. 사람들은 하나님의 존재를 눈에 보이는 모습으로 사물화하고 싶어 하고, 욥은 하나님의 존재의 증거가 되었다. 그렇게 욥의 신체는 복의 근거가 되었다. 그러나 그런 논리는 욥에게서 재물이 떨어져 나가자 욥을 저주하는 논리로 그대로 옮겨 간다. 철저하게 망한 욥은 저주의 징표가 되고 부정한 존재가 되었다. 욥을 만지면 마치 부정 타서 그 재앙이 옮겨 올 것처럼 사람들은 생각했다. 말하자면 재수 없는 존재가 된 것이다.

흔들리는 욥

세상 사람들의 싸늘한 시선 때문에 욥은 크게 흔들린다. 사람들의 부러움의 대상이 되었다가 이제는 조롱거리로 전락한 욥. 이제 어떻게 살 것인가 하는 것은, 과거에 욥이 사람들의 찬양에 자신을 얼마나 의탁했는지에 달려 있을 것이다. 만일 과거에 사람들의 찬양에서 자기 정체를 찾았다면, 그만큼 지금 사람들의 시선에 의해 그는 망가져 버릴 것이다.

> 그들은 내가 도망가는 길마저 막아 버렸나.
> 그들이 나를 파멸시키려고 하는데도,
> 그들을 막을 사람이 아무도 없다.
> 그들이 성벽을 뚫고,
> 그 뚫린 틈으로 물밀듯 들어와서,
> 성난 파도처럼 내게 달려드니,
> 나는 두려워서 벌벌 떨고,
> 내 위엄은 간곳없이 사라지고,
> 구원의 희망은
> 뜬구름이 사라지듯 없어졌다(30:13-15).

욥은 흔들리고 있다. 마치 전쟁 중에 성이 헐리고 그 헐린 곳으로 적군이 물밀듯 들어와 살육을 벌이듯이, 욥은 방어 능력을 잃고 자신이 허물어져 가는 것을 느낀다. 모든 사람이 자신을 파괴하기 위해 달려드는 것처럼 느낀다. 이제는 다른 사람들의 문제가 아니라 욥 자신의 심리적인 문제다. 욥은 자기와의 싸움에서도 크게 흔들린다. 험악한 세상인심 때문에 욥은 자기 자신을 추스르지 못하고 무너져 내리고 있다. 영광은 사라졌다. 사람들이 가져다주던 영광은 그 사람들과 함께 사라졌다. 바람처럼, 구름처럼 사라졌다. 영광 속에 살던 사람에게 영광이 사라진 터는 처참할 뿐이다. 이런 때 자기를 지킬 것은 자기밖에 없는데, 자기의 마음이 촛물처럼 녹아내리고 있다. 마음을 다잡아 버텨야 하는데 그 마음이 녹아내리니 오직 파멸이 기다리고 있을 뿐이다. 그동안 쌓아 놓은 고상한 인품도 모두 까먹고 허망한 가운데 인생을 마감해야 할지도 모른다.

　　욥은 군중의 허황된 논리에 의해 떠받들려 살다가 이제 그들의 그 논리에 의해 재수 없는 존재로 전락했다. 물론 과거에 욥이 그들의 논리에 휘말려 스스로 복의 근원인 것처럼 행세하지는 않았을 것이다. 그러나 조금이라도 사람들의 찬양을 즐기지 않았는가. 사람들이 그렇게 만든다. 그렇기 때문에 사람들의 찬양이 사라진 지금 그는 더욱 힘든 것이 아닐까. 아, 그러나 의롭게 산 욥이 자기 삶에 어느 정도 만족하고 다른 사람들의 존경과 찬양을 어느 정도 흐뭇해하는 것은 당연하지 않은가. 그 정도의 몫도 가지지 않는 사람이 어디에 있단 말인가. 특별히 욕심이 있어서가 아니라, 사람에게 애정을 가지고 신뢰하며 사는 사람은 사람에 대한 기대도 갖는 것 아닌가. 그러나 이제 욥은 거기에 휩쓸린 만큼 자신을 지키기가 어렵다는 것을 알게 된다. 오직 하나님만 의지해야 한다. 내게 덧씌우는 것들을 모두 털어 내고 오직 주님만 바라야 한다. 그래서 시편 시인도 거듭 노래하고 있지 않은가.

> 내 영혼이 잠잠히 하나님만을 기다림은
> 나의 구원이 그에게서만 나오기 때문이다.
> 하나님만이 나의 반석,
> 나의 구원, 나의 요새이시니,
> 나는 결코 흔들리지 않는다.
> ……
> 내 영혼아, 잠잠히 하나님만 기다려라.
> 내 희망은 오직 하나님에게만 있다.
> 하나님만이 나의 반석,
> 나의 구원, 나의 요새이시니,
> 나는 흔들리지 않는다.
> 내 구원과 영광이 하나님께 있다.
> 하나님은 내 견고한 바위이시요,
> 나의 피난처이시다.
> ……
> 신분이 낮은 사람도
> 입김에 지나지 아니하고,
> 신분이 높은 사람도
> 속임수에 지나지 아니하니,
> 그들을 모두 다 저울에 올려놓아도
> 입김보다 가벼울 것이다.

흔들리는 욥

억압하는 힘을 의지하지 말고,
빼앗아서 무엇을 얻으려는
헛된 희망을 믿지 말며,
재물이 늘어나더라도
거기에 마음을 두지 말아라(시 62:1-2, 5-7, 9-10).

모든 것이 다 달아나고 사람들이 모두 외면하는 지금, 진리는 더욱 분명해진다. 아니, 모든 것이 달아나기 전에라도 언뜻언뜻 비추는 진리의 빛이 있지 않았던가. 마치 하늘에 드리운 먹구름을 뚫고 햇살이 내리쬐듯이 우리 마음을 울리는 빛이 있지 않은가. 오직 하나님만 인생의 반석이시구나. 시인은 깨달아 알고 있다. 사람들이 우러르는 높은 자리라는 것이 헛되고 거짓된 것이요, 많은 재물 역시 그런 것이구나. 그런 것들도 좋고 때로는 보람 있는 것이지만, 마음을 거기에 빼앗기면 자기 정체를 거기서 찾기 때문에 참된 자기를 찾을 수 없구나. 재물이나 자리는 언젠가는 사라질 것이요, 늘 유동적이기에 거기에 의존한 사람은 늘 불안하게 마련이구나. 그러니 지금 재산이 있더라도, 높은 자리에 있더라도 자기 정체를 거기서 찾으면 안 되는구나. 사람들의 찬사를 즐기면 안 되는구나. 늘 호젓하게 홀로 있어야 하는구나.

'하나님, 당신만이 내 인생의 몫입니다.' 다른 사람에게서 기쁨을 찾지 말고 자기에게서 찾아야 한다. 하나님에게서 찾아야 한다. 사람들이 보내는 영광을 받으면 함정에 빠지는 것이다. 그 영광이 사라질 때 자기 자신을 지탱할 수 없기 때문이다. 사람들의 평가에 의탁하면 언젠가는 섭섭함에 빠져 헤어나지 못하는 경우도 있다. 어느 경우에나 하나님이 내게 주시는 사랑이 흐릿해져, 하나님을 잊고 결국 자기를 잃고 만다.

　욥은 신중하고 의로운 사람이요, 하나님을 잘 섬기는 사람이었다. 그러므로 영광받기를 즐겨하지 않았을 것이다. 그러나 이제 고난을 당하면서 더욱 분명하게 깨닫는다. 오직 하나님만이 내 인생의 몫이란 것을. 욥이 고난을 기회 삼아서 본래 인간의 자리로 되돌아간다면, 욥은 비록 모든 것을 잃은 처지이지만 새로운 삶이 열릴 것이다. 욥기는 우리를 그리로 안내하는 책이 아닐까?

16.

언제 내 걸음이 내 길에서 떠났던가
욥기 31장

31장은 이 책에서 욥의 마지막 말이 나오는 부분이다. 욥의 마지막 말은 자기변호다. 마지막 말. 최후의 말을 자기변호로 끝맺는 것은 마치 법정에 선 죄인과 같은 존재가 되었음을 가리킨다. 오죽하면 자기가 의인이라는 주장으로 말을 마치겠는가. 욥은 세상이라는 법정에 섰다. 세상은 욥을 고발하는 법정이 되었다. 온 세상이 욥의 대적이 되었다. 하나님이 그의 인생에 복 주셨다고 하지만, 이제 그 하나님이 심판자의 눈으로 그를 노려보고 계신다. 그렇지 않고서야 이처럼 억울한 일이 벌어질 수 있는가. 세상 사람들이 고발하고 하나님이 심판하신다. 천상천하에 홀로된 욥은 최후 변론을 한다.

자기변호

오늘날 우리도 그런 일종의 인민재판을 본다. 여론과 언론에 의해서 무참하게 매도당하는 사람들이 얼마든지 있다. 거짓된 언론이

여론을 주도한다. 세상은 이미 그를 죄인으로 보기로 했다. 그가 누리던 성공적인 삶 자체가 죄목이 되었다. 그의 성공은 전에는 부러움의 대상이고 존경의 근거였지만, 이제 비난과 심판의 근거가 되었다. 이미 죄인으로 보기로 했으니 그가 죄인임을 증명하는 이야기만 귀에 들어오고, 무슨 말을 해도 쓸데없는 변명으로 듣는다. 말을 들으려고 하지 않는다. 도대체 욥의 말을 들어 줄 사람이 없다.

사람이 죄인으로 몰리면 자기변명을 하기가 쉽지 않다. 무슨 말을 해도 들으려 하지 않기 때문이기도 하지만, 심리적으로도 위축되어 제대로 자기를 변호하기 어렵다. 죄의 문제 앞에서 의인이라고 나설 자가 누가 있겠는가? 온 세상이 욥을 죄인으로 모는 마당에 욥은 자신이 정말 죄인이 아닌가 생각했을 것이다. 그리고 자신이 죄인임을 욥은 잘 알고 있었다. 욥은 하나님 앞에 서서 산 사람이요, 자기반성이 있던 사람이다. 아무리 사방에서 자기를 추켜세우고, 온 세상 사람들이 머리를 숙였어도 욥은 늘 자기반성을 했던 사람이다. 그런데, 자기반성이 있는 사람이기 때문에 자기변호를 당당하게 하지 못하게 될 수도 있다. 친구들이 욥의 죄를 말하고 세상 사람들이 손가락질할 때, 욥은 반박하지 못하고 침묵 속에서 반성하는 일을 먼저 생각했을 것이다. 재앙이 닥친 직후에 욥은 자신이 그만한 부를 소유할 자격이 없는 사람임을 고백했다. 욥기 2장에서 우리는 자기를 변호하려고 악을 쓰는 욥의 모습을 상상할 수 없다. 재앙 자체에 대한 욥의 반응은 그렇다. 하나님 앞에서 무슨 자기변호가 필요한가. 경건한 사람은 자기변호에 약하다.

욥과 같은 사람이 자기변호에 약한 까닭을 또 다른 데서 찾을 수도 있다. 욥은 성공한 사람이요 의로운 사람이라, 모든 사람이 그의 말을 믿고 따랐기 때문에 특별히 다른 이들에게 자기를 변호할 까닭이 없었을 것이다. 싸움의 장에 나설 기회가 별로 없던 사람은 자기를 변호하는 힘이 약하다. 살아가면서 많이 당해 본 이들, 이해관계의 충돌이 발생해서 악착같이 자기 몫을 따져 찾아야 하는 상황에 처한 이들은 자기를 변호하는 실력이 생길 것이다. 욥은 사회의 기득권자요 넉넉한 사람이니 그럴 필요가 없었을 것이다.

자기를 변호하는 데 익숙지 않은 사람, 곧 신앙 때문에 자기반성이 많은 사람은 부도덕성이나 죄의 문제로 고발되면 먼저 자기를 돌아보기 때문에 선뜻 자기변호에 나서지 못한다. 욥의 친구들은 욥이 자기를 변호하자 크게 나무랐다. 변호할 생각일랑 영원히 하지 말고 반성이나 하라는 것이다. 자신의 죄를 돌아보고 하나님께 용서를 구하라는 것이다. 그러나 친구들이 말하는 죄는 성서에서 말하는 죄와 다르다. 성서라는 텍스트가 말하는 죄와 다르다. 성서와 친구들은 서로 다른 세계에서 말하고 있다. 그들은 마치 자신들이 하나님을 대변하는 것처럼 말하지만, 정말 그들이 하나님 앞에서 말하고 있다면 욥을 죄인으로 몰 수 없다. 사람은 누구나 성서 앞에서 자신의 죄를 돌아볼 것이지, 남의 죄를 거론할 까닭이 생기지 않는다.

그럴싸한 논리로 사람을 우습게 만드는 세상의 언어에 대해서는 저항해야 한다. 세상은 연약해진 욥에게 말의 폭력을 휘두르고 있다. 도덕의 언어와 정의의 언어와 종교적 언어로 포장하고 있지만, 그것은 거짓이다. 그런 폭력을 주도하는 사람들이 있고, 앞선 폭력을 모방해서 심판자의 위치를 즐기는 대중이 있다. 약해진 사람을 또다시 짓밟는 그 언어의 폭력을 휘두른 자들은 어떻게 그 죄를 갚겠는가. 오직 욥의 간청으로만 그들의 죄는 사함을 받을 것이다. "내 종 욥이 너희를 용서하여 달라고 빌면, 내가 그의 기도를 들어줄 것이다. 너희가 나를 두고……어리석게 말하였지만, 내가 그대로 갚지는 않을 것이다"(42:8).

죄의 문제를 잘못 논하는 폭력의 언어에 대해서는 저항해야 한다. 자기를 변호할 줄 알아야 한다. 변호하는 것은 경건한 사람에게 쉽지 않은 일이지만, 그래도 말을 만들어 봐야 한다. 지금 욥은 하나님마저 자기에게 등을 돌린 것 같은 상황에서 비감하게 마지막으로 자기를 변호하고 있다. 최후 진술이다.

물론 욥의 자기변호는 하나님 앞에서 하는 것이다. 세상 사람들이 자기를 죄인 취급한다고 해서 곧바로 세상 사람들을 향해 자기를 변호하는 것은 아니다. 이미 욥을 죄인으로 보기로 한 세상 사람들에게 자기변호는 구차한 변명으로 들리기 십상이다. 욥이 취해야 할 기본자세는 역시 하나님 앞에 서는 것이다. 하나님 앞에서 내가 무어라고 말하느냐가 중요하다. 하나님이 내게 무어라고 하시느냐가 중요하다. 하나님 앞에서 할 말을 가지고 있는 욥으로서는 하나님께 대고 외치고 부르짖는다. 내 삶이 세상 사람들로부터 죄인 취급을 받을 만큼 그렇게 잘못된 것인가요? 세상 사람들에게 말하고 싶고 또 그럴 필요도 있겠지만, 무엇보다 먼저 하나님 앞에서의 기본자세로 돌아간다. 그물에 걸렸을 때 몸부림치면 그만큼 더 그물이 몸을 감는다. 그때는 오히려 몸의 힘을 빼고 생명의 바닥으로 내려가야 하는 모양이다. 자신을 수습할 자리는 거기다. 거기서 자기를 찾고 위로를 얻고 힘을 얻을 것이다. 거기서 지혜가 생길 것이다. 거기서 비로소 무슨 싸움이든 싸울 수가 있을 것이다. 지금 욥에게 하나님은 그리 우호적이지 않지만, 그래도 욥은 하나님 앞에서 말한다.

여러 가지 죄목

31장에는 여러 가지 악행의 유형이 나오며, 거기에 비추어 욥이 자신의 삶을 돌아보고 있다. 자신에게 그런 악한 행위가 있지 않았음을 단언하고, 알 수 없는 고난에 대해 항변한다. 그리고 입을 다문다. 죄목을 나열하는 것은 최후 수단이다. 재앙을 죄에 대한 벌로 보고 세상이 자기를 정죄하는데, 도대체 내게 무슨 잘못이 있는지 그 죄목들을 조목조목 짚어 본다. 성서는 욥을 의인으로 소개하고 있다. 그러므로 밖으로 객관화할 수 있는 죄와는 관련이 없을 것이다. 그러면 다른 어떤 죄의 문제가 있다는 말인가. 여하튼 31장에서 욥은 열거된 죄와 자신이 무관함을 강조하고 있다. '언제 내가 어떠어떠한 일을 하였던가? 그랬으면 내가 어떠어떠한 벌을 받아 마땅하다'는 식의 수사법을 사용하고 있다. 그리하여 자신이 당한 재앙의 부당함을 설득하려는 것이다.

몇 가지 죄목이 나열되고 있다. 먼저 여인과 관련된 것이다.

> 젊은 여인을 음탕한 눈으로 바라보지 않겠다고
> 나 스스로 엄격하게 다짐하였다(31:1).

남의 아내를 탐내서, 그 집 문 근처에 숨어 있으면서

그 여인을 범할 기회를 노렸다면,

내 아내가 다른 남자의 노예가 되거나,

다른 남자의 품에 안긴다 해도,

나는 할 말이 없을 것이다(31:9-10).

부와 힘이 생기면 정욕을 채워 줄 여인을 차지하는 것이 오랜 가부장 사회의 관습이며, 오늘날에도 벌어지고 있는 사회 현상이다. 처녀를 사들이거나 남의 여인을 빼앗는 일이 허다했다. 하나님을 바라고 자기를 수양하는 사람에게 정욕은 얼마나 큰 유혹인가. 욥은 그 점을 잘 알고 있던 사람이다. 자신의 눈과 약속을 했다. 우리의 감각기관은 외부의 사물을 주목하고 받아들여 지식을 산출하고 행동 범위를 결정하는 데 중요한 역할을 한다. 생존을 위해서 생물은 독특한 감각기관을 발달시켜 왔다. 사람도 눈이 있어 공간을 지각하고 자신의 위치를 가늠하며, 코가 있어 주변 동정을 살피고, 귀가 있어 소리를 듣고 바깥 사물의 동정을 감지하며, 혀가 있어 먹을 것과 먹지 못할 것을 가리며, 살갗이 있어 나와 타자를 구분한다. 그 모든 것은 주변의 공격으로부터 자신을 보호하고 자신의 안녕과 생존을 도모하는 데 필요한 것들이다. 그러나 사람의 감각기관은 단순히 살아남는 일에만 쓰이지 않고 삶을 즐기고 누리는 데도 쓰인다. 더 보기좋은 것을 찾고, 더 먹기 좋은 것을 바라고, 더 부드러운 것을 찾는다. 그것은 삶을 풍요롭게 만들고 문화를 생산하는 역할을 한다.

그러나 감각이 가는 대로 자신을 내맡기면 참된 기쁨을 찾기 어렵다. 그러면 자신을 자기 바깥에 내맡기는 결과를 가져온다. 감각 기관은 바깥을 향해 있기 때문에, 감각에 빠진 사람은 내면의 세계가 충실해지지 못하고 바깥에서 만족을 구하며 바깥에 휘둘리게 된다. 그리하여 결국 하나님 앞에 홀로 서지 못하고 남들의 평가와 남들의 시선에 의지하여 살게 된다. 현대는 욕망을 해방시킨 시대다. 인류 역사 전체를 볼 때에 의미가 없지 않다. 감각을 억압한다고 문제가 해결되지는 않기 때문이다. 그러나 참된 자유는 결국 감각을 넘어서는 데 있을 것이다. 욕망의 해방이라는 것이 감각에 빠지는 결과를 가져온다면 만족을 모르는 대혼란을 초래할 것이다.

욥이 자신의 눈과 약속했다는 말은 철저한 자기 수양을 통해 감각을 엄격하게 관리했음을 의미한다. 눈은 정욕을 따라간다. 그러나 마음이 그 눈을 억제한다. 모든 것은 마음이 문제다. 마음으로 보고, 마음으로 냄새를 맡고, 마음으로 맛을 보고, 마음으로 듣는다. 감각이 적이 아니고, 결국 마음이 문제다. 마음이 부패하면 감각도 부패하고, 마음이 바로 서면 감각도 영적인 것으로 거듭난다. 감각은 악이 아니며, 참되게 삶을 누리는 도구가 될 수 있다.

둘째, 삶의 기본자세가 흐트러지지 않았다.

나는 맹세할 수 있다.
여태까지 나는 악한 일을 하지 않았다(31:5).

내가 그릇된 길로 갔거나,
나 스스로 악에 이끌리어 따라갔거나,

내 손에 죄를 지은 흔적이라도 있다면(31:7).

하나님 앞에 바로 서면 꽉 차게 되고 허탄해지지 않는다. 그 자체가 악과 멀어지는 비결이다. 악한 짓을 하면 존재가 허해지는 것이 아니라, 존재가 허해졌을 때 악한 짓을 저지르는 것이다. 행위보다 존재가 먼저다. 이런저런 행위의 문제가 아니라, 내 존재가 제대로 섰느냐는 것이 더 근본적인 물음이다. 존재가 바로 서면 말이 바로 나가고, 거짓을 일삼지 않게 된다. 거짓말이란 사실과 다른 말이기 이전에 허탄한 존재에서 나오는 말이다. 그것은 거짓말이기 이전에 헛말이다. 하나님을 떠난 인류는 허탄한 존재가 되었다. 허탄한 존재들이 어떤 사실의 세계를 이룩하고 살면서, 그 사실에 맞으면 참말이라고 생각한다. 그러나 자기들이 생각하는 사실에 맞아도, 길에서 한참 벗어나서 만든 세상의 말, 다시 말하면 하나님에게서 멀어져 이룩한 세계에서의 말이라면, 그것은 거짓이다. 참된 존재에게서 참된 말이 나온다. 참이란 사실 적합성의 문제가 아니라 존재 충만의 문제다. 나를 비우고 하나님 앞에 섰을 때 참으로 존재한다. 그때, 속임수가 없는 참말이 나온다.

욥은 스스로 갈 길을 가며 살았다고 생각한다. 샛길로 빠져서 이득을 본 후에 다시 제 길로 돌아오는 식의 삶을 살지 않았다고 자부하고 있다. 그런 사람은 자기 손에 더러운 게 묻는 것을 얼마나 두려워하는가. 물론 이 세상에서 무슨 일을 해보려고 하면 손에 때를 묻히지 않고 하기는 어렵다. 손에 때를 묻히기를 두려워하는 사람은 무능한 사람이 되기 십상이다. 그래서 옛사람들은 무슨 일을 하려고 하지 말라고 했는지도 모른다. 여하튼 욥은 자신이 무엇을 크게 이룩한 사람이지만, 그렇다고 손에 때를 묻혀 가며 이룩한 것은 아님을 강조하고 있다.

셋째, 약자의 말을 들을 줄 알았다.

내 남종이나 여종이
내게 탄원을 하여 올 때마다,
나는 그들이 하는 말에 귀를 기울이고,
공평하게 처리하였다(31:13).

약자들은 할 말이 많다. 그들에게 중요한 것은 하소연을 들어줄 사람이다. 강자의 특권이란 말을 하는 것이다. 권력자는 말을 하고, 다른 사람들은 말을 듣는다. 약자들은 말할 기회가 없이 남의 말을 잘 듣도록 길들여진다. 그러나 그처럼 약자들, 억눌린 자들이야말로 할 말이 많지 않은가. 그들은 하고 싶은 말을 속 시원하게 하고만 죽어도 원이 없을 정도다.

욥은 그런 사람들의 말을 들을 줄 알았다. 그들의 말을 귀담아 들어 주기만 해도, 그 약자들은 존재의 회복을 가져온다. 말문을 막는 것만큼 사람을 억압하는 것은 없다. 부당하게 착취당하고 가난하게 사는 것도 억압이지만, 자기의 사정을 토로하는 말문을 막는 것이야말로 더 근본적인 억압이다. 그러니 하고 싶은 말을 하고 죽으면 더 원이 없다는 것도 지나친 말이 아니다. 말을 할 수 있다는 것, 다시 말해 자기 말을 들어 줄 사람이 있다는 것은 그만큼 인간으로서 대접을 받는 것을 의미한다. 물질적으로 회복되기 전이라도, 그처럼 인간 대접을 받는 일로 존재가 회복된다.

욥은 강자였으나, 말을 하기만 하는 사람은 아니었다. 그는 하나님의 말씀을 들을 줄 아는 사람이었기에 약자들의 말을 들을 줄도 알았다. 먼저 하나님과의 관계에서 사람은 말을 하기보다 말을 들을 줄 아는 자가 된다. 하나님의 말씀을 들을 줄 아는 사람이 다른 사람의 말도 들을 줄 안다. 욥은 지금 하나님 앞에서 항변의 말을 하지만, 원래 그는 하나님의 말씀을 들을 줄 아는 사람이다. 그런데 지금 항변하는 말을 하지 않으면 안 되는 처지에 몰린 것이다.

넷째, 물질을 나누어 약자를 도울 줄 알았다.

가난한 사람들이 도와 달라고 할 때에,
나는 거절한 일이 없다.
앞길이 막막한 과부를 못 본 체한 일도 없다.
나는 배부르게 먹으면서
고아를 굶긴 일도 없다(31:16-17).

그는 자기와 친한 권력자를 믿고서 약자들을 핍박한 적이 없다(31:21). 고아와 과부들을 돌보고 그들을 섭섭지 않게 했다. 자기가 부리는 사람들을 혹독하게 다루지 않고 배불리 먹였으며(31:31), 갈 곳 없는 나그네를 모른 체하지 않고 기꺼이 영접했다(31:32).

다섯째, 재물에 기쁨을 두지 않았다.

나는 황금을 믿지도 않고,
정금을 의지하지도 않았다.
내가 재산이 많다고 하여
자랑하지도 않고,
벌어들인 것이 많다고 하여
기뻐하지도 않았다(31:24-25).

욥은 결과적으로 재물이 많은 사람이 되었지만, 재물에 소망을 둔 사람은 아니었다. 소유가 많아진 것은 그만큼 지배권이 커졌음을 의미한다. 마음대로 할 수 있는 영역이 커졌음을 뜻한다. 소유권이란 소유물을 마음대로 할 수 있는 힘을 뜻한다. 그런데 소유권은 사물에서 출발하여 사람에게 미친다. 소유물을 매개로 해서 사람을 지배한다. 부리는 사람도 많아지고 자기 말의 영향력이 커진다. 그리하여 많은 물질의 주인이 된 만큼 세상의 주인이 된 기분을 느끼는 것이 인지상정이다. 많은 소유물은 그처럼 주권자요 주인이요, 자유로운 자가 되는 길 중의 하나다. 물질이 사람을 구원한다. 그렇게 되면, 사람은 물질에 소망을 두게 된다. 거기에 자유의 길이 있음을 직접 체험하게 된다. 그러나 욥은 물질에 소망을 둘 때 자신이 초라해진다는 것을 아는 사람이었다. 알몸으로 서서 충만함을 느낄 때 참된 영광이 있음을 아는 사람이었다.

욥은 자신의 무죄를 변호한다. 생각해 보면 욥만큼 모든 죄와 무관한 사람은 없다. 성서가 이처럼 흠 없는 자의 고난을 이야기하는 까닭은 무엇일까?

17.

하나님보다 의롭다고 하는 자여
엘리후의 발언 · 욥기 32-33장

    엘리후가 등장했다. 그는 나이가 제일 어려서 말을 않고 있다가, 가장 나중에 입을 뗀다. 친구들이 욥을 정죄하면서도 욥의 항변에는 변변히 대답하지 못하는 것을 보고 분개해서 논쟁에 뛰어든다.

신앙 언어와 논리 언어

    엘리후는 욥의 발언의 초점을 의로움에 맞추었다. 그 문제에 있어서 욥은 하나님보다 자신을 더 내세우는 자라고 엘리후는 생각했다(32:2). 욥은 길게 말했고, 여러 가지 말을 했다. 그러나 그 말의 핵심은 결국 자신은 깨끗하여 죄가 없고 허물이 없으며 결백한데, 하나님이 공연히 자기를 감시하고 원수처럼 대하여 고통을 안겨 주신다는 데 있다고 엘리후는 생각한다(33:9-11).

    그러나 과연 욥은 자신이 하나님보다 의롭다고 생각하는 자인가? 욥이 자신의 삶을 변호하는 것은 하나님보다 옳다고 하는 것이 아니다. 친구들은 하나님 편을 들며 신정론(神正論)을 폈다. 그리고 욥은 그 신정론을 받아들이지 않았다. 신정론이란 어떤 상황에도 하나님은 옳다는 것을 입증하려는 것이다. 그러나 모호한 상황과 이해하기 어려운 재앙을 당한 이의 슬픔 앞에서 신정론은 공허한 소리요, 하나님을 무정한 신으로 만들기 십상이다. 하나님은 옳으시다. 그리고 공의로우시다. 그러나 이해하기 어려운 재앙을 당한 사람 앞에서 그 말은 무슨 의미가 있는 것일까? 생생한 삶의 정황 앞에서 말을 조심할 필요는 없는가. 말로 잘 안 되는 지점에 삶이 있고, 거기에 하나님의 의(義)도 있다. 언어 너머에 삶의 신비와 고난의 신비가 있고, 거기에 하나님의 신비와 하나님의 뜻이 있다. 친구들은 하나님의 의를 설명하려고 하지만 그것이 설명되고 증명되는 것일까? 어쩌면 그것은 논(論)으로 구성되지 않고, 그래서 일목요연하게 설명될 수 없는 것인지도 모른다. 원래 하나님은 앎의 대상(對象)이 아니라, 믿음의 상대(相對)가 아니던가.

　고난 바깥에 있는 사람은 하나님의 의를 설명하려 들지 모른다. 하나님을 의로우신 분으로 둔 상태에서 인간의 고난을 설명하려고 하면, 고난은 인간의 죄의 열매이거나 하나님이 훈계하는 수단이 된다. 앞에서 엘리바스와 소발과 빌닷의 논리가 그랬다. 그러나 고난 당하는 사람에게 죄를 회개하라는 것은 잔인한 짓이요, 하나님의 훈계 수단으로 설명하는 것 역시 하나님을 너무 잔인하게 만드는 결과가 될 수 있다. 그런 설명은 하나님 편을 너무 들다가 사람에게 몹쓸 짓을 하는 결과가 될 수 있다. 그것은 하나님이 원하시는 것이 아니다. 알고 보면 그런 논리들은 자기 신념을 지키는 것일 뿐, 진정으로 하나님 편을 드는 것이 아니다. 하나님은 우리가 편을 들어 주고 말고 할 분이 아니다. 그분의 마음을 알아주는 것이 그분 편을 드는 것보다 더 중요하다. 하나님의 마음을 알아주는 것은 신뢰와 사랑의 문제이지 설명과 논리의 문제가 아니다. 알 수 없는 고난을 당한 사람. 그런데, 고난의 까닭을 알려 주려는 사람들. 그러나 고난의 원인은 누가 알려 줄 수 있는 것이 아니다.

물론 사람은 자신의 고난이 설명되기를 바란다. 내가 왜 고난을 당해야 하는지 설명되지 않을 때, 사람은 혼란과 두려움에 빠진다. 욥의 두려움도 거기서 비롯된 것이다. 처음에 욥은 고난의 까닭을 알려 들지 않고, 먼저 하나님을 기억하며 전적인 신뢰를 고백했다(2장). 그러나 고난은 설명되어야 했다. 세월이 문제고, 다른 사람들의 시선이 문제다.

상처 난 몸을 이끌고 시간을 견디며 살려면, 어떤 때에 재앙이 닥치는지 그리고 왜 자기가 그런 고난을 겪어야 하는지가 설명되어야 했다. 원인을 생각한다는 것은 인과관계의 논리를 정립하는 일이다. 원인을 알아야 예방할 수 있지 않은가. 남에게 몹쓸 짓을 했더니 결국 험한 꼴을 본다든지, 아니면 제물을 성실하게 바치지 않았더니 어려움을 당한다든지 하는 삶의 법칙을 찾아야 재앙을 피하고 살 수 있을 것이다. 욥은 그런 면에서 재앙의 원인을 찾을 수 없었다. 시간이 흐르면서 욥의 신앙고백은 탄식과 질문으로 바뀐다. 그것이 욥기 2장에서 3장으로 넘어가는 과정이다.

시간도 문제이지만 다른 사람들의 시선이 더 문제다. 주변 사람들은 욥을 위로하려고 말을 시작한다. 그리고 그 말은 욥의 고난의 원인을 설명하는 말로 이어진다. 사실 처음부터 욥이 고난의 원인을 따져 보려는 것은 아니었다. 3장에서 욥은 울부짖었다. 울음이 터져 나왔다. 스스로 자기 생일을 저주했다. 그것은 물음의 언어는 될지언정, 원인을 따져 설명하는 언어는 아니다. 그러나 친구들은 그 물음을 견디지 못했다. 하나님의 뜻을 분명히 알지 못하고 물음을 던지는 것이 불경한 것으로 생각되었다. 그러나 고난당하는 인간 앞에서 하나님의 뜻이 그렇게도 분명하던가? 욥은 울며 하나님께 물었고, 친구들은 그 물음을 물음으로 놔두지 못하고 정답을 가르쳐 주고 싶어 했다. 그래야 하나님의 의가 지켜지고, 하나님에 대한 믿음을 지키는 것으로 그들은 여겼다. 그러나 물음을 가진 채 믿을 수는 없는 것인가. 하나님은 우리의 전적 타자요 신비가 아니던가. 다 알아서 믿는 것이 아니라, 믿으며 알아 가고, 그렇게 알아 가며 또한 믿어 가는 것이 아니던가. 그것이 믿음의 아름다움이 아닌가. 믿음은 다 아는 것이 아니다. 재앙과 고난에 담긴 하나님의 뜻. 다 설명될 수 없는 부분을 그대로 안고 믿음의 순례는 계속되는 것이다. 아마 욥은 오랜 논쟁과 물음과 묵상 후에 물음에 대한 답을 얻을지 모른다. 그러나 답을 얻었다고 모든 것이 다 설명되는 것은 아닐 수 있다. 그리고 그는 그런 부분 때문에 더욱 큰 신심을 회복할지 모른다.

그러므로 욥이 친구들의 신정론을 거부했다고 하나님의 의를 거부한 것은 아니다. 욥은 친구들의 정죄에 대항하여 자신의 무고함을 변호했을 뿐, 자신이 하나님 앞에 죄인임을 모르는 사람은 아니었다. 그는 다른 사람과 비교해서 자신이 그런 재앙을 당할 만큼 파렴치한 인생을 살지 않았음을 토로했을망정, 하나님을 상대로 죄 없음을 주장하려는 것은 아니었다. 하나님의 의로우심과 선하심을 의문에 붙였지만, 자기가 옳고 하나님은 그르다는 식의 비교 개념을 사용한 것은 아니다. 다른 사람과 비교해서 자신의 죄를 측정하고 자신이 비교 우위에 있음을 확인했다. 그러나 하나님에 대해 비교 개념을 적용한 것은 아니다. 하나님이 아무리 우리를 상대해 주신다고 해도 우리가 맞설 수 있는 존재는 아니지 않은가. 하나님은 인간의 상대이면서 여전히 절대이시지 않은가. 상대는 하나님의 은총인 것이다. 물론 욥은 하나님과 대결하는 구도에 섰다. 그러나 그 대결은 대면을 위한 대결이다. 그런 면에서 그의 대결은 삶을 위한 용기고 살아남기 위한 용기다. 욥이 하나님 앞에서 자기를 변호하고 하나님의 공평성에 대해 의문을 표시한 것은 의로움의 문제를 놓고 우열을 가리려는 것이 아니라, 벼랑에 몰린 처지에서 자기를 지키려는 몸부림이었다. 자신의 재앙에 대한 하나님의 책임을 물었지만, 그것은 하나님을 고발하려는 것이 아니라 하나님과 대면하려는 것이었다. 침묵하시는 하나님. 그 하나님의 소리를 좀 들어 보려는 것이었다.

지금 엘리후는 서로 다른 두 차원을 혼동하고 있다. 신앙의 언어와 논리 언어를 혼동하고 있다. 논리적으로 보면, 욥과 하나님의 대결 구도에서 욥이 옳으면 하나님은 그르다. 하나님의 의에 대해 질문을 제기하고 하나님의 책임을 물으며 맞서는 욥이 자신의 의로운 삶을 강변하는 것은, 곧 하나님의 불의를 지적하는 것과 다름이 없다. 엘리후가 보기에는 그렇다. 그러나 그는 대결하는 신앙을 모르고 있다. 욥이 하나님과 맞선 것은 재앙과 고난에 들어 있는 하나님의 뜻을 헤아리기 위한 길이다. 하나님과 맞섰다는 것은 하나님에게서 등을 돌리지 않았다는 말이다. 존재에의 용기가 그런 모습으로 나타난 것이다. 남의 고난을 너무 쉽게 설명하는 자들에게 맞선 욥은, 그들의 하나님에게 맞서야 했다. 하나님을 향해 진리가 무엇인지 물어야 했다.

하나님은 말씀하신다

> 어른께서 하시는 모든 불평에
> 일일이 대답을 하지 않으신다고 해서,
> 하나님께 원망을 할 수 있습니까?
> 사실은 하나님이 말씀을 하시고
> 또 하신다고 하더라도,
> 사람이 그 말씀에
> 주의를 기울이지 못할 뿐입니다(33:13-14).

하나님은 자신의 행위를 일일이 해명하지 않으신다. 절대자 하나님이 자기 행동을 해명해야 할 까닭이 무엇인가? 엘리후가 볼 때 하나님은 말없이 행동하신다(33:13). 세상에 벌어지는 모든 일은 하나님의 역사(役事)요, 하나님은 자기 일에 대해 말할 필요를 느끼지 않는 분이다. 말 없는 행동은 말이 앞서는 인간과는 다른 하나님의 실천력을 가리키는 한편, 모든 일이 조리 있게 처리되는 완벽성을 가리키기도 한다. 그러니 사람은 세상에서 되어지는 일을 통해 하나님의 뜻을 헤아리면 된다. 사람이 볼 때 이해되지 않고 모순되는 일이 벌어져도, 하나님의 일은 결국 모든 것이 아귀가 맞게 되어 있다. 그러므로 알 수 없는 재앙을 당했다고 해서 하나님과 논쟁할 생각을 하지 말아야 한다. 그럴 때 사람이 할 일은 조용히 자기 주변을 살피면서 하나님의 뜻을 헤아리는 것이다. 엘리후가 볼 때 그것은 경건한 사람의 기본자세다. 하나님은 사람의 말 상대가 아닌 것이다. 언어가 필요 없다.

그런데 하나님은 말씀하신다. 사람들이 무심히 있을지 모르지만 하나님은 말씀하시고 또 말씀하신다. 33장 13절과 14절은 하나님의 말씀 없음과 하나님의 말씀하심이 서로 나란히 있어 모순을 불러일으킨다. 그러나 엘리후에게 그것은 모순이 아니다. 하나님은 기본적으로 말이 없으시고, 말이 필요치 않으시고, 예외적으로 말씀하신다. 그 말씀하시는 방식도 언어라기보다는 꿈과 환상이다(33:15). 사람은 꿈과 환상을 통해 하나님의 말씀을 알아들어야 하는 것이다. 하나님의 뜻을 헤아리는 것이다. 엘리후는 하나님의 언어성을 아끼고 있다. 다시 말해 말씀이신 하나님을 아끼고 있다. 그 까닭은 사람의 교만을 막는 데 있다(33:17). 말씀이신 하나님이 강조되면 사람이 스스로 하는 영역이 넓어지고 그래서 교만해진다는 것을 엘리후는 내다보고 있는 것이다. 꿈과 환상을 통해 말씀하시는 하나님은 사람이 상대할 수 있는 하나님이 아니다. 엘리후는 하나님의 절대성을 옹호하기 위해서 하나님의 언어성을 아끼고 있다.

엘리후는 경건한 신앙인의 자세를 잘 말해 주고 있다. 그러나 그것이 전부인가? 고난당하는 사람 앞에서 엘리후는 성서의 하나님을 제대로 표현하고 있는가? 우리는 성서에서 엘리후의 생각과는 다른 하나님의 모습을 그려 볼 수 있다. 태초에 말씀이 있었다. 그 말씀은 하나님과 함께 있었고 그 말씀이 곧 하나님이셨다(요 1:1-2). 하나님은 사람에게 기대가 많기 때문에 말씀하신다. 하나님은 말씀이시다. 사람에 대한 하나님의 희망 때문에 사람은 삶의 주체가 되고, 하나님과 사람 사이에 거리가 생긴다. 공간적 거리가 아니라 인간의 자율성이 발생하는 거리다. 하나님은 우리와 함께 세상과 함께 계시지만, 틈을 두셨다. 인간 주체가 발생하는 거리다. 사람에게 맡긴 세상은 사람이 하기에 달렸다. 그리하여 하나님과 사람은 주체 대 주체의 관계인 것이다. 다시 말해 절대(絶對)이신 주권자 하나님이 사람을 주체로 세우고 상대(相對)하신다. 하나님의 은총은 상대가 안 되는 나 같은 존재를 상대해 주시는 데 있다. 상대하면 상대방의 영향을 입기도 한다. 인간의 고통은 하나님의 고통으로 전가된다. 하나님은 인간의 고난을 가슴 아파하신다. 거기서 하나님께도 '할 말'이 생긴다. 하나님의 언어성은 인간을 상대하시는 데서 생기는 하나님의 수난에서 비롯되는 것이다. 그리고 하나님의 말은 교훈이나 징계나 가르침보다도 먼저 위로의 말이다. 우리를 사랑하시는 하나님의 구원의 말이다. 그래서 하나님의 말은 율법이 아니라 복음이다. 복음이 도덕이나 율법보다 더 근원적이다.

그러나 그와 같은 신 이해는 인간이 교만해질 우려를 낳는다. 하나님이 인간을 상대하시는 데서 생기는 위험이 있다. 주체가 된 인간이 하나님과 맞먹을 위기다. 휴머니즘의 위기다. 하나님의 은총으로 주체가 된다는 것을 잊어버리고, 인간이 스스로 자기를 정당화하려고 할 수도 있다. 인간 주체가 생기는 거리는 곧 하나님의 주권을 고백하는 신앙의 공간이 될 텐데, 인간은 주체가 되면서 거리 저쪽에 계신 하나님을 아예 잊어버릴 수도 있다. 엘리후는 그 위험 때문에 하나님의 언어성을 뒤로 물리고, 하나님을 말없이 베푸시는 절대자로 그리고 있다. 엘리후에게 하나님 말씀의 본질은 교훈이다(33:16).

고난받는 사람 앞에서 하나님 말씀의 본질은 무엇이겠는가? 물론 교훈일 수도 있지만, 그보다 먼저 위로다. 위로할 말이 없어서 하나님도 말을 아끼시지만, 하나님의 침묵 속에는 고난받는 자의 얼굴을 들여다보며 위로하는 말이 들어 있다. 하나님은 고난받는 자 곁에 계시면서 이미 말을 건네신다. 그 말은 말의 내용보다도 '내가 너와 함께 있다'는 증거로서의 역할을 한다. 내용이 없는 말로서 하나님의 말씀은 교훈이라기보다는 관계의 표시다. 관계의 언어로서 하나님의 말씀은 내용이 꽉 찬 언어다. 언어의 본질은 그 내용에 있기보다 말을 건네고 있다는 데 있다. 상대해서 관계하고 있는 것이다. 어찌어찌하라는 조언은 그다음 이야기다. 잘못을 따지며 고난받게 된 원인을 추궁하고 교훈하는 것은 그 다음다음 이야기다.

엘리후의 의도는 분명하다. 그가 볼 때 하나님은 베푸시는 분이요, 교훈하시는 분이다. 19절 이하에서도 인간이 병들어 신음하는 것을 하나님의 징계로 이해한다. 그것은 다른 친구들처럼 하나님의 공의로우심을 훼손하지 않고 인간의 고난을 이해하기 위한 시도다. 모든 일은 하나님이 하시는 것이므로 어느 한 인간의 불행 역시 하나님이 주신 것이다. 그 논리에는 거리가 없다. 인간과 하나님 사이에 만든 거리를 인정하지 않는다. 엘리후는 창조적 자유의 거리에 대해 더 생각해야 할 것이다. 불행이 하나님이 주신 것이면서 동시에 하나님의 의에 손상이 가지 않으려면, 그 불행은 잘못에 대한 하나님의 징계가 되어야 한다. 엘리후의 논리가 그렇다. 불행의 본질은 하나님의 징계다. 하나님의 은총은 그다음이다. 징계를 받은 자라도 하나님의 은총으로 다시 회복될 수 있음을 23절 이하에서 말하고 있다.

> 그가 하나님께 기도를 드리면,
> 하나님은 그에게 응답하여 주실 것입니다.
> 그는 기쁨으로 하나님을 섬기고,
> 하나님은 그를 다시
> 정상적으로 회복시켜 주실 것입니다(33:26).

징계하고 그다음에 은혜로 징계를 푸는 하나님이 있을 뿐, 인간의 불행과 고난을 같이 가슴 아파하는 하나님은 없다. 인간의 불행을 가슴 아파한다면 하나님의 위엄이 떨어지고 절대자의 모습에 흠이 생기기 때문이다. 엘리후에게 고난의 원인은 분명하다. 고난의 원인은 설명할 수 있고, 인간이 할 일이란 죄를 회개하고 자비를 구하는 것뿐이다. 질문의 여지가 없다. 다 설명되지 않는 신비는 없다.

18.

하나님이 침묵하신들
엘리후의 발언 · 욥기 34-35장

엘리후는 말한다. 하나님은 전능하시므로 의로우시다. 의로우시므로 전능하신 것이 아니다. 그리고 인간이 선한 일을 한들 하나님이 무슨 덕을 보시겠는가? 엘리후의 하나님은 인간의 선악과 무관하게 자기 할 일을 하시는 분이다.

전능하시므로 의로우시다

전능하신 하나님은 악한 일이나,
정의를 그르치는 일은, 하지 않으십니다.
어느 누가 하나님께 땅을 주관하는 전권을 주기라도 하였습니까?
어느 누가 하나님께 세상의 모든 것을 맡기기라도 하였습니까?
만일 하나님이 결심하시고,
생명을 주는 영을 거두어 가시면,
육체를 가진 모든 것은 일시에 죽어,

모두 흙으로 돌아가고 맙니다(34:12-15).

원래 정의라는 것은 그 내용이 정해져 있기보다는, 누가 의롭다고 여기는 것이 곧 정의가 된다. 그러므로 의롭게 여기는 주체가 있게 마련이다. 성서에서도 그렇다. 믿음으로 말미암아 은총으로 의롭게 여김받는다는 것이 성서의 중요한 가르침 아닌가. 그 가르침에는 의롭게 여기는 주체가 하나님이 되어야지 사람이 되어서는 안 된다는 뜻이 들어 있다. 선한 일을 했다고 스스로 자기를 의롭게 여겨서는 안 되며, 오직 하나님만이 죄인인 우리를 의롭게 하실 수 있다는 말이다. 원래 사람이 사람을 판단하거나 사람이 사람을 높일 수는 없다는 말이다.

엘리후는 어떻게 하나님이 의를 결정하는 주체요 선악을 결정하는 주체라고 말하는가? 그것은 하나님의 전능하심과 연관이 있다. 모든 것을 자기 뜻대로 할 수 있는 최고의 권세자로서 하나님은 공의로우시다. 그러니 어찌 보면 정의는 힘의 부속물이다. 힘이 정의라는 말이 있다. 힘센 자는 세상을 자기 뜻대로 움직이고, 세상은 그에 의해 휘둘리며 그가 원하는 대로 굴러간다. 모두가 복종할 뿐 거스를 수 없다. 그 구도에서 생명이 이어지며 번성한다. 삶의 현실을 움직이는 실세, 그것은 정의로 받아들여질 가능성이 많다. 그런 식으로 힘센 자는 정의까지 소유하고 관장한다.

하나님은 누구에게서 세상을 위탁받은 것이 아니라 처음부터 다스리시는 분이다. 하나님 위에 아무도 없다. 이 세상에는 생명체가 많고 모두들 부지런히 살아가고 있지만, 하나님의 말씀 한마디면 전부 사라질 수도 있는 미물들이다. 사람은 모두 흙으로 돌아가지 않는가. 숨이 다할 그 순간을 아무도 알 수 없다. 젊은이가 노인보다 먼저 죽을 수도 있으니, 명은 하늘에 달렸다. 그처럼 전능한 분으로서 하나님은 공의로우시다.

엘리후는 일반 사람들의 신앙을 대변하고 있다. 힘이 정의라는 말은 흔히 힘 있는 자들의 폭력을 비난하는 데 사용되지만, 하나님에게 적용될 때는 맞는 말이다. 우리는 하나님을 전능한 분으로 믿기 때문에 그분께 복종해야 한다고 생각한다. 전능한 분에게 복종해야 삶이 잘될 것이니, 결국 하나님은 전능한 분으로 복의 근원이시다. 그리고 복의 근원으로서 모든 정당성의 근원이시다. 생명을 주시고, 복을 주시고, 생사화복을 주장하시는 분으로서 하나님은 의로우시다. 전능하심과 의로우심을 이어 주는 중간 개념이 복이다. 내게 복 주시는 분의 뜻을 잘 살피고 그분의 눈에 들도록 노력해야 하지 않는가. 세상은 그분께 영광을 돌리며 그분의 높은 뜻 앞에 머리를 조아려야 하지 않는가. 그렇게 그분의 뜻은 옳고, 인간의 옳고 그름은 그분의 뜻에 일치하느냐에 달렸다. 복의 근원이라는 개념은 전능하신 하나님이 의로우신 하나님이 되는 데 중요한 역할을 한다. 우리의 믿음이 그렇다.

> 하나님이 침묵하신다고 하여,
> 누가 감히 하나님을 비난할 수 있겠습니까?
> 하나님이 숨으신다고 하여,
> 누가 그분을 비판할 수 있겠습니까? (34:29)

엘리후가 욥에게 하는 말이다. 욥은 지금 하나님의 침묵을 못 견뎌 하고 있다. 부당한 고난을 보고도 침묵하는 하나님은 무능하거나 악한 하나님이 아닌가. 그러나 엘리후는 그 모든 것을 받아들이라고 말한다. 하나님은 모든 것을 판단하시되 판단받는 분이 아니다.

세상일이 어떻게 돌아가든 전능한 하나님의 뜻대로 되는 것이니 옳게 돌아가고 있는 것이다. 하나님은 선험적으로 옳으시다. 세상사가 벌어지는 꼴을 보고 과연 하나님은 의로우시다고 생각하는 것이 아니다. 경험 이전에 하나님은 선험적으로 의로우시다. 물론 살다 보면 어떤 부조리가 있고 억울한 일이 생길 수 있다. 그러면 세상사를 주관하시는 하나님에 대해 물음이 생길 수 있다. 물었을 때에 하나님이 대답해 주시면 다행이지만, 대부분의 경우 하나님은 침묵하시지 않는가. 하나님의 침묵. 욥은 지금 그 문제에 부딪쳐 있다. 그러나 엘리후가 볼 때 그 역시 하나님 마음대로다. 하나님은 자신이 하는 일에 대해 이러쿵저러쿵 해명하고 변명하실 까닭이 없다. 욥처럼 하나님의 책임을 묻는 것은 하나님의 주권을 침해하는 일이니 얼마나 위험한가. 답답한 일이 있어도 하나님께 대들 수는 없다. 하나님은 전능한 주권자이시기 때문이다. 그리고 전능하시므로 어떤 부조리에도 불구하고 그분은 의로우시다.

그러나 물어보자. 하나님은 '언제나 의로우시기 때문에 전능하신 분'은 아닌가? 다시 말해 전능이 정의의 종속 개념이 될 수는 없는가? 엘리후처럼 생각할 때 인간은 힘을 정당화하는 경향에 빠진다. 현실적으로 힘 있는 자는 그 스스로 정당화된다. 그런 신학은 권력에 복종하는 정치성을 지니고 있지 않은가. 일단 힘을 갖게 되면 정의까지 저절로 겸비하게 되어, 그 때문에 인간은 권력을 숭배하는 것 아닐까. 힘이 곧 정의라는 생각을, 인간은 거부하면서도 현실로 인정하고 순응한다. 그렇게 되면 권세가 힘만으로 사람을 지배하는 것이 아니라, 정의까지 겸비해서 사람을 다스리는 것이다. 일단 권세를 가지면 겪어 보기도 전에 선험적으로 의롭게 된다.

하나님이 전능하시므로 의로우시다고 생각하는 신앙은 하나님을 굳게 믿고 복종하는 데는 좋지만, 삶에서 생기는 모순에 대한 질문에 적절한 답을 주기는 어렵다. 사람이 하나님 앞에 주체로 설 수 있는 것은 질문하는 주체로서인데, 질문을 못하게 하기 때문에 사람이 주체로 서지 못한다. 그런 점에서 엘리후의 신학은 사람을 상대하시는 하나님의 모습을 제대로 말해 주고 있지 못하다. 고난받는 자 욥의 처지에서 볼 때 엘리후의 주장은 추상적인 이야기다. 삶의 부조리와 부당함에서 생기는 정의에 관한 질문. 거기서부터 물어서 하나님의 모습을 찾아야 성서의 하나님을 제대로 그릴 수 있지 않을까. 삶의 부당함과 모순을 외면하지 않고 억울한 자들을 지키시며 횡포한 자들을 다스리시는 분으로서 하나님은 전능하신 분이 아닐까. 다시 말하면, 하나님은 끝내 의로우신 분으로 전능하시지 않느냐는 것이다. 고난받는 자의 처지에서 보면, 하나님의 전능하심을 근거로 의로움을 밀어붙이는 것은 받아들일 수 없다. 오히려 의의 문제를 해결하는 분으로서 하나님은 전능하시다. 전능은 정의의 속성인 것이다.

전능에서 출발하여 정의로 가는 믿음은 신실하고 훌륭한 믿음이다. 그러나 그것은 믿음을 이루는 두 날개 중 하나일 뿐이다. 구체적인 인간의 고뇌를 담고 있는 산 믿음이 되려면, 정의의 문제에서 출발하여 전능으로 가는 믿음을 다른 한쪽 날개로 지니고 있어야 한다. 새가 두 날개로 날듯이, 믿음의 두 측면이 서로 긴장을 이루며 살아 있어야 신자는 세상을 자유롭게 날아다닐 수 있다. 위로 올라갈 수도 있고 밑으로 내려갈 수도 있으며, 수평으로 멀리 갈 수도 있다. 초월과 내재와 역사의 진보가 가능하다.

하나님께 무슨 상관이냐?

> 욥 어른은 하늘을 보시기 바랍니다.
> 구름이 얼마나 높이 있습니까?
> 비록 욥 어른께서 죄를 지었다고 한들
> 하나님께 무슨 손해가 가며,
> 어른의 죄악이 크다고 한들
> 하나님께 무슨 영향이 미치겠습니까?
> 또 욥 어른께서 의로운 일을 하셨다고 한들
> 하나님께 무슨 보탬이 되며,
> 하나님이 어른에게서 얻을 것이
> 무엇이 있겠습니까?(35:5-7)

전능하신 하나님이라면 사람의 영향을 받지 않아야 한다. 그 점을 엘리후는 아주 아름답게 묘사하고 있다. 저 높은 하늘의 구름을 보라, 그리고 그 위 높은 데 계신 하나님을 기억하라. 저렇게 높이 계신 하나님이 사람의 일에 휘둘리시겠는가. 여기서 우리는 엘리바스의 이야기(22:2-3)가 좀 더 심화되어 나타나는 것을 본다.

욥은 자신이 하나님을 잘 섬겼음에도 재앙을 당한 것을 억울해하고 있다. 경건한 신앙이 주는 유익이 아무것도 없다고 탄식하고 있다(34:9; 35:3). 그러면서 하나님을 원망하고 있다. 그는 마치 의롭게 사는 자에게 하나님이 큰 복을 마땅히 내려 주셔야 하는 것처럼 생각하지 않는가. 하나님이 사람에게 무슨 빚이라도 지셨다는 말인가. 사람이 선하면 복을 주고 악한 짓을 하면 벌을 준다는 법칙이 있는가. 하나님은 어떤 법칙에도 매이지 않는 분이다. 하나님은 지존한 전능자이므로 모든 것을 마음대로 주무르는 자유를 지니시고 따라서 하나님께는 어떤 당위도 없다. 마땅히 어떻게 해야 하는 의무가 하나님께는 해당되지 않는다. 물론 하나님은 의로우시다. 그러므로 의로운 자는 복을 받을 것이다. 엘리후는 지금 자의적인 하나님을 말하려는 것이 아니다. 다만 의로운 자가 복을 받는 것은 마땅히 그래야 하는 것이 아님을 지적하고 있다. 얼마나 정밀하고 뛰어난 사변인가. 의로운 자가 복을 받는 것은 은총일 뿐, 반드시 그래야 된다는 법은 없다. 하나님은 어떤 법칙에 매여 악한 자를 벌하고 의로운 자에게 상을 주시는 것이 아니다. 그렇게 하고 싶으셔서 그렇게 하시는 것이니 얼마나 고마운 하나님인가.

그러므로 의인 욥이 복을 받았던 것은 은총이요, 의인 욥이 지금 불행을 당하고 있다고 해서 하나님을 원망할 일이 아니다. 은총은 주시는 분 마음대로요, 하나님은 욥에게 어떤 빚도 진 것이 없기 때문이다. 욥이 의롭게 살아서 하나님이 무슨 덕을 보신 것도 없기 때문이다. 욥이 악하게 살았다면 벌을 받았을 것이다. 그러나 그 역시 하나님이 사람의 악행 때문에 무슨 괴로움을 당해서가 아니다. 악한 자에게 벌을 주시는 것 역시 하나님의 정의로운 은총이다. 그러므로 은총이 있을 뿐 하나님께 따질 것은 없다. 의인이 복을 받고 악인이 불행을 당했다면 하나님의 은총이고, 악인이 잘되고 의인이 불행을 당했다고 해서 하나님 책임은 아니다. 뭔가 하나님의 공의가 있음을 믿으면 된다.

엘리후는 분명하다. 욥이 죄를 지어 봐야 그 악에 휘둘리는 것은 사람뿐이고, 욥이 좋은 일을 해봐야 그 혜택을 보는 것 역시 사람이다(35:8). 하나님은 사람의 선악과 전혀 상관이 없으니 그것에 영향을 받지 않으신다. 사실 사람이 죄를 지어도 하나님께 무슨 부담이 되겠느냐는 물음은 욥 자신이 묻고 싶은 것이다(35:3). 혹시 자신이 죄를 지었다고 해도 그 때문에 하나님이 무슨 큰 손해를 본다고 이토록 혹독한 보복을 하시느냐는 물음이다. 그러므로 여기서 하나님이 인간의 죄에 영향을 받지 않으신다는 것은 욥의 변호에 있어서 적절한 명제다. 따라서 엘리후가 정말 하고 싶었던 말은 사람의 선한 일이 하나님께 어떤 도움도 되지 않는다는 것이었다. 하나님은 의인에게 아무런 빚도 없으시다. 그런데 왜 욥은 자신의 의로운 삶에 대한 대가를 찾는가? 그는 마치 하나님을 빚쟁이처럼 여기지 않는가?

그러나 그것은 불행을 당한 사람에게 할 이야기가 아니다. 그에게 아무런 도움도 되지 않는다. 엘리후가 옳다고 해도 그것은 어쩌면 불행을 당한 사람이 할 수 있는 말은 되지만, 불행을 당한 사람에게 할 말은 아니다.

　더욱 근본적인 문제가 있다. 엘리후는 앞에서 말한 대로 사람의 영향을 입으시는 하나님을 알지 못한다는 점이다. 하나님은 사람이 선행을 하든 악행을 하든 상관없이 자기 할 일만 하시는 그런 분이 아니다. 사람에게 희망을 가지고 있기 때문에 사람의 선행에 기뻐하시고 악행에 가슴 아파하신다. 사람의 일은 하나님과 상관있다. 사람과 상관하는 데서 오는 하나님의 희생을 엘리후는 모른다. 사랑이 낳는 희생을 하나님에게 적용할 엄두를 못 내고 있다. 그는 영향을 받을 수 없고 따라서 희생할 수 없는 하나님, 곧 전능한 하나님만 안다. 그의 생각은 하나님의 무능에까지 미치지 못한다. 인간에게 희망을 가지고 계시기 때문에 생기는 하나님의 무능, 인간의 불행을 안타까워하시기 때문에 생기는 하나님의 무능 안에서 진정한 하나님의 사랑을 알고, 거기서 하나님의 전능이 생긴다. 하나님은 사랑이시므로 전능하시다. 사랑 '할' 뿐 아니라 사랑 '이시므로'(요일 4장) 전능하시다. 욥에게서 새로 체험되는 하나님은 그런 하나님일 것이다.

　그러므로 욥은 엘리후와 달리, 공의와 사랑의 하나님이므로 전능하신 그런 하나님을 보게 될 것이다.

19.

들어라, 들어라
엘리후의 발언 · 욥기 36-37장

엘리후는 하나님을 변호하러 나선다. 전지전능하여 인간의 선악에 따라 벌을 주시는 분이다. 기본적으로 인간은 하나님께 할 말이 없다. 그런데 욥은 무슨 말이 그토록 많은가.

엘리후, 하나님을 위해 말하다

조금만 더 참고 들으시기 바랍니다.
아직도 하나님을 대신하여 드릴 말씀이 있습니다(36:2).

엘리후는 하나님을 대신해서, 또는 "하나님을 위하여"(개역한글) 할 말이 많다. 욥은 자기를 위해 하나님께 할 말이 많은데 엘리후는 하나님을 위해 할 말이 많다. 그리고 욥의 문제는 단순히 욥만의 문제가 아니다. 욥은 어느새 고난받는 모든 인간의 대변자가 되었다. 하나님께 할 말이 많으면서도 순종이라는 미덕에 눌려 말문을 열지 못하던 이들. 감히 하나님께 저항의 논설을 늘어놓는 욥은 이제 그런 사람들을 대변하는 위치에 서게 된다. 욥은 사람을 위해 하나님께 할 말이 많다. 그러나 엘리후는 하나님을 위해 그 불손한 자들에게 할 말이 많다. 하나님 편에 설 것인가, 사람 편에 설 것인가. 욥은 지친 사람을 업고 하나님께 맞서 있고, 엘리후는 하나님을 업고 사람에게 맞서 있다.

할 말이 많다는 것은 억압이 있다는 것이다. 할 말은 부자유와 억압에서 생긴다. 엘리후가 하나님을 위해 할 말이 많다는 것은 진리가 푸대접을 받는 데서 오는 불편함 거기서 생기는 억압 때문이리라. 그는 사람에게 박대받고 왜곡되는 진리를 위해 할 말이 많다. 그럼으로써 그는 하나님 편에 선다. 그는 하나님을 변호하는 자요, 하나님을 대신해서 말하는 자다. 하나님의 할 말을 대신하는 자다. 하나님의 할 말에서 엘리후의 할 말이 나온다.

그러나 하나님의 할 말은 어디서 생기는 것인가? 하나님은 그분 자신을 위해 할 말을 가지시는가? 엘리후는 하나님을 위해 할 말이 많고, 그 할 말이란 결국 하나님이 그분 자신을 위해 할 말인 셈이다. 엘리후의 신앙은 경건하고 옳다. 하나님은 궁극적으로 하나님을 위해 계신다. 하나님은 사람의 수단이 아니다. 그러나 다시 한번 생각해 보자. 하나님은 사람을 위해 계신다. 사람을 위해 계시기로 했다. 그러므로 처음부터 하나님은 사람을 상대하신다. 그래서 삼위일체의 하나님이다. 하나님은 그분 자신을 위해 계신 분으로서는 모든 상대성을 뛰어넘는 절대자이며 영광의 하나님이지만, 사람을 위해 계신 분으로서는 사람을 상대하며 수난받으시는 하나님이요 십자가의 하나님이다. 그러므로 나는 하나님을 위해 있고, 또한 나를 위해 있다. 하나님의 은총으로 나는 나를 위해 있을 수 있다. 하나님이 사람을 위하시기로 했기 때문에 생긴 결과다.

하나님의 할 말은 어디서 생기는 것일까? 하나님이 사람을 위해 계심에서 생긴다. 하나님이 할 말이 많으신 것은 사람을 위해서다. 하나님을 위해서가 아니다. 하나님도 사람을 위해 할 말이 많으신데, 어찌하여 엘리후는 하나님을 위해 할 말이 많다고 자처하여 나서는가? 그리고 하나님이 사람을 위해 할 말이란 율법이 아니라 복음이요, 훈계와 잔소리가 아니라 위로와 격려의 말씀이 아닌가.

엘리후의 신앙의 열정에는 이제 인간에 대한 애정의 물이 들어야 하지 않을까? 가을에 나뭇잎이 새로운 색깔로 물들 듯이, 엘리후의 신앙도 인간에 대한 애정으로 물들어야 할 것이다. 엘리후는 너무 몸에 힘을 주고 있는지 모른다. 그는 경건한 사람이지만 너무 많은 것을 몸에 지니고 있는지 모른다. 힘을 좀 빼야 한다. 가을에 멜라닌 색소가 빠지면서 나뭇잎이 아름답게 물들 듯이, 엘리후도 자기를 비워야 할지 모른다. 그의 훌륭한 신앙은 자기를 비우는 법을 모르고서는 생기지 않았겠지만, 그 신앙의 여정에서 어느 순간부터 그에게는 자기가 꽉 들어차 하나님이 들어가실 자리가 없는지도 모른다. 믿음이 만든 교만이요, 믿음이 만든 경직성이다. 그는 너무 하나님 편에 서서 너무 사람답지 않고 신성하다. 그 자신이 신성한 자가 되었다. 그럴 때는 인간다운 면모를 갖추는 것이 하나의 해결책이다. 구체적인 사람살이를 돌아보고 무의미와 고난 속에서도 이어져 가는 생명들의 행진에서 어떤 거룩한 것을 발견할 필요가 있다.

물론 사람 편에 서면 모든 인간사가 그렇듯이 모든 것이 혼돈스럽고 보편적 신념이 흔들릴 수 있다. 인생의 고난과 무의미는 사람을 흔들어 놓기 때문이다. 그래도 하나님도 사람 편에 서시지 않았는가. 엘리후와 같은 경건한 자가 사람 편에 설 줄 알 때, 그럴 때 비로소 하나님의 사람이 될 것이다. 그 신앙의 완성이 이루어질 것이다. 완성은 결국 인간에 대한 애정으로 이루어진다. 엘리후는 욥과의 충돌을 통해 완성의 기회 앞에 섰다. 엘리후만한 신앙을 가지기도 힘들지만, 만일 지금 그 기회를 잃으면 그는 모든 것을 잃는 사람이 될 수도 있다. 그만큼 사람 쪽에서 하나님을 생각하는 일은 중요하다. 욥은 그 문제에 도전하고 있는 셈이다. 믿음은 초월이다. 그러나 그 초월은 사람을 넘어가는 초월이 아니라 사람을 거쳐 가는 초월이요, 다른 사람과의 사이에서 발생하는 초월이다. 결국 사람 사이로 돌아오는 초월이다. 참된 사랑을 위하여 우리는 세상과 나의 욕심을 믿음으로 초월할 줄 알아야 하는 것이다. 거기서만 우리는 하나님이 사랑이심을 알게 될 것이다. 거기서 우리는 하나님이 사랑이심을 단지 믿는 것이 아니라 알게 될 것이다.

하나님이 할 말이 많으신 것은 하나님을 위해서가 아니라 사람을 위해서라고 했다. 하나님이 사람을 위해 계시기 때문에 사람과 하나님 사이에 틈과 거리가 생긴다. 그 거리와 틈은 창조적 자유의 거리이지만 또한 인간 죄의 자리이기도 하다. 은총으로 주어진 그 거리가 죄의 자리로 변했다. 그것이 인간이 만든 현실이다. 이 세상, 곧 시간과 공간은 창조적 거리로 만들어졌는데, 그것이 파괴와 죄의 자리로 변했다. 마주 보며 생기는 하나님과 사람의 거리는 창조적 거리요, 생명이 넘치는 새로운 삶을 만드는 거리다. 그러나 사람이 하나님께 등을 돌리고 배반과 무지의 역사에서 헤어 나오질 못하고 있다. 거기서 부자유와 억압이 생긴다. 사람이 하나님께 등을 돌리면서 사람에게 등을 돌리고 세상 만물에게도 등을 돌린다. 거기서 정치적 권력 관계의 억압이 발생하고, 사랑하지 못하는 데서 생기는 심리적이고 영적인 부자유와 억압이 발생한다. 그 부자유와 억압이 인간 고난의 원천이다. 그처럼 재앙과 고난과 고통은 사람이 자초한 것이다. 인류의 죄악이 있다.

그러나 사람의 수난은 하나님의 수난이 된다. 사람을 위해 계시기로 한 하나님이기 때문에 사람의 억압을 하나님도 느끼신다. 거기서 하나님도 할 말이 많으시다. 그 할 말은 사람을 위하는 데서 생긴 할 말이다. 왜곡된 진리를 바로잡으려는 데서 생긴 말이기 이전에, 사람의 수난이 안타까워서 생긴 말이다. 엘리후는 하나님의 말씀이 다 사람을 위한 것이라고 생각한다. 그래서 그는 하나님의 말씀의 본질을 훈계와 율법으로 생각한다. 그러나 하나님의 말씀은 처음부터 사람을 위하기 때문에 생긴 것이다. 사람을 위하기 때문에 하나님께도 할 말이 있는 것이다. 하나님의 언어성의 기원은 인간의 고통과 억압이다. 하나님의 언어성은 진리가 자기를 곧게 추스르려는 데서 생긴 것이 아니라, 진리가 인간에게 애정을 가지는 데서 생긴 것이다.

들어라, 들어라

엘리후는 말한다.

네 분은 모두 하나님의 음성을 들으십시오.

그분의 입에서 나오는

천둥과 같은 소리를 들으십시오.

하나님이 하늘을 가로지르시면서,

번개를 땅 이 끝에서 저 끝으로

가로지르게 하십니다.

천둥과 같은 하나님의 음성이 들립니다.

번갯불이 번쩍이고 나면,

그 위엄찬 천둥소리가 울립니다.

하나님이 명하시면,

놀라운 일들이 벌어집니다(37:2-5).

옛사람의 신앙은 현대인에게 주는 교훈이 많다. 번개가 치고 천둥이 울리는 것을 통해서도 하나님의 음성을 듣고 자기를 돌아본다. 비 오는 날 짐승들이 자기 굴을 찾아 들어가는 모습을 보면서도 하나님의 위엄을 느낀다. 현대인은 그 느낌을 잃었다. 과학은 미신을 없애면서 동시에 하늘에 대한 경외심도 같이 없앴다.

그러나 또 다른 면을 보자. 엘리후는 하늘에 대한 경외심으로 사람의 말을 막고 있다. 그의 주장은 '들으라'는 것이다. 사람은 입을 다물고 오직 하늘의 소리를 들어야 한다는 것이다. 앞에서 우리는 인간의 언어는 할 말을 하는 것이고, 할 말은 억압에서 생긴다고 했다. 사람은 누구나 억압 속에 살기 때문에 할 말이 많고, 그중에서도 특히 억압이 많은 사람은 할 말이 더 많다. 그러므로 말을 막는 것은 억압을 노출할 기회를 박탈하는 일이다. 그런데 앞서도 보았듯이 종교는 말을 하기보다는 저쪽에서 오는 말을 듣는 것을 강조한다. 그러면서 말을 잘 듣는 순종적 인간을 만들어 낸다. 하나님께 순종하는 것은 최고의 미덕이지만, 자칫 억압으로 찌든 현재 질서에 순종적인 인간을 만들어 내기 십상이다.

그런 점에서 성서의 하나님은 종교 이상이다. 하나님은 인간의 억압 상황에 노출되신다. 저 위에 계신 분, 곧 은밀하게 계신 분이 인간이 고통받는 상황에는 노출되신다. 그리스도의 신체가 빌라도의 법정 앞에서 옷이 벗겨지고 노출되지 않았던가. 빌라도는 로마 총독으로 인간 권력의 대표자요, 그 주위에 종교 권력자들이 포진하고 있었다. 그리고 그들과 같이 춤추는 민중은 하나님을 몰라보는 무지 속에서 고통의 춤을 추고 있지 않았던가. 빌라도의 법정은 인간의 억압 상황을 압축해서 보여주고 있다. 그리스도는 거기에 노출되셨다. 하나님은 인간의 억압 상황에 노출되신다. 하나님의 노출에 하나님의 비밀이 있다. 인간의 억압된 현실로 들어오신 하나님 때문에 인간의 억압된 상황이 노출된다. 하나님 안에서 사람은 할 말을 제대로 할 수 있게 되었다. 그러므로 인간의 언어는 하나님의 은총이다. 말 같은 말이란 하나님의 은총이다. 할 말을 하는 것은 인간이 억압을 벗어나기 위해 터져 나오는 것이지만, 할 말을 제대로 하지 못하게 하는 것이 세상의 질서다.

기득권자들은 자신들의 기득권을 지키기 위해 약자들의 할 말을 하지 못하게 한다. 또는 말을 왜곡해서 이데올로기를 구성한다. 인식의 왜곡을 조장한다. 참으로 우리가 할 말을 하게 하는 분은 오히려 하나님이시다. 하나님의 은총으로 사람은 비로소 할 말을 제대로 할 줄 알게 된다. 할 말을 하는 것. 그리하여 억압의 상황을 노출하는 것. 그것은 인간의 억압된 상황에 노출되는 하나님이 바라시는 것이다. 만일 사람이 할 말을 하면서 주체가 된다면, 사람을 주체로 세우는 분은 하나님이시다. 사람은 하나님의 은총으로 주체가 된다.

그리고 사람으로 하여금 할 말을 하게 하시는 하나님은, 사람으로 하여금 하나님에 대해서도 할 말을 하게 하신다. 하나님의 말씀을 잘 듣는 것이 중요하지만, 하나님의 말씀은 인간의 억압된 상황에 대해서 발생한다. 하나님께 인간이 하는 말은 욥에게서 보듯이 질문이요 의문이다. 인간의 억압된 삶에 노출되시는 하나님은, 모순된 인생사와 의문투성이의 부조리에 노출되셔서 인간의 질문과 의문을 감당하신다. 인간의 순종을 즐기시는 분이기 이전에 인간의 물음을 감당하시는 분이 성서의 하나님이다. 하나님은 인간의 물음을 감당하시면서 영광을 받으시고, 인간은 물음과 함께 순종의 길을 간다.

사람은 주체이지만 묻는 주체다. 엘리후는 어떤가? 그는 들음을 통해 깨달음을 강조하고 순종을 강조한다. 그러나 하나님의 비밀은 그분이 인간의 억압 상황에 노출되시는 데 있기 때문에, 하나님을 볼 자는 억압된 인간 편에 있어야 한다. 인간 편에 있어야 하고, 억압된 인간 편에 있어야 한다. 고난받는 자가 하나님을 만나고, 고난받는 자의 처지에서 본 하나님이 성서의 하나님이다. 그것은 일목요연하게 설명되는 하나님이 아니요, 질문투성이 속에 감추어진 하나님이지만 바로 거기가 하나님이 노출되고 드러나시는 곳이다. 어쩌면 질문하는 욥은 하나님의 계시에 다가가는 자요, 질문을 견디지 못하는 엘리후는 약자의 처지를 함께하지 못해 결국 하나님의 뜻에서 멀리 있는 자일지도 모른다.

> 어디 한번 말씀하여 보십시오.
> 하나님께 뭐라고 말씀드려야 할지를
> 우리에게 가르쳐 주십시오.
> 우리는 무지몽매하여
> 하나님께 드릴 말씀이 없습니다(37:19).

엘리후는 할 말을 할 수 없음을 강조하고 있다. 할 말을 하지 못하는 상황은 몹시 경건한 상황이지만, 동시에 억압을 은폐하고 있는 상황일 수도 있다. 민중은 할 말이 많으면서 억압이 오래가면 아예 할 말을 잃는다. 할 말을 잃은 백성. 하나님은 그들의 부르짖음을 들으신다. 할 말을 잃어 나오는 신음 소리와 울부짖음과 한숨 소리를 들으신다. 그것은 언어가 아니지만, 하나님의 언어가 생기게 되는 근원이다. 태초에 말씀이 있게 된 원천이다. 지금 욥은 백성의 삶의 고난에서 나오는 신음 소리를 언어로 대변하고 있다. 그리고 엘리후는 그 언어의 위험성을 지적하고 있다. 위험성? 그것은 사람을 사랑하시는 하나님이 언제나 겪는 것 아닌가. 위험성이란 창조적 거리에서 생긴 것이다. 그것은 사람에 대한 하나님의 희망의 다른 측면이다. 엘리후는 소망을 하나님께 둘 줄만 알았지, 사람에 대한 하나님의 희망을 모르는 자가 아닌가.

20.

하나님이 말씀하시다
욥기 38장

마침내 하나님이 말씀하신다. 욥이 기다리던 것이다. 그러나 하나님의 말씀은 욥의 고난을 설명하는 말이 아니다. 욥의 물음에 직접 답하는 말이 아니다. 인간의 무지와 무명을 깨닫게 인도하는 말이다. 말하자면, 찬양으로 인도하는 말이다. 욥으로 하여금 할 말을 잃게 하는 말인데, 그렇다고 욥의 고통을 모르고 하는 말은 아니다.

하나님이 말씀하시다

하나님이 말씀하신다.

네가 누구이기에 무지하고 헛된 말로 내 지혜를 의심하느냐?(38:2)

무지하고 헛된 말. 그렇다. 인간의 언어는 언제부터인가 무지한 말이 되었다. 욥의 친구들도 경건한 믿음을 가진 자들이지만 세상 이치를 제대로 알지 못했다. 모르면서 앎을 늘어놓았다. 친구들의 말에 저항하는 욥의 말 역시 같은 수준이다. 물론 욥이 하나님께 의문을 표시하는 말은 세상의 언어 수준을 뛰어넘은 말이다. 그러나 저항이 앎을 낳을 수는 없다. 그것은 물음으로서는 의미가 있지만 역시 물음은 물음일 뿐이다.

"무지한 말로 이치를 어둡게 하는 자"(개역한글)란 욥에게만 해당되는 말이 아니다. 모든 인간은 무지에서 나온 헛된 말로 이루어진 삶을 산다. 그리하여 세상의 도와 이치를 어지럽히며 산다. 하나님에게서 멀어지면서 사람은 참을 잃고 참말을 잃어버렸다. 말이란 대면에서 나오는 것이다. 에덴동산을 하나님과 걸었던 인간은, 타락 이후 하나님과 대면할 줄 모르고 등을 지게 되었다. 거기서 참말을 잃어버렸다. 신명기 34장에 나와 있지 않은가. "그 뒤에 이스라엘에는 모세와 같은 예언자가 다시는 나지 않았다. 주님께서는 얼굴과 얼굴을 마주 대고 모세와 말씀하셨다"(34:10). 모세는 하나님과 대면하던 자로서 참사람이요, 참말의 사람이었다. 사람은 꽉 찬 말을 잃어버린 후 오히려 말이 많아졌다. 무얼 많이 알게 되었지만, 그 앎은 무지의 세계에서 무지의 질료를 가지고 이리저리 꿰맞춰 만들어 낸 앎이다. 주어진 것이 아니라 만들어 낸 것으로서의 앎은 인간의 창조물이요, 문화를 이룩한다. 그렇게 수천 년 수만 년 인간의 역사는 계속된다. 그러나 아무리 세월이 흘러 전통이 쌓이고 앎이 앎을 낳아 지금의 앎을 정당화하는 층이 두껍게 형성되었어도, 무지는 무지다. 무지와 헛말이 어울려 헛된 삶과 문화를 이룩한다.

꽉 찬 말, 참말을 할 줄 모르게 된 이후 인간은 말이 더 많아졌다. 자연을 정복하고 생산하기 위해 인간은 입을 맞추어야 했고, 그렇게 의사소통 수단으로서의 말이 형성된다. 그 말로 인간은 말을 맞추고 과학기술과 보편적인 삶의 방식을 건설한다. 그것은 인간의 생산력을 형성하지만, 알고 보면 그 생산력에는 파괴력이 들어 있다. 기술 언어는 삶의 의미와 무관하게 따로 발전된 것으로서 진리 물음을 묻지 않는다. 진리 물음이 빠진 과학기술의 중립 지역에는 반드시 인간을 지배하는 권력 관계가 들어간다. 인간에 대한 인간의 억압이 들어가고, 언어는 권력 관계를 생산하는 것이 된다. 헛된 말은 단순히 텅 빈 것이 아니라, 삶의 의미가 빠지고 권력이 들어차는 것이다. 그렇게 인간의 고통은 시작된다.

창세기 11장에는 하나님이 한마음으로 뭉쳐 바벨탑을 쌓던 사람들의 언어를 흩어 놓는 이야기가 나온다. 하나님께 등 돌린 채 사람들이 입을 맞추어 형성된 언어는 권력에 대한 의지라는 우상숭배의 도구가 된다. 도시 건설과 문화 건설에 쓰이지만, 알고 보면 인간의 권력을 쌓는 것이다. 하나님을 멀리하고 형성된 인간의 권력은 인간에 대한 인간의 권력을 만들어 낸다. 입을 맞추어 형성된 인간의 문명, 인간의 언어가 이룩한 보편 문명은 헛됨의 극치로 갈 수도 있다. 언어를 흩으신 하나님의 뜻을 가늠하지 못한다면 말이다.

오늘날 문명은 보편 문명의 극치에 달하고 있다. 물론 과거에도 다른 문화와 교류가 가능했다는 것은 다른 언어권이라도 번역이 가능했음을 의미한다. 어떤 면에서 인류 문명은 보편 문명이었던 셈이다. 그러나 보편 문명은 현대에 두드러진다. 과학기술 문명이 극대화되면서 어느 민족이나 먹고살고 여가를 보내는 방식이 비슷해졌다. 정보사회가 되면서 삶의 의미를 주는 것은 뒤로 밀리고 어디에 쓸 정보가 언어의 중심을 차지하고 있다. 언어가 단순화되고 의사소통의 원활함을 위해 공용어가 각광받고 있다. 언어가 하나로 되어 가는 것이다. 준비되지 않은 채 인류의 의사소통이 활발히 이루어지는 것은 바벨탑을 쌓는 일일 수 있다. 무지에서 나온 파괴력이 뭉치는 것일 수 있기 때문이다.

참된 앎은 역시 찬양과 함께 발생한다. 찬양과 감사에서 인생과 우주의 신비를 아는 앎이 생겨난다. 38장에서 하나님은 자연 현상을 두고 하나님을 찬양하도록 이끄신다. 욥은 자신의 고난의 원인을 알고 싶었는데, 하나님은 삶이 무엇인지를 알도록 인도하고 계시다. 삶을 아는 앎은 신비 앞에서의 외경심과 찬양이다. 삶을 아는 앎 앞에서 고난의 원인을 아는 것은 저절로 해결되는가? 고난의 원인을 찾았기 때문인가, 아니면 더 이상 그 문제가 중요해지지 않고 생명을 얻었기 때문인가?

욥은 정의의 물음을 묻고 있다. 인간이 당하는 고난의 부당함을 주장하고 있다. 고난의 부당함은 전능하신 하나님의 부당함이었다. 그리하여 욥은 하나님과 맞섰다. 하나님과 대결 구도에 들어갔다. 그러나 하나님이 말씀하신다.

> 이제 허리를 동이고 대장부답게 일어서서,
> 묻는 말에 대답해 보아라(38:3).

대결하려면 해보라는 것이다. 대결은 필요하다. 그렇지 않으면 억압의 이데올로기가 밝혀지지 않는다. 대결은 기득권자와의 대결로부터 시작하지만, 궁극적으로는 하나님과의 대결로 간다. 대결을 통해 벼랑 끝에 설 줄 아는 자, 그는 하나님을 만날 것이다. 대결은 대면의 길이다. 너무나 많은 모순과 억압이 두꺼운 층을 이루고 있기 때문에, 그것에 의문을 제기하는 길은 대결의 길일 수밖에 없다. 때로 투쟁은 진리를 만나는 길이다. 인류는 진리와의 대면을 위해 때때로 기존의 진리와 대결하는 길을 걸어왔다. 욥은 기존 관념을 깨고 대결의 길에 나섰다. 그러나 대면은 무엇인가? 그것은 찬양과 경배다. 머리를 숙임이다. 그것은 비굴한 머리 숙임이 아니라, 인간의 한계 끝에 있는 구원의 은총에 대한 감사의 몸가짐이다. 궁극적으로는 인간과의 대면도 마찬가지다.

정의를 이루려면 따져야 한다. 설명이 되어야 한다. 친구들은 죄와 벌의 인과관계에서 욥의 고난을 설명했고 욥은 그런 설명에 의문을 제기했다. 그러나 그 의문 역시 따지는 언어였다. 부당함을 따지는 언어였다. 고난의 원인이 무엇인지 따져서 밝히려는 것이다. 악한 자들은 다 잘 사는데 어째서 자신이 그런 고난을 당해야 하는지 따져 보려는 것이다. 정의에는 신비가 있으면 안 된다. 신비는 정의를 방해할 수 있다. 그러나 정의는 그 자체가 목적은 아니다. 대결은 대면을 위해서 있고, 맞섬은 마주함을 위해서 있다. 마주함에는 신비가 있고 말로 설명할 수 없는 경외심이 있다. 거기에는 비폭력이 있다. 삶의 애환과 무의미를 모두 감싸고 있는 무엇, 힘들고 허무한 삶을 밑에서 지탱하고 있는 의미의 세계가 있다.

사랑하는 남편이 세상을 떠난 후에도 자식들과 함께 살아야 하는 것은 무엇 때문일까? 고난이 폭풍우처럼 밀어닥쳐 모든 것이 사라진 이후에도 살아야 하는 것은 무엇 때문일까? 그래도 삶을 살도록 되어 있지 않은가. 산 사람은 살아야 하고, 그래도 때로는 웃으며 삶을 꾸려 간다. 도대체 살아야 하는 이유가 무엇인가? 왜 번듯한 삶이 불가능해진 이후에도 삶을 살도록 되어 있는가? 삶은 내 것이 아닌가? 그런 점에서 삶은 삶 이상인 모양이다. 무의미보다 의미가 더 근원이고, 그 의미는 사람의 손으로 잡을 수 있는 것이 아니다. 나는 도저히 의미를 모르겠는데, 그래도 기쁜 일도 생기며 삶은 계속된다. 의미의 근원은 인간의 한계 저쪽에 있다.

네가 아느냐?

내가 땅의 기초를 놓을 때에,
네가 거기에 있기라도 하였느냐?
네가 그처럼 많이 알면,
내 물음에 대답해 보아라.
누가 이 땅을 설계하였는지,
너는 아느냐?
누가 그 위에 측량줄을 띄웠는지,
너는 아느냐?
무엇이 땅을 버티는 기둥을 잡고 있느냐?
누가 땅의 주춧돌을 놓았느냐?
그날 새벽에 별들이 함께 노래하였고,

천사들은 모두 기쁨으로 소리를 질렀다(38:4-7).

지구가 만들어질 때, 사람은 없었다. 사람은 모든 것이 만들어진 이후에 등장했다. 지구도 그렇다. 이미 다른 별들이 반짝이는 가운데 지구라는 별이 만들어졌다. 사람은 건물의 주춧돌을 놓고 땅을 파서 높은 빌딩의 기초 공사를 하지만, 그 땅의 기초 공사가 이루어질 때 사람은 없었다. 하나님은 없었던 적이 없고 사람은 없었던 적이 있다. 아주 작은 입자나 아주 작은 미물이 생길 때도 하나님은 있었지만 사람은 없었다. 사람은 공간을 점령해 나가고 자신이 만든 인위적인 공간에 문명과 문화를 이룩하고 그 속에 들어가 살지만, 시간을 점령할 수는 없다. 높이 올라가는 바벨탑의 역사는 공간 점령의 역사다. 사람은 우주 끝까지 내다보려고 노력하고 세포의 세밀한 부분까지 들여다보려고 노력하므로 공간을 점령해 나간다. 그리하여 사람에게 유용한 지식으로 세계를 채워 나간다.

그러나 사람은 무엇이 자기에게 유용하고 좋은지 모른다. 사람은 선악과를 따 먹었지만 선악이 무언지 모른다. 선이 무언지 악이 무언지 모른다는 것은 단순히 도덕적인 선악을 모르는 것이 아니라, 결국 무엇이 자기에게 좋고 나쁜지를 모른다는 것이다. 근본적인 무지 속에 있다. 인간이 따져서 확립하려는 정의와 불의도 그 무지 속에서 나름대로 찾은 최선의 방편일 따름이다.

38장을 보면 인간의 무지는 인간의 시간적 한계와 연결되어 있다. 태초에 지구가 생길 때, 땅이 생기고 바다와 뭍의 경계가 이루어질 때 사람은 없었다. 태초는 언제나 신학적인 문제이지 과학의 문제가 아니다. 과학으로 빅뱅 이론을 만들고 최초의 시간을 가늠할 수 있을지 모르나, 시간을 낳은 시간은 모른다. 과학의 영역이 아니다. 태초는 먼저 뜻의 시간이기 때문이다. 시간 전에 뜻이 있었다. 존재하는 것들이 생기기 전에, 최초의 시간 전에 뜻이 있었다.

그리하여 존재하는 모든 것에는 뜻이 있다. 의미가 먼저이고 존재는 그다음이다. 존재자들은 서로 헐뜯고 투쟁하여 무의미의 시간과 공간 속에서 살지만, 무의미보다 의미가 먼저다. 사람이 무의미를 만들어 낸다면 자연을 보라. 번개가 치고 우박이 내리고 이슬이 맺히는 것은 우연이 아니다. 과학은 자연 현상을 우연으로 본다. 자연법칙에 의해 그 자체로 돌아가는 것일 뿐 그 뒤에 무슨 뜻이 있다고 보지 않는다. 그리하여 과학도 무의미를 거든다. 의미 중립에서 출발한 과학이 결국 삶의 무의미를 만든다. 탈의미는 무의미를 만들었다. 그러나 모든 것에는 뜻이 있고 뜻에 의해 운행되는 것이다. 뜻의 눈으로 볼 때, 아침에 해가 뜨고 세상 돌아가는 것이 의미에 차 있다. 의미 중립의 과학보다 어떤 오묘한 뜻이 세상을 훨씬 더 잘 말해 준다. 그 뜻을 아는 사람이 누구이겠는가. 정의의 물음만으로는 그 뜻을 알 수 없다.

그러면 욥의 고난에도 뜻이 있는가? 욥은 무엇을 깨달을 것인가?

21.

정의에서 신비로
욥기 38-39장

물음에는 물음의 수준이 있다. 정의의 물음으로 하나님을 끌어내는 욥. 그러나 하나님은 정의 이상이다. 세상 돌아가는 것에 신비가 있고 생명에 신비가 있다. 사람이 무의미를 만든다면 자연을 보라. 38-39장은 모두 자연이다. 사람 없는 곳에 내리는 비를 보라.

자연을 보라

사람은 사람만 안다. 인간의 문명은 도시 생활로 나타나는데, 도시는 자연과 단절되는 벽을 사방에 쌓아서 건설된다. 아주 오랜 세월 동안 인간은 도시를 발전시키며 문명을 누려 왔다. 그러면서 잃어버린 것은 은총의 세계다. 모든 것은 하늘의 은총이 아니라, 사람이 하기에 달렸다. 사람이 하기에 달린 세상이 되어 갔다. 사람에게 좋은 것이면 선이라고 생각하기 시작했다. 그러나 자연을 보라.

쏟아진 폭우가 시내가 되어서 흐르도록
개울을 낸 이가 누구냐?
천둥과 번개가 가는 길을 낸 이가 누구냐?
사람이 없는 땅,
인기척이 없는 광야에
비를 내리는 이가 누구냐?
메마른 거친 땅을 적시며,
굳은 땅에서
풀이 돋아나게 하는 이가 누구냐?(38:25-27)

 사람 없는 빈 들에 비가 내리는 까닭은 무엇인가? 아무도 찾지 않는 허허벌판에 풀이 나고 시냇물이 흐르는 까닭은 무엇인가? 숲 속 깊은 곳에 은밀히 피었다가 지는 꽃은 무엇을 위함인가? 계곡에서 살아가는 미물들의 부지런한 생명의 세계는 어떻게 이해할 것인가? 도시에 있는 모든 것은 사람을 위해 존재하지만, 자연은 하나님을 위해 존재한다. 그렇지 않으면, 아무도 보지 않는데 들꽃이 아름답게 필 까닭이 없지 않은가. 사람이 슬쩍 발을 들여놓고 그 아름다움을 누려 볼 수는 있지만 말이다.

 욥은 정의의 논리에 서 있다. 무의미를 이기기 위해서다. 사람 살이가 무의미를 만들어 냈다. 불의가 판치는 곳에는 무의미가 생산된다. 의미란 저절로 찾아오는 것이 아니라 무의미를 극복하며 찾아온다. 그러므로 부조리하고 불의한 것을 제대로 바로잡는 것은 삶을 의미 있게 사는 한 가지 방법이다. 알고 보면, 따지고 계산하는 과학적이고 합리적인 사고방식은 정의를 확립하는 데 이바지했다. 부조리한 권력이 무너지고 악당들이 패할 때, 사람은 살맛을 느끼고 세상에 대한 희망을 가지게 되며 삶의 의미를 얻는다. 세상에 정의가 실현되는 것, 그리고 자신의 삶에서 부당한 대우를 받지 않는 것은 의미를 찾는 길이다. 불의에 맞서 투쟁하는 것은 삶의 의미를 찾는 길이다. 엉망진창인 세상은 세상을 허무하게 만들고 의미를 상실하게 만든다. 혼돈(카오스)은 무의미다. 카오스에서 코스모스로 옮겨진 태초의 창조는 무의미의 세계에서 의미의 세계로 옮겨진 것이다.

하나님에게서 떠난 이후 인간은 차이를 차별로 만들었고, 이에 따라 인간에 대한 인간의 억압이 발생했다. 문화는 차이로 구성되는데, 그 차이는 어떤 모양으로든 반드시 차별로 간다. 차별이 생기면서 인간관계는 단절된다. 지배와 폭력과 억압이 시작되는 것이다. 부조리와 불의와 부당함이 인생살이 한가운데를 관통하고 있다. 지금 욥은 그 부당함에 대항하는 정의의 논리에 서 있다. 고난의 원인을 묻는 물음은 인과관계의 아귀를 맞추는 일이요, 자기가 이런 고난을 당할 만큼 잘못했는지를 따지는 형평성의 문제, 곧 정의의 문제다. 그리고 자기보다 엉터리로 살거나 적당히 산 사람들은 잘 사는데 왜 자기는 고난을 당해야 하는지를 묻는 비교와 형평성의 문제다. 악한 자들이 잘 사는 것이 문제다. 다른 사람과 비교하는 것이 문제다. 악한 자들이 잘 사니까 고난받는 의인은 그들의 웃음거리가 된다.

물론 고난의 문제는 대개 어느 누구를 탓하거나 비난할 수 있는 차원의 문제가 아니다. 그래서 자신을 돌아보며 하늘을 원망하고 하나님을 탓하게 된다. 아니, 모든 고난의 문제는 결국 하나님에 대한 원망의 문제로 간다. 그런 식으로 정의의 문제가 하나님께 제기되는 것이다. 하나님과의 관계 단절 때문에 인간관계가 단절되고 그래서 폭력과 불의가 지배하게 되었는데, 이제는 거꾸로 세상의 불의가 뭇사람으로 하여금 하나님의 존재를 의심케 한다. 하나님이 살아 계시다면 어찌 세상이 이렇게 불공평할 수 있는가. 하늘도 무심하시지 어떻게 그 착하고 연약한 이들이 이토록 애절한 고통을 당하고 살아야 하는가. 인간관계의 단절에서 비롯된 불의와 부당함이 하나님과의 관계 단절을 지속시키는 것이다.

결국 욥이 친구들의 신정론을 거부한 것은 정의의 문제를 하나님에게까지 가져가는 결과를 낳았다. 정의를 위한 투쟁의 소용돌이에 하나님을 상대로 세우는 것이다. 그만큼 집요하게 정의를 추구하는 것이다. 그것은 의미를 찾기 위한 싸움이다. 고난이 설명된다는 것 곧 죄와 벌의 인과관계가 성립된다는 것은, 고난이 부당하지 않음이 납득되는 것이다. 정의가 훼손되지 않았음이 밝혀지는 것이다. 그래야 사람은 안심하고 다음 시간을 산다. 삶을 납득하고 세상살이의 의미를 찾는다. 불의가 극복되지 않는 한 인생의 미래는 없다. 살아도 사는 것 같지 않은 무의미의 연장이 있을 뿐이다. 정의의 문제를 얼버무리는 친구들을 넘어 욥은 집요하게 묻는다. 의미를 위한 투쟁인 셈이다. 그런 점에서 욥은 친구들보다 옳았다.

싸울 만큼 싸웠다. 이제 하나님은 욥이 고개를 돌려 피조물의 세계, 곧 사람 주변에 펼쳐진 자연 세계를 보게 하신다. 사람과 사람 사이의 억압과 불공평을 따지는 정의의 문제로부터 눈을 돌려 사람

바깥의 세상을 보게 하신다. 다시 말해 보자. 정의는 사람과 사람 사이에 발생한다. 그래서 삶의 의미도 사람과 사람 사이에서 발생한다. 부당한 대우를 받지 않음으로 인간관계가 공평해질 때 의미 있는 삶이 가능하다. 차별은 분노와 죽음을 만들어 낸다. 가인과 아벨의 이야기는 세상에 생긴 알 수 없는 차별에서 비롯된 살인을 암시하고 있다. 하나님에게서 떠난 후 사람 사이에는 차별과 무시라는 폭력이 생기기 시작했고, 그래서 물리적 폭력이 시작되었다. 불의는 폭력을 낳지만 불의 자체가 폭력이다. 정의를 위한 투쟁은 부당한 인간 질서를 제대로 잡으려는 것이다.

그러나 정의의 문제가 발생한 것 자체가 하나님과의 관계 단절에서 온 것이다. 온 인류가 하나님께 등을 돌리면서 세상에는 부당한 차별이 깔렸고 거기서 정의를 위한 투쟁이 시작된 것이다. 그러므로 정의를 위한 투쟁은 위대하지만 근원적인 것은 아니다. 정의를 획득하여 얻어 낸 의미는 위대하지만, 더 근본적인 무의미는 하나님과의 관계 단절에 있다. 그것은 정의의 문제로 해결되지 않는다. 인간이 안고 있는 근원적인 문제는 부당함이 아니라 불신이다. 부당함은 억압에 대한 투쟁으로 해결되지만, 불신은 자기 회개와 감사로 해결된다. 정의에는 자기 회개의 겨를이 없고, 부당한 것에 대한 고발과 비난과 차가운 판단이 중요하다. 그러나 신앙의 세계에는 판단이 아닌 경외심과 감사와 찬양이 있다. 따지는 날카로운 언어가 아닌 노래하는 언어, 곧 은유의 언어가 발생한다. 사람 사이를 떠나 홀로 서서 하나님과의 사이에서 발생하는 의미의 세계다. 사람 사이를 공평하게 함으로써 발생하는 의미보다 더 근원적인 인생의 의미가 하나님과의 사이에서 발생한다.

　욥은 하나님에게까지 정의의 문제를 들이밀고 있으나, 하나님 앞에서 열리는 세계는 회개와 은총의 세계다. 차원이 다르고 색깔이 다른 세계다. 물론 욥은 틀리지 않았다. 정의의 세계를 하나님에게 까지 들이민 까닭이 있다. 정의에 충실한 것은 삶을 삶답게 살기 위한 길이다. 그러나 하나님 앞에서 다른 생명의 세계가 열린다. 그것은 아마도 욥이 제기한 정의의 문제를 폐하지 않고 오히려 완성하는 길일 것이다. 그러나 일단 비약은 비약이다. 욥이 제기한 물음과는 전혀 다른 차원의 이야기가 하나님의 응답으로 왔다. 성서에 나오는 동문서답은 대개 물음이 잘못되었을 때 등장한다. 그런 물음을 물어서는 인간의 근본적 구원의 문제를 풀지 못할 때, 예수나 하나님은 물음의 연장선에서 답을 주지 않고 전혀 엉뚱한 말씀을 하신다. 지금 욥의 물음에 대해 하나님은 폭풍우 속에서 전혀 다른 말씀을 하고 계시다.

　사람 사이를 떠나 자연을 보면 은총의 세계를 안다. 말하자면 하나님과의 관계 회복을 위해, 은총의 세계를 체험하기 위해 자연을 둘러 가는 것도 하나의 방법이다. 자연은 사람이 어떻게 할 수 없는 세계요, 인간의 한계 너머에서 펼쳐지는 세계다. 그래서 옛사람들은 숲이나 산속을 두려워했지만, 자연이 우리에게 주는 기본 감정은 두려움보다는 은총에 대한 감사다. 사람의 세계를 훌쩍 떠나 자연에 거할 때 사람은 새로운 세계를 만난다. 자연은 비가 내려야 샘이 마르지 않고 해가 비춰 주어야 겨울에 춥지 않게 지내는 세계다. 비가 오든 안 오든 식수가 공급되고 해가 나든 안 나든 전깃불이 들어오고 중앙통제식으로 난방을 하는 도시와는 다르다. 도시는 마치 자연의 은총 없이도 살 수 있는 것처럼 꾸미고 있다. 그러나 자연 속에서 사람은 은총을 안다. 그리고 그 은총은 하나님의 은총을 아는 데 중요한 역할을 할 수 있다. 자연은 하나님이 아니지만 하나님을 만나는 우회로가 될 수 있다. 은총의 세계를 모르는 요즘 젊은이들이 은총을 알게 하려면 자연을 접하게 하라. 자연 속에서 인간은 순화된다.

물론 정의를 위한 투쟁을 하려면 사람 사이에 집착해야 한다. 훌쩍 자연으로 떠나는 것은 세상의 부조리를 방치하는 도피일 수 있다. 그러나 사람 사이에서 눈을 돌려 자연을 바라보는 것. 그것은 정의를 완성하는 새로운 상상력의 세계를 여는 일일 수 있다.

생명을 보라

너는 산에 사는 염소가
언제 새끼를 치는지 아느냐?
들사슴이 새끼를 낳는 것을
지켜본 일이 있느냐?
들사슴이 몇 달 만에 만삭이 되는지 아느냐?
언제 새끼를 낳는지 아느냐?
언제 구푸려서 새끼를 낳는지를 아느냐?
낳은 새끼를 언제 광야에다가 풀어놓는지를 아느냐?
그 새끼들은 튼튼하게 자라나면,
어미 곁을 떠나가서 다시 돌아오지 않는다(39:1-4).

사람의 눈길이 닿지 않는 곳에도 생명의 탄생과 죽음이 있다. 자유로운 생명의 행진이 있다. 39장에 소개되는 짐승들은 모두 들짐승으로 사람의 눈 밖에 있는 것들이다. 산염소, 들나귀, 들소, 타조, 매와 독수리. 그들이 어느 굴속에서 어떻게 새끼를 낳고 먹여 살리는지, 그 새끼들이 어떻게 자라 자유로이 들을 뛰놀다가 어미 곁을 떠나서 또 어떻게 새로운 둥지를 틀고 새 식구를 만나 다시 새끼를 낳는지, 또 어디서 어떻게 죽어 가는지 사람은 모른다. 그러나 사람이 관심을 두지 않는다고 생명의 행진이 없는 것은 아니다. 생명은 사람의 인식 밖이다. 사람은 생명의 흐름을 손안에 넣을 수 없다. 종의 번식이 생명의 목적이라고 할 수 있는가? 그렇다면 종의 번식은 무엇 때문에 계속되는가? 알 수 없지만 분명한 것은, 생명은 살려고 하고 언젠가는 죽고, 그 이후에도 후대를 통해 생명의 행진은 계속된다는 점이다. 개미들은 열심히 음식을 모으고 집을 짓고 새끼를 낳아 기른다. 무엇 하자고 그러는가? 먹고 즐길 것도 없지 않은가?

그것은 정의의 문제 밖이다. 정의는 사는 것처럼 살기 위한 투쟁이다. 사람들은 사는 것처럼 살기 위해 돈도 모으고 힘도 기르고 그 과정에서 남을 차별하고 억누른다. 그리고 그렇게 억눌린 이들은 사는 것처럼 살기 위해 차별에 저항하고 억압에 대항한다. 그것이 정의의 싸움이고 삶의 의미를 찾기 위한 싸움이다. 결국 사람은 살아 있다고 다 사는 것이 아니라고 생각하는 셈이다. 사람에게 있어서 목숨과 삶은 다르다. 삶은 목숨을 부지하는 것 이상이다. 삶의 의미는 목숨을 부지하는 것 이상에서 생기는 것이다. 그처럼 목숨 이상의 잉여분이 인간의 문화를 만들고 예술의 세계를 만들었다.

그러나 들의 생명들을 보라. 예술도 없고 목숨 이상의 잉여분도 없다. 그냥 산다. 그렇다. 그냥 사는 것의 의미가 있다. 아마 욥이 새로이 발견해야 할 것은 그것일지 모른다. 생명의 거룩함.

정의의 투쟁은 내 인생은 내가 책임져야 한다는 데서 생긴다. 내 인생은 누가 대신 살아 주는 것이 아니라 내 것이라는 생각에서 싸움에 나선다. 그것은 자신의 삶을 책임지는 주체적 자세다. 인간 세상에서 정의의 문제를 배제하고 삶의 의미를 논할 수 없다. 그러나 좀 더 깊은 문제가 있다. 삶은 삶 이상이요, 삶은 내 것이 아닐 수도 있다는 것이다. 나는 나를 위해서 있지만 하나님을 위해서 있다. 그 점에서 힘들고 무의미한 삶도 의미가 있을 수 있다. 살려고 애쓰는 것. 그것은 잘못하면 저속하고 비겁한 것일 수 있지만, 만일 우리가 생명 그 자체에서 거룩함을 느낄 수 있다면 새로운 의미로 다가올 것이다. 거기서 삶의 주인이신 하나님을 느낄 수 있을 것이다.

아무리 미물이라도 살아야 하는 이유가 있고 생명의 거룩함이 있다. 무가치한 삶을 사는 사람이라도 산다는 것 자체의 의미가 있다. 스러져 가는 생명이라도 생명은 100퍼센트의 의미를 여전히 지니고 있는 것이 아닌가.

22.

네가 내 공의를 부인하려느냐?
욥기 40-41장

하나님이 폭풍우 속에서 다시 말씀하신다. 38-39장에서 인생의 무지를 일깨운 후에, 40-41장에서는 인간의 나약함과 무능을 일깨운다. 전설의 짐승은 악을 잠재우지 못하는 인간의 무능을 일깨우기 위해 등장한다.

하나님을 탓하는 자는 대답할지니라

전능한 하나님과 다투는 욥아, 네가 나를 꾸짖을 셈이냐?
네가 나를 비난하니, 어디, 나에게 대답해 보아라(40:2).

다투고, 꾸짖고, 비난하고. 하나님 앞에 선 욥의 태도를 잘 보여 주는 말들이다. 만일 욥이 믿음의 사람이라면 새로운 믿음의 사람이지, 물려받은 신앙을 그냥 받아들이는 자는 아니다. 그저 믿고 들어가지 않는다는 것은, 지성의 희생을 감수하지 않는다는 것이다. 의문이 생겼고 그래서 따지고 물었다. 이해되지 않는 것을 그냥 감수하고 넘어가지 않고 치열한 논리의 싸움을 벌인 것이다. 지성은 따지기 때문에 대결을 불러일으킨다. 믿음은 지성의 희생을 강요하지 않는다. 오히려 믿음은 지성을 풍요롭게 한다.

그러나 믿음의 지성은 지성 이상이다. 희망의 부분이 들어 있다. 믿음 이전의 지성은 논리적으로 아귀가 맞지 않으면 받아들이지 않는다. 자기 세계, 곧 이성의 세계에 갇혀 있는 셈이다. 그러나 믿음의 지성은 삶의 진리와 부딪쳐 논리를 넘어 고백의 세계를 향해 열려 있다. 맞지 않아서 틈이 있는데, 그 틈은 광활한 틈이요 믿음의 대지다. 빈 들이다. 그것은 치열한 논리의 세계를 품고 있지만, 그 너머에 있는 희망의 세계를 향해 개방되어 있다.

지성으로 볼 때 세상은 무의미일 수도 있고 의미의 세상일 수도 있다. 허무는 얼마나 우리를 유혹하고 우리의 삶 전체를 관통하고 있는가. 그러나 믿음은 의미 쪽으로 기울어져 있다. 그런데, 지성을 희생하지 않는 믿음은 의미 쪽으로 기울어져 있으면서도 무의미의 세계를 알고 인정한다. 무의미한 인생 현실을 안다. 경솔한 낙관주의에 빠지지 않는다. 지성이 신앙을 가진다는 것은 희망과 의미의 세계를 은총으로 받아들인다는 것이다. 신앙이 지성을 포기하지 않는다는 것은, 무의미가 의미에 대항하는 팽팽한 긴장을 유지하고 있다는 것이다.

그래서 믿음의 지성은 기우뚱한 균형이다. 무의미와 의미가 팽팽한 균형을 이루고 있으면서, 믿음으로 말미암아 의미 쪽으로 기울어져 있다. 기우뚱하게 기울어져 있지만 온 세상이 의미로 가득 차게 된다. 온 세상이 의미로 가득 차지만 무의미의 세력의 현실성을 잘 알고 있다. 우주에는 물질이 있고, 그 물질과 전하량이 반대인 반(反)물질이 물질만큼 있다고 한다. 물질과 반물질은 거의 균형 상태를 이루고 있다. 그런데 물질이 반물질보다 조금 더 많기 때문에 우주가 존재한다고 한다. 조금 더 많은데 이 광활한 우주가 존재한다. 선과 악 그리고 의미와 무의미는 이 세상에서 균형을 이루고 있다. 그러므로 세상은 만만치 않다. 세상을 이렇게 볼 수도 있고 저렇게 볼 수도 있다. 그러나 믿음의 눈에는 중심축이 선과 의미 쪽으로 기울어져 있다. 그리고 그것은 그대로 온 삶과 온 우주의 현실이 된다. 마치 물질 쪽으로 조금 기울어져 있는 균형이 온 우주를 존재케 하듯이 말이다.

지성은 중요하지만 결국 믿음의 지성으로 가야 한다. 따지고 트집 잡고 탓하는 것으로 해결될 문제가 아니다. 믿는 자도 따질 줄 알아야 하지만 결국 다시 믿음으로 가야 한다. 믿음에서 믿음에 이른다. 지성을 포기한 믿음이 아니라 지성을 초월한 믿음이다.

그러나 욥이 토해 낸 그 격렬하고 처절한 말들이 겨우 트집 잡고 탓하는 것에 불과한가? 결과적으로는 그렇다. 욥은 자신의 고난이 궁극적으로 하나님께 책임이 있는 것으로 생각했다. 친구들처럼 모든 것은 하나님 뜻대로 되는 것이라고 생각했기 때문이다. 그 말이야 얼마나 좋은 말인가. 그것이 신앙이 아닌가. 그러나 친구들은 욥의 고난이 하나님 뜻대로 된 것이므로 욥이 죗값을 받은 것이라고 했고, 욥은 자신의 고난이 하나님 뜻대로 된 것이므로 하나님은 공평하지 못하다고 했다. 욥은 하나님의 책임을 물었다. 친구들 말대로라면 하나님은 위엄 있고 거룩하지만 차갑고 무책임하다. 인생의 고난이 하나님 책임이 아님을 그들은 잘 말하고 있지만, 결과적으로 하나님을 무책임한 존재로 만들고 있다. 무책임과 전능이 하나로 엮인 것이다. 그러나 욥은 절규하면서 하나님의 책임을 물었다. 그는 부당함을 따지는 지성을 포기하지 않았다. 그처럼 인생의 고난에 대한 하나님의 책임을 묻는 정직한 지성이 결과적으로 하나님을 무책임한 분으로 만드는 과오에서 벗어나게 하지 않을까?

그러나 인생의 고난이 하나님 책임은 아니다. 그런 점에서 욥의 저항은 공연히 트집 잡고 하나님을 탓한 것이다. 인생의 고난은 인간 탓이다. 그 사람 때문이라고 할 수는 없지만 인류의 죄가 불러온 것이다. 욥의 고난은 인간 책임이다. 하나님께 책임을 물을 수 없다. 물론 세상만사는 하나님이 책임지신다. 하나님은 세상을 만들어 놓고 무관심하게 방관하고 있는 무책임한 존재가 아니다. 그러나 하나님이 책임을 져 주시는 것과 하나님께 책임을 묻는 것은 다른 문제다. 인간은 자기 책임을 생각할 뿐, 감히 그분의 책임을 물을 수는 없다. 그런데 거기에 또한 하나님의 은총이 있다. 모든 것을 하나님 탓으로 돌리면 운명론에 빠지고 주체로 서지 못한다. 책임을 지는 자로서만 주체이기 때문이다. 인간은 하나님의 희망으로서 책임적인 존재요, 책임적 존재로서 주체다. 물론 인간은 자신의 삶에 대해 모두 책임을 지지 못한다. 그런 점에서 온전한 주체가 아니다. 하나님은 무한 책임을 지는 분으로 무한 주체이시다. 성서의 하나님이 모든 것을 하나님 탓으로 돌리지 못하게 하는 것은 사람을 주체로 세우는 은총이요, 그러나 어설픈 세상살이에 대해 하나님이 무한 책임을 지는 것은 사람에게 희망과 위안을 주시려는 은총이다.

욥이 말한다.

저는 비천한 사람입니다.
제가 무엇이라고 감히 주님께 대답할 수 있겠습니까?
다만 손으로 입을 막을 뿐입니다.
이미 말을 너무 많이 했습니다.
더 할 말이 없습니다(40:4-5).

말대답하지 않겠다는 것이다. 욥은 할 말을 했다. 말을 들을 줄만 알고 할 줄 모르는 것도 문제이지만, 할 말을 한 후에는 이제 말을 들어야 한다. 믿음에서 지성으로, 그리고 다시 믿음으로 간다. 할 말을 함으로써 욥은 운명론에서 벗어나 인생의 책임적 주체로 서고, 입을 닫고 말을 들음으로써 욥은 겸허한 주체로 선다. 논리를 넘은 신앙의 세계로 돌아온 것이다. 거기에는 할 말을 하는 당당함은 사라지고 비천한 자의 존엄함이 있다. "주님, 나에게서 떠나 주십시오. 나는 죄인입니다"(눅 5:8). 은총으로 다가오는, 비천한 자의 존엄함. 빈 들에 가득 생명의 바람이 분다. 폭풍우 속에서 말씀하시는 하나님이다. 천지를 뒤흔드는 압도적인 힘으로, 인생에 붙어 있던 편견과 오물을 뒤흔들어 깨끗이 털어 내고 씻어 내는 힘으로 말씀하신다. 텅 빈 들이 생기고 새로운 생명이 시작된다.

네가 내 공의를 부인하려느냐?

아직도 너는 내 판결을 비난하려느냐?
네가 자신을 옳다고 하려고, 내게 잘못을 덮어씌우려느냐?(40:8)

욥의 의문에도 불구하고 하나님의 공의는 지속된다. 하나님은 처음부터 영원히 의로우시다. 욥을 꾸짖던 친구들의 명제로 돌아갔는가? 아니다. 친구들은 너무 빨리 그 명제로 갔고, 그 명제를 지키느라 사람을 돌보지 않았다. 욥은 지금껏 의로우신 하나님의 불의에 대해 물었는데, 이제 세상의 부조리에도 불구하고 공의로우신 전능자를 만난다. 사실 욥은 의로운 자가 당하는 고난을 이해할 수 없었다. 자신은 나름대로 의인이라고 생각했다. 도덕적으로 형편없는 자들은 잘 사는데 왜 자기 같은 사람이 고난을 당해야 하는지 알 수 없었다. 모든 것이 하나님이 하시는 것이라면 결국 하나님의 처사는 부당하다. 욥의 물음은 정당하다. 사람은 정당한 물음을 묻는 자로서 운명론을 거부하고 삶을 짚어 가며 끌어가는 주체다. 그러나 물음에 대한 대답은 물음의 연장선에서 오는 것이 아니라 폭풍우 속에서 온다. 차원이 다르다. 그 물음을 잉태한 세상의 티끌을 날려 보내고 사람을 건진다. 그 사람을 통해 새로운 세상을 꿈꾼다. 폭풍우에는 인간의 세상에 대한 하나님의 꿈이 배어 있다.

친구들은 하나님의 공의를 단단하게 굳은 콘크리트 바닥으로 생각했다. 거기에는 번민과 고난에 찌든 사람을 건지시는 하나님의 은총과 세상에 대한 하나님의 꿈이 없다. 욥이 친구들보다 옳다. 그러나 자기가 의인이라고 생각했기 때문에 하나님을 부당한 분으로 여겼다. 그는 악을 하나님께 돌려야 자신의 삶이 정당화된다고 생각했을지 모른다. 결과적으로 자신의 의를 세우려고 하나님을 악하다고 한 셈이다. 욥으로서는 자신의 고난을 죄의 삯으로 몰아붙이는 세상 사람들의 소리를 들을 때 억울했을 것이다. 재산을 날리고 자식들까지 잃어 망한 인생이 된 것도 억울하지만, 지난날 자신이 살아온 삶의 발자취가 통째로 뭔가 불의한 게 되는 것이 더 안타까웠을지 모른다. 마지막으로 욥에게 남겨진 것은 자신의 삶에 대한 사람들의 평가일 것이다. 만일 욥의 삶이 뭔가 남들 모르게 불의하고 부패한 삶이었다는 소문이 돈다면, 욥을 존경하며 따랐던 이들, 먼 발치에서 흠모하며 욥의 행차를 지켜보았던 이들이 모두 배신감을 느끼지 않겠는가. 그러므로 욥으로서는 자신의 삶을 정당화하는 것이 가장 중요한 문제였을 것이다. 다시 말해 의로운 삶이었다는 소리를 듣고 싶었을 것이다. 그렇게만 된다면 재산이 날아간 것은 그러려니 하고 인생의 마지막 순간들을 담담하게 보낼 수 있으리라. 살 만큼 살지 않았는가. 그래서 욥은 자신의 삶을 비하하는 세상 사람들에게 저항했고, 그 모든 불행의 빌미를 주신 하나님의 책임을 물었던 것이다. 결국 욥은 자신의 의를 굳게 지키기 위해 악을 하나님께 돌린 셈이다.

그러나 하나님은 욥의 이상한 고난에도 불구하고 의로운 분이시다. 40장 10절 이하에서 하나님이 확인해 주시는 것은 교만한 자는 반드시 망하리라는 것이다.

어디 한번 위엄과 존귀를 갖추고,

영광과 영화를 갖추고,

교만한 자들을 노려보며,

네 끓어오르는 분노를 그들에게 쏟아 내고,

그들의 기백을 꺾어 보아라.

모든 교만한 자를 살펴서

그들을 비천하게 하고,

악한 자들을

그 서 있는 자리에서 짓밟아서

모두 땅에 묻어 보아라.

모두 얼굴을 천으로 감아서

무덤에 뉘어 보아라.

그렇게만 할 수 있다면,

나는 너를 찬양하고,

네가 승리하였다는 것을

내가 인정하겠다(40:10-14).

교만한 자와 악한 자를 철저하게 응징하는 일을 인간이 할 수 있다면 인간을 인간 자신의 구원자로 인정하겠다는 것이다. 그러나 그 일을 인간은 못하고 하나님이 하신다는 것이다. 공의의 하나님으로서 하나님은 인간의 구원자라는 이야기다.

지금 욥은 세상에서 교만한 자와 악한 자가 잘되는 것을 뻔히 눈으로 보고 있다. 사실 욥이 하나님을 의심한 데에는 의로운 자가 고난을 당하는 문제도 있었지만, 악한 자가 잘되는 문제가 더 이상했던 것이다. 하나님이 살아 계시다면 어떻게 불의한 자가 잘 살고 죽어서도 호강하며 그 후손까지 잘 산단 말인가. 욥은 그런 부조리한 현상을 눈앞에서 보고 있다. 전에는 그냥 넘길 수 있었는데, 이제 자신이 망하고 보니까 악한 자의 번영이 가장 큰 시험거리로 다가온다.

그러나 하나님이 말씀하신다. 교만한 자는 낮아지고 악한 자는 짓밟힐 것이다. 결국 의가 승리하고 진리가 이길 것이라는 이야기다. 그것은 우리 눈앞에서 확인되지 않는 것이다. 욥의 저항은 거칠었다. 부조리한 세상에 대해 하나님의 책임을 묻는 물음은 몹시 거칠고 대담했다. 그러나 하나님은 끄떡도 않고 폭풍우 속에서 압도적인 힘으로 말씀하신다. 악인은 망하고 의가 승리할 것이다. 그렇다면 그런 줄 알아야 한다. 그것은 눈으로 확인되는 것이 아니고 지성으로 해결되는 것도 아니므로 믿음의 몫이다. 마침내 의가 승리하리라는 것은 믿음의 세계다. 물론 가끔 악인이 결국은 망하는 것을 확인하지만, 진리가 승리하리라는 것은 여전히 의심스러운 일이다. 그러므로 믿음의 세계다. 이와 같은 세상의 현상에도 불구하고 믿음의 사람은 악이 망하고 옳은 것이 이기리라는 믿음을 가진다. 믿음의 세계에서 하나님은 여전히 공의로우시다. 세상의 부조리에도 불구하고 하나님은 전능하고 의로우시다.

악을 다룰 힘이 인간에게는 없다. 40장과 41장에는 베헤못과 리워야단이 등장한다. 그들은 전설 속의 짐승인데 각각 하마와 악어라는 말도 있다. 여하튼 그 힘센 짐승들 앞에서 인간은 나약함을 느낀다. 그러나 하나님은 그들의 주인이시다. 그들이 늪 속에 누워 있거나 풀숲에서 먹이를 먹을 때, 바다 깊은 곳에서 어슬렁거릴 때에도 하나님은 그들을 주관하신다. 그들의 악한 힘을 다스리고 막을 수 있는 분은 하나님뿐이다. 이 세상 악의 세력은 만만치 않다. 그러나 하나님이 이기실 것이다. 우리는 떨리는 마음으로, 하나님의 승리를 믿음의 눈으로 지켜보는 것이다.

23.

이제 눈으로 주님을 뵙습니다
욥기 42장 1-6절

이제 대단원의 막이 내린다. 이 책은 욥의 고백과 찬양으로 끝을 맺고 있다. 불운했던 사람 욥의 마지막 말은 자신의 무지와 하나님의 장대함을 고백하는 언어다.

> 주님께서는 못하시는 일이 없으시다는 것을,
> 이제 저는 알았습니다.
> 주님의 계획은 어김없이 이루어진다는 것도,
> 저는 깨달았습니다(42:2).

하나님은 모든 것을 하나님의 뜻대로 이루신다는 고백이다. 그것이 전능자의 모습이다. 욥은 하나님의 압도적인 권위 앞에 떨리는 마음으로 하나님의 높고 위대하심을 고백하고 있다. 모든 것은 하나님의 뜻 안에서 일어나고, 하나님의 뜻이 있고, 하나님의 뜻대로 된다. 일어나는 모든 일에는 하나님의 계획이 있다. 하나님의 계획 없이 일어나는 일은 없다.

그렇다면 욥의 고난도 하나님의 계획 안에서 일어난 일인가? 하나님의 뜻에 의해서 욥은 그 끔찍하고 부당한 불행을 당했던가? 친구들의 말대로, 욥의 불행은 부당한 것이 아니라 정당한 것이란 말인가? 거기에도 다 하나님의 뜻이 있으니, 죄인에 대한 하나님의 진노인가? 아니면, 잘되라고 때리는 하나님의 채찍이요 훈계인가? 지금 욥은 그런 식의 논리를 고백하고 있는 것인가?

물론 어떤 고난은 하나님의 사랑의 매라고 이해할 만하다. 어느 정도의 어려움을 겪으면서 사람은 사람이 되는 수도 있기 때문이다. 그런 것은 하나님의 사랑의 연장선에서 벌어지는 일들이다. 신자는 살아가며 겪는 이런저런 어려움을 하나님의 뜻이거니 생각하면서 이겨 내고, 또 그런 어려움을 통해 새로운 것을 깨닫고 깊어진다. 하나님의 뜻이라고 믿을 때, 고난이란 악이 선한 결실을 맺으리라는 희망을 갖게 되고 긍정적인 자세로 삶의 투지를 다지게 된다.

그러나 어떤 고난은 선하신 하나님의 뜻이라고 믿기에는 너무 혹독하고 끔찍할 때가 있다. 너무나 쉽게 그런 것까지 하나님의 역사라고 이야기하면 하나님을 잔인한 존재로 만드는 경우가 있다. 그런 것을 하나님의 사랑의 매라고 이야기하면 하나님을 무책임한 존재로 만든다. 회복할 수 없는 절망으로 사람을 몰아넣고 무엇을 기대한단 말인가? 그와 같은 정당화는 자칫하면 성서에서 보여주는 하나님의 모습을 너무 빗나가게 된다. 욥과 친구들의 논쟁은 그 문제를 둘러싸고 벌어지는 것임을 우리는 앞에서 보았다.

모든 것은 하나님의 '뜻 안에서' 일어나고, 하나님의 '뜻이 있고', 하나님의 '뜻대로' 된다. 우리는 일반론으로 그렇게 말할 수 있다. 그것이 신앙이다. 그러나 '지금' 벌어지는 불행이 하나님의 '뜻에 의해' 하나님의 '뜻대로' 일어난다고 할 수 없다. 닥친 불행에 하나님의 '뜻이 있다'고 할 수는 있다. 지금 욥은 그것을 깨닫고 있는지도 모른다. 그리고 하나님의 '뜻 안에서' 일어나는 것이라고 할 수 있을지 모른다. 다시 말해 그 끔찍한 불행이 하나님의 뜻에 의해 하나님의 뜻대로 일어난 것은 아니지만, 하나님의 뜻 안에서 일어났으며 하나님의 뜻이 있다고 할 수는 있다는 말이다. 그러나 고난에 하나님의 뜻이 있고 하나님의 뜻 안에서 일어난 일이라고 말하는 것은 회고적이다. 불행의 소용돌이가 지난 이후에 삶을 회고하며 고백하는 것이다. 시간차가 있다. 혹독한 고난이 한창 진행 중일 때 그 고난에 하나님을 끼워 넣을 수는 없다. 하나님은 그런 식으로 전능해지기를 바라시는 분이 아니다.

그리고 하나님의 뜻이 있고 하나님의 뜻 안에서 벌어지는 일이라는 것도 고난당하는 사람에게 할 말은 아니다. 욥의 친구들은 지금 불행을 당하고 있지 않기 때문에 불행의 문제에 대해 일반론을 가지고 있다. 그래서 그들은 좋은 일뿐 아니라 모든 불행까지도 하나님이 주시는 것이며 모든 일에는 하나님의 뜻이 있다고 신앙의 언어로 말할 수 있다. 그러나 그 말은 불행이 닥친 사람에게 해줄 수 있는 말이 아니다. 일반적인 고백이지만 구체적인 상황에서 할 수 있는 이야기는 아니다. 일반적인 언어가 신앙의 형식(폼)을 이룬다. 형식은 중요하지만 구체적인 삶의 상황에서 그 형식은 거듭나야 한다. 그렇지 않으면 폼만 잡다 끝나고 신앙의 껍데기만 남는다. 불행을 맞은 사람이 그런 일반적인 고백을 그대로 할 수 있다면 그것은 좋은 일이다. 그러나 삶이 그렇지 않다. 불행을 맞으며 그런 고백으로 바로 갈 수 없고, 혼돈과 의문을 거치게 마련이다. 그 혼돈과 의문은 신앙고백의 형식에 살아 있는 내용을 채우며, 형식에 긴장을 더해 준다. 언어의 애매모호함을 부각시킨다. 삶과 신앙이란 것이 일반적인 언어로 쉽게 말할 수 없음을 보여준다.

지금 욥은 하나님이 계획하신 일은 모두 이루어진다고 고백하고 있다. 친구들은 세상 모든 일이 하나님의 계획대로 이루어지는 것이라고 말했다. 욥의 고백은 친구들의 그런 일반 논리와 다른 것으로 보아야 한다. 물론 하나님의 뜻에 의해 하나님의 뜻대로 되는 세상이라야 하나님을 하나님이라고 할 수 있다. 그러나 이는 앞에서도 말했듯이 일반론이다. 지금 벌어지는 모든 일이 하나님의 뜻대로 생긴 것이라고 할 수는 없다.

히틀러의 출현은 하나님의 뜻대로 된 것도 아니며, 하나님의 계획 아래 일어난 것도 아니다. 하나님은 인간의 불행을 기획하고 실행하는 분이 아니다. 하나님께도 하나님의 뜻대로 되지 않는 일이 있다. 우리는 앞에서 그것이 인간에 대한 하나님의 희망 때문이라는 것을 보았다. 인간의 자유는 하나님의 영광을 위한 영역이다. 하나님의 영광을 위해서 인간에게는 자유의지가 주어져 있다. 그 자유 때문에 하나님의 뜻에 의하지 않은 일이 생기고 그분의 뜻대로 안 된 일이 생긴다. 하나님의 전능하심, 곧 모든 것이 그분의 뜻대로 되는 것은 일단 종말로 미루어진다. 세상은 '결국' 하나님의 뜻대로 된다. 하나님은 '마침내' 세상을 자기 뜻 안에 두신다.

그러면 하나님은 종말의 때까지 세상을 방관하고 인간이 어떻게 하나 멀리서 쳐다보고만 계신가? 그렇지 않다. 하나님은 지금도 역사를 하나님의 뜻대로 이끌어 가신다. 지금도 역사를 하나님의 뜻 안에 두고 계신다. 그리고 지금도 한 사람 한 사람의 인생을 주관하신다. 도우시기도 하고 이끄시기도 한다. 하나님의 인도와 도우심이 없다면, 역사는 인간의 악 때문에 곧바로 종말을 맞을 것이다. 하나님이 역사를 주관하시기 때문에 역사는 지금도 희망의 자리로 남아 있다. 하나님 때문에 역사는 희망의 자리다. 하나님 때문에 사람에게 희망을 가지고, 그래서 역사는 희망의 자리다. 하나님의 개입과 인간의 자유는 양립해 있다. 하나님의 개입과 인간의 자유는 모두 은총이다. 하나님이 인간의 희망이지만, 인간은 하나님의 희망이다. 역사를 주관하시는 하나님의 은총 안에서 인간은 인간에게 희망을 가진다. 하나님은 종말에 그 전능함을 보이시지만 그분은 언제나 전능하시다. 그러나 인간에 대한 희망 때문에 뜻대로 되지 않는 일을 겪으신다.

그것은 하나님의 무능이 아니라 하나님의 사랑이다. 인간을 상대하여 주체로 세우시는 사랑이다. 인간의 불행은 인간의 뜻대로 한 인간의 책임이다. 불행은 인간에게 뜻밖의 일이지만 알고 보면 뜻대로 된 것이다. 자초한 것이다. 인간 세상의 악한 의지가 잉태하고 제조해 낸 것이다. 누구의 잘잘못이 문제가 아니라 인간 세상의 비뚤어진 마음이 불행으로 열매를 맺은 것이다. 불행은 인간의 악에 대한 하나님의 정의로운 보복이 아니다. 인간의 악을 볼 때에 불행을 당해도 할 말이 없지만, 그렇다고 하나님의 정의가 그런 식으로 나타나는 것은 아니다. 특히 의로운 자나 약자나 무고한 자의 불행이 그렇다. 하나님은 인간의 불행을 원치 않으시고 가슴 아파하신다.

> 잘 알지도 못하면서,
> 감히 주님의 뜻을 흐려 놓으려 한 자가
> 바로 저입니다.
> 깨닫지도 못하면서, 함부로 말을 하였습니다.
> 제가 알기에는, 너무나 신기한 일들이었습니다(42:3).

욥의 불행은 여전히 부당함에도 불구하고 하나님은 의로우시다. 세상의 부조리가 있는데 어떻게 하나님이 책임을 회피하실 수 있는가? 그러나 욥은 자신의 뜻밖의 불행에도 하나님의 의로우심을 고백한다. 이는 41장에서 보았듯이 결국 악을 멸하시는 분을 만났기 때문이다. 세상의 부조리는 언젠가는 하나님의 손에 의해 없어질 것이다. 그러나 욥이 깨달은 하나님의 의는 또 다른 데 있다. 욥에게 뜻밖인 그 불행은 하나님에게도 뜻밖이다. 그런데 그 뜻 밖의 일을 하나님의 뜻 안에 두는 하나님의 의로우심이 있다. 하나님은 인간이 벌인 온갖 쓰레기같이 추하고 더러운 것들을 들어서 선하게 쓰시기도 한다. 때로는 엄청난 불행을 당한 이들의 슬픔을 같이 슬퍼하시면서, 그 죽음과 같은 슬픔을 정화하여 다시 뭇 생명들을 잉태하는 씨앗으로 삼으시기도 한다. 그처럼 악에 치우친 인간을 용납하시고 그들의 뒤치다꺼리를 해가며, 또는 그들을 앞에서 이끌어 가며 선한 역사를 이룩하시려는 데서 의로우신 하나님을 본다. 그것은 인과응보의 정의가 아니다. 상대가 안 되는 인간을 상대하시며 이 세상과 역사에 희망을 두는 사랑이신 하나님의 의다. 사랑의 정의다. 로마서에서 바울이 말한 대로 "복음 속에 나타난 하나님의 의"(1:17)다.

욥이 무슨 말을 하겠는가? 하나님의 불의를 물으려고 했지만, 오히려 하나님의 고통을 본다. 그리고 그 모든 것을 안고 하나님 나라로 이끄시는 하나님의 수고를 본다. 이제 인간의 불행은 하나님의 책임을 물을 자리가 아니라, 하나님의 은총을 고백할 자리가 되었다. 불행이 하나님의 은총이라는 이야기가 아니다. 인간의 불행은 하나님께도 뜻밖의 일이요, 하나님께도 고통인데 어떻게 그것이 하나님의 은총일 수 있겠는가. 욥은 자신의 불행이 여전히 고통스럽고 가슴 아프다. 그러나 거기서 하나님의 수난을 본다. 죄로 찌든 세상을 끌고 가시는 하나님의 모습을 본다. 욥은 자신의 불행 한가운데서 수난을 겪을 분이 아닌 하나님의 수난을 보면서 세상에 대한 하나님의 은총을 본다. 거룩하신 하나님의 갸륵하고 어여쁘신 은총이다. '욥 자신 대 하나님'의 구도에서 울부짖던 욥은 '세상 대 하나님'의 구도를 본다. 욥은 자기 문제에서 출발했지만 우주의 문제를 본다. 세상을 보고, 그 세상의 죄를 지고 가시는 어린양을 본다. 죄의 세상에 대한 하나님의 은총이 온 우주에 가득 차 있다.

좋은 일 속에서 은총을 보는 것이 아니라, 불행 이후 그 절망의 시간 속에서 하나님의 은총을 본다. 고난의 신비가 아닌가.

언어 이전의 물리적인 재앙과 불행이 언어로 되면서, 욥은 친구들과 대결하고 하나님의 책임을 묻게 되었다. 우리가 1-2장에서 본 대로 처음 물리적인 재앙이 닥쳤을 때에 욥은 말을 조심했다. 자기에게 닥친 일이 무엇을 의미하는지 몰랐을까? 그것이 얼마만한 불행인지 아직 고통의 수준을 가늠하지 못한 채, 관성의 법칙에 의해 자신이 믿어 온 대로 하나님에 대한 전적인 믿음을 고백하고 그분을 찬양한 것일까? 그러나 시간은 그에게 고통을 알려 준다. 세월은 잔인하다. 세월이 지나면서 자식을 잃은 슬픔은 더욱 커 가고 닥친 불행을 곱씹게 된다. 실성하지 않은 다음에는 생각하게 되고 할 말이 생긴다. 그것은 신음이요 부르짖음이요, 언어 이전의 언어다. 그리고 할 말이 밖으로 나온다. 그것은 혼돈과 의문 속에서 운명에 저항하고 하늘에 저항하는 언어요, 모든 위로를 거부하는 언어요, 인생을 설명하는 자들과 대결하는 언어요, 세상을 주관하고 모든 것을 자기 뜻대로 주장하신다고 하는 하나님의 책임을 묻는 언어다. 기존 체제를 구성하는 모든 언어와 대결하는 언어다. 세상의 눈초리를 대변하는 친구들 너머로 하나님의 심장부까지 겨냥하는 날카로운 정의의 언어다. 인생의 고통의 문제는 결국 하나님이 책임지셔야 하지 않는가. 부당한 불행의 경우는 더욱 그렇지 않은가.

그러나 이제 자신의 무지를 안다. 알 수 없고 헤아릴 수도 없는 어려운 일을 말했다는 것을 안다. 자신의 불행을 놓고 부당함과 까닭 없음을 제기했던 욥이 이제 정의 너머의 세계를 본다. 자신의 불행에서 시작된 사유와 명상에서 하나님의 은총을 보게 될 것을 욥이 어찌 알았을까. 다른 차원으로 넘어간 것이다. 자신의 불행의 까닭을 안 것도 아니다. 자신의 고난이 정당하다는 것도 아니다. 친구들의 이야기와 설명은 여전히 받아들일 수 없다. 자신의 불행은 여전히 쓰라리다. 그 쓰라림을 안고 욥은 그 너머의 세계에 들어간 것이다. 하나님의 마음을 아는 세계로 들어간 것이다.

"들어라. 내가 말하겠다. 내가 물을 터이니, 내게 대답하여라"(42:4). 이제 하나님과 가까워졌다. 하나님과 교통이 이루어진다. 욥이 묻고 하나님이 답하신다. 사람은 묻는 자로서 주체이고, 하나님은 답의 주체다. 만일 답이 물음의 연장선에서 오면 하나님과 사람은 맞먹는 주체 관계가 된다. 그러나 하나님의 답은 욥의 물음의 연장선에서 오지 않는다. 폭풍우 속에서 하나님이 나타나신 후, 욥의 물음에 직접 답을 하시는 하나님의 모습은 어디에도 없다. 38장 이전까지 욥이 물었던 문제에 대한 답은 없다. 그러나 욥은 지금 답을 얻었다. 그것은 욥의 물음과 다른 답이다. 그 점에서 욥이 지금 하나님과 교통하는 것은 사람과 하나님이 대등한 관계가 된 것을 뜻하지는 않는다. 오히려 4절에서 암시하는 욥과 하나님의 대화는 사람이 하나님의 말을 듣는 형태다. 말이란 하기 전에 듣는 것이다. 욥은 태초의 그 관계에 들어간 것이다. 하나님과의 관계는 일방적 지시 관계가 아니며 그렇다고 대등한 관계도 아니다. 욥은 이제 듣는 경지로 들어갔다. 말을 쏟아 내던 욥, 자신의 물음의 연장선에서 답을 구하던 욥이 전혀 다른 하나님의 말씀 앞에 이제 입을 다물고 듣는 경지로 들어갔다. 하나님과 생생하게 살아 있는 경지로 들어간 것이다.

주님이 어떤 분이시라는 것을,
지금까지는 제가 귀로만 들었습니다.
그러나 이제는 제가 제 눈으로 주님을 뵙습니다(42:5).

욥은 얼마나 하나님을 보기 원했는가. "내 살갗이 다 썩은 다음에라도, 내 육체가 다 썩은 다음에라도, 나는 하나님을 뵈올 것이다. 내가 그를 직접 뵙겠다"(19:26-27). 그는 자신의 억울한 인생을 알아주고 보살펴 줄 사람을 찾지 못한 채 하나님이 알아주시길 바랐다. 죽어서 백골이 진토가 된 이후에라도 넋으로라도 하나님을 보기 원했다. 그러나 이제 이생에서 하나님을 본다. 하나님과 생생한 관계에 들어간 것이다.

하나님을 본다(visio Dei)는 것은 믿음의 지성의 최고 경지를 가리킨다. 인식론에서 최고의 경지를 가리킨다. 지금은 하나님을 믿지만 그날이 되면 하나님을 보리라. 믿음이란 보기 이전이다. 보이지 않기 때문에 믿는 것이다. 보이면 아는 것이지 믿을 필요가 없지 않은가. 욥은 알려고 했다. 그러면서 믿음을 유보했다. 믿음을 버려두고 날카로운 언어로 따지고 물었다. 그러나 이제 자신의 무지를 안다. 하나님은 헤아려 알 수 있는 분이 아니라는 것을 안다. 그러면서 믿음으로 들어섰고, 새로워지고 깊어진 믿음으로 안다. 안다고 해서 파악한 것은 아니다. 파악은 무지를 벗어 버린 것이고 신비를 벗겨 낸 것이다. 그러나 믿음으로 아는 앎은 서로 가깝게 교통하는 관계에 들어선 것을 뜻한다. 상대방은 내게 파악되지 않는다. 여전히 신비다. 초월이 살아 있다. 알고 모르고의 차원을 넘어 응답하는 차원이다. 이제 욥은 인간 편에 선 인간적인 하나님을 보면서, 하나님 편에 서는 법을 배운다. 보라, 이제 욥은 하나님의 마음을 알아주게 된다. 그동안 욥은 하나님이 자신을 알아주시기를 바랐다. 하나님을 보겠다고 간절히 소망한 것도 그 목적 때문이다. 그러나 이제는 거꾸로 욥이 수난받으시는 하나님의 마음을 알아준다. 하나님의 마음을 알아주는 자로서 욥은 하나님을 본다. 위로를 받고자 하는 자여, 하나님을 위로하자.

> 그러므로 저는 제 주장을 거두어들이고,
> 티끌과 잿더미 위에 앉아서 회개합니다(42:6).

욥의 불행과 고난의 문제는 해결되었다. 그래서 스스로 거두어들인다. 문제에 대한 답을 얻어서 해결된 것이 아니라, 삶이 무언지 자신이 누구인지 근본적인 답을 얻어서 해결되었다. 문제가 해결되는 데에는 두 가지가 있다. 하나는, 그 문제에 대한 답을 얻었을 때다. 다른 하나는, 그 문제가 더 이상 당사자에게 문제가 되지 않을 때다. 욥에게는 자신이 물었던 물음이 더 이상 문제가 되지 않았다. 그렇게 해서 문제가 해결되었다. 악인들이 자손 대대로 잘되는가 하면, 의인들은 빛도 못 보고 시들어 가는 문제. 왜 유독 자신이 그 끔찍한 불행을 당해야 하는가 하는 문제. 욥은 그런 물음을 물었다가 폭풍우 속에 나타나신 하나님을 만났다. 그리고 생명의 거룩함, 사는 것 자체의 거룩함을 깨달았다. 우주에 가득 찬 은총을 느끼면서 자신이 물었던 문제는 더 이상 문제가 되지 않는 방식으로 해결되었다. 다른 사람과의 비교는 더 이상 의미가 없다. 부당함의 문제는 비교에서 나오지 않았던가. 그런데 비교가 무의미하면서 부당함도 근본적인 문제가 아니게 되었다. 물론 닥친 불행은 여전히 뼈저린 아픔과 회한을 주고 있다. 그러므로 욥의 문제 해결은 정의를 훌쩍 뛰어넘는 것이 아니다. 정의의 문제는 여전히 물음으로 남아 있다. 그러나 슬픔을 안고 있으면서도 평화를 찾는 방법을 배웠다. 왜 자신이 불행을 당해야 하는지 그 까닭을 발견한 것은 아니지만, 모든 것이 하나님의 뜻이라고 고백할 수도 있게 되었다. 까닭 없이 하나님을 믿을 줄 알게 되었다. 말하자면 운명을 수용하는 법을 알았다고나 할까. 고통이 해결되지 않았는데도 하나님을 신뢰하는 법을 알게 되었다.

책 서두에서 사탄이 뭐라고 했던가? "욥이 어찌 까닭 없이 하나님을 경외하리이까"(개역한글 1:9)라고 하면서 사람에 대한 하나님의 믿음을 시험하지 않았는가. 그러나 이제 고통이 해결되지 않았는데도 하나님을 신뢰하는 법을 배운 욥은 "까닭 없이" 하나님을 경외하는 자가 아닌가. 사탄과의 내기에서 하나님이 이기셨다. 말하자면 사람에 대한 하나님의 희망이 이겼다. 사람은 죄인임에도 불구하고 아직도 하나님이 희망을 버리실 수 없는 존재라는 것을 욥기는 우리에게 보여주고 있다. 아니, 사람은 자신이 하나님의 희망임을 알아야 한다는 것을 이 책은 욥이라는 인물을 통해 역설하고 있다. 오랫동안 사탄이 승리한 것 같았으나, 우여곡절 끝에 결국 사람에 대한 하나님의 믿음의 승리를 보여준다.

욥의 회개는 무엇인가? 친구들이 그토록 죄를 회개하라고 하지 않았는가? 욥은 자신의 불행과 죄 사이에 친구들처럼 인과관계를 설정했는가?

어쩌면 그는 자신과 세상의 죄의 깊이를 느꼈을지 모른다. 죄는 죗값을 치르게 마련이고, 죗값으로 치자면 자신이 당한 불행에 대해서 할 말이 없다고 느꼈을지 모른다. 그런 감정은 어떤 계산에서 나온 것이 아니다. 압도적인 은총 앞에서 자신과 세상의 죄의 깊이를 안 욥이 자신은 죽어 마땅한 죄인임을 고백하는 순간, 부당한 불행의 문제는 사라진다. 물론 죄와 벌의 인과관계가 정확하게 설정된 것은 아니다. 자신의 불행은 자기가 저지른 죄의 대가라고 생각하는 것은 아닐 수 있다. 그러기에는 아무 일 없이 살아가는 다른 사람들의 형통함이 눈에 걸리고, 또 복수하시는 하나님의 모습이 다시 떠오른다. 그러나 그런 생각은 이미 부질없는 것으로 드러나지 않았는가. 이 불행이 자신의 죄에 대한 벌이라기보다는, 다만 이미 닥친 불행을 두고 욥은 할 말이 없어졌다. 자신과 세상의 죄의 깊이를 느꼈기 때문이다. 자신의 죄는 자기가 의식하는 죄다. 세상의 죄는 자신의 죄가 아니지만, 그러나 세상의 죄에 욥 자신도 연루되어 있다. 자기가 알지 못하는 자신의 죄가 세상의 죄 속에 들어 있다. 세상 돌아가는 구조악을 자신도 같이 돌리지 않았는가. 욥도 세상의 구조 안에서 살아가고 있는 한, 그 구조에 들어 있는 악에 대해서 책임이 있다. 그처럼 자신의 죄의 깊이를 생각할 때, 욥은 할 말이 없다. 할 말은 억압에서 생기지 않았는가. 부당하고 억울한 일은 사람을 억압하고 거기서 할 말이 생긴다. 욥은 억울했기에 너무나 할 말이 많았지만, 이제 인간의 죄의 깊이와 하나님의 수고로우신 은총 앞에 할 말이 없어졌다.

그렇게 해서 죄와 불행 사이에 희미한 인과관계가 설정되었다. 자신의 죄 때문에 불행을 당했다기보다는, 자신의 죄를 생각할 때 자기가 당한 불행에 대해 할 말이 없다는 식이다. 그리고 할 말은 오히려 하나님 쪽에 많지 않으신가. 위로받아야 할 하나님을 생각하면서, 욥은 물러서서 회개하지 않을 수 없다.

사실, 희미한 인과관계보다 더 중요한 것은, 조금 전에 말했듯이 불행의 부당함이 더 이상 문제가 되지 않는다는 점이다. 모든 소유가 사라진 후, 산다는 것 자체의 거룩함에 직면한 욥은 그 이전의 무지를 회개하지 않을 수 없다. 생명이신 하나님과 생생한 관계에 들어선 욥은, 특별히 무슨 죄를 지어서라기보다 이전의 삶이 그 자체로 죄스러움을 본다. 생명이신 하나님 앞에서, 자신의 지나온 삶이 생생하지 못한 것이 보이니 죄스럽다. 세상의 평가에 너무 신경을 쓰다가 허무한 것을 좇던 것이 죄스럽다. 하나님이 허락하신 생명을 충분히 누리지 못한 것이 죄스럽다. 지난 세월이 죄스럽다. 잘 살아 보라고 이 세상을 만들고 생명을 내신 하나님의 마음에 부응치 못한 것이 죄스럽다. 그러므로 여기서 회개의 핵심은, 죄보다는 죄스러움 또는 죄송함에 있다.

이제 욥은 하나님을 가깝게 느낀다. 불행을 당할 만한 무슨 죄를 지어서 회개하기보다는, 하나님의 은총 앞에서 느끼는 죄스러움이다. 어떤 도덕규범을 어긴 죄의 회개가 아니라, 멋지게 살지 못해서 하나님의 기대에 어긋난 것에 대한 회개다. 무슨 나쁜 짓을 한 것에 대한 회개이기보다는, 자기에게 정말 좋은 것이 뭔지도 모르고 산 것에 대한 회개다. 남에게 잘못한 것에 대한 회개이기보다는, 자기에게 잘못한 것에 대한 회개다. 남을 사랑하지 못한 데 대한 회개이기보다는, 참 자아를 찾지 못하고 그래서 자기를 정말 사랑할 줄 몰랐던 것에 대한 회개다. 아무 소유도 없이, 그 누구도 없이 홀로 하

하나님 앞에 선 욥의 깨달음이 거기에 있다. 자기를 정말 사랑하는 것은 자기에게 붙어 있는 것, 곧 명예나 소유에 의지하지 않는 것이다. 다른 사람들의 찬양에 춤추지 않는 것이고 오직 주께 영광을 돌리는 것이다. 그럴 때에 정말 남을 사랑할 수 있지 않은가. 그럴 때에 존재하는 모든 것을 생생하게 대면할 수 있지 않은가.

24.

처음보다 더 복을 주시니
욥기 42장 7-17절

욥의 친구들은 욥 덕분에 하나님의 진노를 피한다. 그리고 욥은 더욱 큰 복을 받고 장수를 누린다.

누가 더 옳게 말했는가

내가 너와 네 두 친구에게 분노한 것은,
너희가 나를 두고 말을 할 때에,
내 종 욥처럼 옳게 말하지 못하였기 때문이다(42:7).

두 번이나 반복해서 나오는 구절이다. 결국, 어떻게 말하느냐가 중요하다. 친구들이나 욥이나 모두 하나님을 믿지만 말하는 방식에서 서로 달랐다. 말을 잘하는 것은 말만 잘하는 것이 아니다. 하나님에 대해서 하는 말에, 말하는 이의 인간관과 세계관이 들어 있다. 그리고 말에 이데올로기가 들어 있다. 하나님의 세계는 말로 다 표현할 수 없는 세계다. 말로 다 표현되지 않는 세계에 대한 말은 꼭 맞는 말이 될 수 없다. 어느 쪽으로 기울게 마련이다. 그때 어느 쪽으로 기우느냐는 것이 매우 중요하다. 친구들은 하나님 편을 들기 위해 인간 욥의 불행을 설명하느라고 바빴다. 그들은 하나님 쪽으로 기울었다. 그러나 욥은 그들의 설명을 받아들이지 않았다. 불행을 당한 사람으로서는 하나님 편을 들 수 없다. 그래서 욥은 하나님께 대들었다. 친구들은 하나님을 지켜 드리느라고 애썼고, 욥은 자기를 지키느라고 전통 교리를 거부했다. 그렇기에 욥의 언어는 저항의 언어요, 부당함을 따져 묻는 날카로운 언어다.

그러나 보라. 이상하게도 하나님은 욥의 편을 드신다. 친구들과의 논쟁에서 욥이 하나님에 대해 옳게 말했다고 하지 않는가. 하나님 편을 너무 들다가 사람을 놓치는 것을 하나님은 원치 않으신다. 성서의 하나님은 사람 편에 설 줄 아는 이를 좋아하시는 모양이다. 하나님도 사람 편에 서기 위해 자신을 희생하시지 않았는가. 사람 곁으로 오신 성육신의 하나님은 사람 편에 서시는 하나님이다. 사람 쪽으로 기울어져 계신 하나님이다. 그 하나님의 은총으로 사람은 사람 편에 서도 된다. 하나님 편을 든다고 사람을 놓치는 것은 사람을 수단으로 전락시키는 위험한 폭력성을 안고 있다. 사람을 하나님의 수단으로 만드는 것은, 사람을 사람의 수단으로 고정시켜 폭력을 정당화한다. 다시 말해 인간에 대한 인간의 지배 관계를 유지시키는 역할을 한다. 종교는 그런 식으로 정치성을 품고 있다. 하나님 편에 서면 자칫 강자 편에 서는 것이요, 사람 편에 선다는 것은 약자 편에 서는 것이다. 약자 편에 서는 것이 사람을 위하는 길이다. 그러려면 사람을 수단으로 전락시키지 말아야 한다. 하나님도 사람이 하나님의 수단이 되는 것을 원치 않으신다. 얼마나 좋으신 하나님의 은총인가. 그렇게 성서의 하나님은 휴머니즘의 위험을 안고 있다. 하나님께 저항하는 욥이 하나님을 떠받드는 친구들보다 더 옳게 말했다고 하시는 하나님이 아닌가.

자기를 지키는 문제는 얼마나 중요한가. 친구들이 하나님을 지켜 드리려고 할 때, 욥은 자기를 지켜야 했다. 그러지 않으면 불행하게 스러져 버리고 말 지경이 아닌가. 욥이 친구들보다 옳다는 것은 결국 사람은 자기를 지킬 줄 알아야 한다는 것이다. 아무도 없는 고독의 순간에, 욥은 홀로 자신을 지켜 나가는 싸움을 포기하지 않았다. 하나님도 멀게 느껴질 때에 사람은 하나님 없이 고독하게 홀로 서서 자기를 지킬 줄도 알아야 하는 모양이다. 논쟁을 하는 동안 하나님은 친구들에 의해 설명되는 모습밖에 없었다. 그 하나님을 욥은 받아들일 수 없었다. 그리고 욥 자신의 말. 그것은 도전과 저항의 말일 뿐, 하나님을 드러내는 말이 역시 아니었다. 욥도 아직 하나님을 옳게 말하는 법을 몰랐다. 그리하여 욥은 하나님의 공백 상태를 겪는다. 엄밀히 말하면, 적절한 말 곧 신학의 공백 상태이지만, 신학의 공백 상태는 신의 공백 상태로 경험된다. 사실 무신론은 적절한 신론의 공백 상태가 아니던가. 여하튼 신의 공백 상태를 경험하면서 욥이 한 일은 자기를 지키는 일이었다. 자신의 삶을 도매금으로 친구들의 언어에 맡기지 않았다. 욥을 지켜 줄 존재는 욥 자신밖에 없었다. 그 시간을 견뎌 냈다. 하나님은 그런 욥의 언어를 수용하신다.

자기를 지키는 문제와 하나님을 지키는 문제는 별개의 문제가 아니다. 자기를 지키는 가운데 욥은 누구도 자기를 낮출 수 없음을 치열하게 확보했고, 그러면서 누구도 자기를 높일 수 없음을 깨달았다. 다른 사람에 의해 높아지고 낮아지는 지경을 벗어났다. 그러면서 "나라와 권세와 영광이 하나님께 영원히 있나이다"라는 기도의 세계로 들어간다.

의인의 기도

내 종 욥이 너희를 용서하여 달라고 빌면,
내가 그의 기도를 들어줄 것이다.
너희가 나를 두고 말을 할 때에,
내 종 욥처럼 옳게 말하지 않고, 어리석게 말하였지만,
내가 그대로 갚지는 않을 것이다(42:8).

하나님이 친구들에게 하시는 말씀이다. 욥이 친구들의 죄를 속죄하는 번제를 하나님께 드리면 욥의 기도를 들어주어 친구들을 용서하시겠다는 것이다. 언뜻 보면 하나님에 대해 잘못 말한 친구들의 죄가 욥의 기도로 사함을 받는 것 같지만, 좀 더 큰 문제를 볼 수 있다.
의인의 고난은 다른 사람들의 죄를 대속한다는 점이다. 여기서 욥의 고난은 의인의 고난으로 부각된다. 그렇게 의인의 고난이 세상에 대해서 엄청난 의미가 있음을 암시하고 있다. 욥은 끔찍한 수난을 겪고 있지만, 세상의 죄를 속하는 엄청난 권한이 주어진다. 세상에 하나님의 진노가 나타나느냐 아니냐는 욥에게 달렸다.

누가 감히 의인이라고 할 수 있는가? 욥도 자기 죄의 깊이를 깨달았다고 하지 않았는가. 그러나 그것은 하나님 앞에서 그렇다는 말이다. 다른 사람들의 삶에 비해서 욥은 여전히 의인이다. 1장에 나오는 대로 그는 악에서 떠난 사람이라는 평가를 받을 만하다. 그리고 그런 의인의 역할이 분명히 있다. 세상은 의인들 때문에 꾸려져 나간다. 다른 사람들은 모두 그들에게 빚지고 있다.

그러나 의인들에게는 고난이 많다. 세상의 악에 저항하느라 고난을 당하는 의인도 있고, 까닭 없이 수난을 받는 무고한 자도 있다. 그들의 고난을 어떻게 이해할 것인가? 까닭 없이 불행을 당하고 고통을 당하는 이들의 그 고난은, 그들이 의인이 아니었음을 증명하는 역할을 한다. 그것이 세상인심이다. 그러나 그런 세상인심에도 여전히 의인들은 하나님의 동역자임을 성서는 우리에게 말해 주고 있다. 세상은 죄가 깊다. 세상은 그 죗값을 어떻게 갚을 것인가? 의인들의 고난은 그 죗값을 대신 받는 것이다. 고난당하는 의인들은 세상 짐을 지고 가는 하나님의 어린양들이다. 세상은 그 깊은 악에도 불구하고 죗값을 대신 치르는 의인들이 있어 아직도 존속된다.

그들의 기도가 세상을 살린다. 세상의 냉혹한 대접 앞에 자기를 지키기도 힘든 고난을 당하는 의인들에게서 용서의 장이 열린다. 자기를 학대하거나 비웃는 자들을 용서해 달라고 하는 속죄의 기도는 그런 악한 자들의 세상을 살린다. 무심한 세상을 살리는 것은 수난받는 의인들의 마음속에서 피어난 용서의 기도다.

굳이 의인이랄 것도 없는 무고한 자들의 수난은 어떤가? 이런저런 모양으로 세상 풍파를 겪고 세상의 악에 수난당하는 어린이들의 고통, 그리고 신체장애를 가지고 태어난 이들의 고통을 어떻게 볼 것인가? 그들 역시 세상 짐을 대신 지고 가는 하나님의 어린양들이 아닐까? 오랫동안 그들은 죄인으로 간주되었다. 자신이나 그 부모의 죄가 많아 그런 어려움을 당한다고 여겨졌다. 그 후 과학의 시대에 와서는 모든 것이 우연일 뿐이라고 여겨지게 되었다. 과학은 인간의 불행에 죄의 문제를 끌어들이는 생각의 끈을 끊어 버렸다. 죄와 불행의 인과관계를 끊는 데 공헌했다. 무고한 자들의 고난은 까닭 없는 것이다. 그렇게 그들은 죄인의 굴레에서 해방되었다.

이제 우리는 과학의 공헌을 받아들이면서 동시에 그 이상을 볼 수 있지 않을까? 과학 이하의 종교가 아니라 과학 이상의 종교다. 그들의 고난은 까닭 없는 것이 아니다. 그들 자신으로 보자면 까닭 없는 것이다. 어린이가 무슨 죄가 많아서 그런 고통을 당하겠는가? 그 점에서 과학의 공헌이 크다. 그러나 세상의 죄가 문제다. 여기서 우리는 과학을 넘어 다시 종교로 간다. 자신의 책임과 무관하게 까닭 없이 당하는 그들의 고난 역시 세상이 치러야 할 죗값을 대신 치르는 것으로 볼 수 있지 않을까? 그들을 세상의 대속자로 볼 수 있지 않을까?

무고한 자들의 고난을 보는 세상의 시각이 그런 식으로 형성될 수 있지 않겠느냐는 이야기다. 고난을 당하는 그들이 그렇게 생각하는 것이 아니다. 그런 문제가 아니다. 그들로서는 고난이 그냥 우연일 뿐이다. 그러나 그들의 고난을 보는 세상은, 세상 짐을 지고 가는 어린양을 그들에게서 떠올릴 수 있지 않겠느냐는 말이다. 나와 세상의 죄를 깊이 생각할 때 그들의 고통은 나와 무관하지 않다. 욥기가 그와 같은 생각으로 우리를 인도하고 있지 않은가. 그렇다고, 무슨 일이 있어도 죗값을 치르게 하는 하나님을 연상하면 안 된다. 하나님이 세상을 용서하시기 위해서는 희생물이 꼭 필요하다는 식으로 생각해선 안 된다는 말이다. 여기서 우리는 무고한 자들의 고난에 대한 우리의 연대 책임을 이야기하려는 것이다.

고난당하는 의인들은 자기도 모르게 대속의 역할을 하고 있는 것이리라. 욥은 스스로 원해서 그런 대속자가 된 것이 아니다. 대속자가 되겠다고 고난을 자처하거나 주체적으로 받은 것도 아니고, 고난 이후에 대속자가 되겠다고 나선 것도 아니다. 욥은 불행에 시달려 지칠 대로 지쳤을 뿐이다. 도대체 불행이라는 게 얼마나 끔찍한 것인데 자처할 수 있겠는가. 그러나 의인들은 은연중에 세상 짐을 대신 지는 역할을 수행하는 것이다.

정의를 요구하던 욥이 용서의 주체가 되었다. 맞서던 자가 용납하는 자가 되었다. 정의가 없으면 강자의 억압이 넘쳐 세상은 혼란스러울 것이다. 그러나 용서가 없다면 세상이 어떻게 존재할 수 있겠는가. 태초에 하나님의 용서가 있었다. 의인 욥의 깊은 불행은 깊은 용서를 잉태했다. 고난의 신비여.

처음보다 더 복을 주시니

> 주님께서 욥의 말년에 이전보다 더 많은 복을 주셔서,
> 욥이, 양을 만 사천 마리, 낙타를 육천 마리, 소를 천 겨리,
> 나귀를 천 마리나 거느리게 하셨다(42:12).

해피엔딩이다. 의인은 결국 이 세상에서 복을 받게 되리라. 그런 희망이 없으면 누가 의롭게 살려고 하겠는가. 이생에서 인과응보의 보상이 없다면 누가 하나님을 섬기며 자신의 손해를 감수하겠는가.

물론 욥은 이제 단순히 의인이 아니다. 까닭 없이 하나님을 섬기는 자로 확인되었다. 까닭 없이 불행을 당한 자가 깊은 절망의 굴을 통과하여 까닭 없이 하나님을 섬기는 자가 되었다. 그런 사람으로서 욥은 복을 받았다. 까닭 없이 하나님을 섬긴다는 것은 무엇인가? 하나님은 하나님이시기 때문에 섬기는 것이지 그분이 내게 남다른 복을 주시기 때문에 섬기는 것은 아니다. 이제 욥은 그 경지에 도달했다. 그런 욥에게 하나님의 복이 주어졌다. 복을 하나님을 섬기는 까닭으로 삼지 않는 자에게 복이 주어진다. 죽는 자가 사는 것이다. 버리는 자에게 주어질 것이다. 그러나 결국 복을 받지 않는가. 그런 욥의 복된 이야기가 결국 우리에게 하나님을 섬기는 까닭으로 들어오지 않을까?

복의 표상을 어떻게 버릴 수 있겠는가. 누구나 잘 살기를 바라며 하나님을 섬기는 것 아니겠는가. 욥처럼 재산의 복이 아니더라도 적어도 세상에서 자기를 알아준다는 명예를 생각하며 의로움을 지켜 나가는 것 아닌가.

그러나 역시 욥은 까닭 없이 하나님을 섬기는 법을 배운 사람이다. 그것은 일단 모든 속된 복의 표상을 지워 버린 상태다. 이제 그에게 세속적인 성공은 중요하지 않다. 하나님을 믿는 그 믿음의 풍요로움에서 누구 못지않게 풍요로운 자다. 하나님을 까닭 없이 섬기는 자는 그 믿음이 이미 권세요 복이다. 부귀영화는 오히려 거추장스런 것이 될 수도 있다. 사실 양 만 사천 마리와 낙타 육천 마리와 겨릿소 천 쌍과 나귀 천 마리는 그에게 관심 밖이다. 그러나 우리는 기도해야 하지 않겠는가. 하나님이 이 세상을 사랑하신다면 의로운 이들이 잘되게 하소서. 욕심 없이 진리를 섬기는 이들이 이 땅에서 복을 받게 하소서. 그래서 하나님이 살아 계심을 만인이 보게 하소서. 이 땅과 역사와 사람에게 애정을 가진 자로서 우리는 의인들의 복을 바라지 않을 수 없다. 욥의 복은 그런 우리의 소망을 표현하고 있는 것이 아닐까.

25.

욥기를 나가면서

　우리는 욥기를 읽어 내려가면서 삶의 지혜를 얻고 어떤 놀라운 신앙의 세계와 접해 보고자 했다. 수천 년 전 이 글을 남긴 어느 사람들이 생각한 우주와 삶. 그들은 욥기라는 글로 자신들이 깨달은 바를 인류에게 남겨 주었다.

　그때나 지금이나 사람은 같은 희망을 안고 살아가며, 같은 문제에 부딪쳐 혼란에 빠지기도 한다. 그리고 그때나 지금이나 사람은 자유라는 말로 표현되는 구원과 복을 얻고자 하는 것 같다. 그런 점에서 우리는 욥기에 들어 있는 옛사람들의 기도와 논쟁과 찬양의 글을 읽으며 공감을 통해 위로를 얻고 그들이 인도하는 길을 따라간다. 욥기는 그런 점에서 깊은 지혜와 신앙의 안내서다.

　그러나 다른 한편으로, 텍스트는 그것의 저자나 문화적 배경을 넘어 독립적인 하나의 세계를 이루기도 한다. 욥기와 같은 고전은 한 사람의 인생 여정에서 나이를 먹어 감에 따라 달리 읽힐 수 있고, 인류 역사의 흐름 속에서 시대정신에 따라 달리 읽힐 수 있는 책이다. 그 시대가 가지는 독특한 문제의식에 따라 고전은 새로이 읽힌다. 그때 독자와 텍스트 그리고 시대와 고전은 서로 주체로서 마주서서 작업을 시작한다. 글의 뜻은 그런 식으로 풀리고, 해석은 그런 식으로 이루어진다. 그때 독자는 단순히 텍스트에 공감할 뿐 아니라 텍스트를 창조적으로 재생산한다. 고전이란, 그와 같은 창조적 재해석을 가능하게 할 만큼 진리를 향한 단초들을 폭넓게 품고 있는 마음 넓은 텍스트다.

성서를 통해 자신의 뜻을 계시하시는 하나님은, 인간이 성서의 해석자로서 새로운 의미 세계를 만드는 것을 허락하는 마음 넓으신 분이다. 그것은 상대주의의 혼란을 의미하는 것이 아니라, 진리를 어떤 하나의 말로 표현할 수 없는 언어의 한계를 의미한다. 언어의 한계는 우리로 하여금 입을 다물게도 하지만 새로운 말을 기다리기도 한다.

욥은 입을 다물기로 했다. 그는 자신의 현실을 수용하고 거기서 까닭 없이 하나님을 섬기는 법을 배웠다. 그리고 폭풍우 속에 나타난 하나님이 말씀하신 자연 생명체들처럼 그냥 사는 법을 배운다. 큰 의미가 없고 큰 재미가 없어도 담담하게 사는 삶의 충만함을 배운다. 생명 자체에 접근해 들어간 것이다. 거기서 욥은 입을 다물고 고백과 찬양의 언어를 조용히 쏟아 낸다. 고백과 찬양의 언어는 최소한의 언어로서 거의 입을 다문 것이다. 입을 다문 자의 충만함이다.

그러나 욥은 이미 말을 많이 했다. 격렬하고 치열한 언어. 억울한 자는 할 말이 많고, 할 말을 할 수 있어야 한다. 억울한 자의 말은 판에 박힌 듯 죽어 있는 말들을 격렬하게 거부하며 새로운 말을 기다린다. 욥의 혼란스런 질문의 언어는 새로운 말을 부추기는 말이요, 그 자체가 새로운 말이다. 바야흐로 새로운 세상을 여는 말이다.

욥기는 대부분 거칠게 탄식하고 부르짖고 하나님께 물어 대는 욥의 말을 소개하고 있다. 입을 열어 새로운 언어를 흔들어 일으키는 욥이다. 그러나 대단원의 막을 내리는 부분은, 입을 다문 욥을 보여주고 있다. 정의 이상의 차원으로 다가온 가장 단출하고 충만한 자유인의 모습이다.

우리는 욥기 대부분을 차지하는 격렬한 언어를 잊을 수 없다. 그러나 마지막 부분에서 입을 다물고 회개하는 욥의 모습도 잊을 수 없다. 그 둘은 신앙의 두 축이다. 욥기는 둘 가운데 어느 한쪽이 다른 쪽에 묻히는 것을 원치 않는 것 같다. 그 두 축의 긴장은 성서를 어떤 굳어 버린 하나의 해석에 파묻히지 않도록 한다. 정의와 신비의 공존은 우리에게 끊임없이 새로운 언어를 요구하고, 그런 점에서 욥기는 우리에게 영원히 열려 있는 책이다.